#철학

#철학

2021년 2월 5일 초판 인쇄
2021년 2월 10일 초판 발행

지은이 이하준 · 조홍준 · 김분선 · 한우섭
교정교열 정난진
펴낸이 이찬규
펴낸곳 북코리아
등록번호 제03-01240호
주소 [13209] 경기도 성남시 중원구 사기막골로 45번길 14
우림2차 A동 1007호
전화 02-704-7840
팩스 02-704-7848
이메일 sunhaksa@korea.com
홈페이지 www.북코리아.kr

ISBN 978-89-6324-739-7(93100)
값 15,000원

#철학

이하준 · 조홍준 · 김분선 · 한우섭 지음

북코리아

프롤로그

피할 수 없는 질문들 앞에서

생의 한가운데 서 있다고 느낄 때, 사람들은 복잡한 상념에 빠져들기도 하며 때로는 미묘한 감정을 느끼기도 한다. 감각적 존재이면서 동시에 생각을 펼치는 형이상학적 존재인 인간은 이러한 존재론적 상황을 간단히 '아, 힘들다'라고 표현한다. '아, 힘들다'는 감정의 언어임과 동시에 자기 존재에 대한 인식을 드러내는 존재론적 언어인 셈이다.

지금, 인류는 언제 끝날지 모를 코로나 시대의 한복판에 서 있다. 인류의 존재론적 상황은 한마디로 '힘들다'라고 말하지 않을 수 없다. 20~21세기 지구촌의 의제였던 대공황, 냉전, 핵무기, 지구 온난화와 비견될 만큼 코로나는 개인의 라이프스타일뿐만 아니라 인류 전체 삶을 지배한다고 해도 과장이 아니다. 코로나는 당장 외식이나 여행, 사적 교류의 형식 등에 결정요인이 되었다. 직장생활과 경제생활의 모습이 코로나 이전에 비해 많이 바뀌었다. 인류는 언제 끝날지 모를 '비대면 사회(uncontact society)'에 진입해 있다. 물론 비대면 사회에 대한 과장된 논의와 반응에 대한 비판적 검토는 지성을 가진 우리에게는 지극히 자연스러운 일이다.

혹자는 물을 것이다. 왜 책을 소개하는 첫 자리에서 '코로나 타령'이냐고 말이다. 코로나 문제를 책 모두에 꺼내는 것은 누구나 실감하듯 단지 나만의 문제가 아니라 나-우리-사회-지구라는 세계의 공동 문제임을 환기하기 위해서다. 코로나 관련 용어에서 생활 속 거리 두기는 '나-우리 관계', 사회적 생활 거리는 넓고 큰 의미, 곧 직접적 관계가 아닌 추상적(매개적) 관계에서의 '나-우리 관계'다. 해외확진자 출입 문제나 특정 국가에서의 선택적 봉쇄, 국가 간 백신 공급의 우선권 문제는 단순한 '국가-국가 관계'라고 흔히 생각할 수 있지만, '나-우리-사회-세계'의 관계 논리가 숨어 있다. 쉬운 말로 표현하면 이 관계의 연계 고리는 상호영향을 주고받는다. 다른 말로 하면 각각 다른 독립적 영역 같으나 존재론적·인식론적 측면에서 하나의 공통 지평을 공유한다. 비유적으로 표현하면, 마치 톱니바퀴처럼 돌아가는 시계와 같다. 독립적으로는 특수자 혹은 개별적 행위자라 할 수 있지만, 전체론적 관점에서는 마치 하나의 몸처럼 움직인다고 해도 과언이 아니다. 또한 코로나 사태의 전개 과정과 해결국면에서 중요한 행위자 역할을 하지 못하지만, 국제보건기구를 중심으로 한 국제적 대응 협력 체계의 부분적 작동에서도 '나-우리-사회-세계'라는 관계 논리의 역학이 존재한다.

그런데 과연 모든 관계범주에 상상할 수 없을 정도의 영향력을 행사하는, 아니 그 관계를 지배하는 코로나 같은 비가시적 존재에서만 '나-우리-사회-세계'의 관계 논리가 생산되고 재생산될까? 절대, 전혀 그렇지 않다. 비록 지금 이름 없는 루저라고 자책하며 사는 익명의 사람이나 음악으로 세계를 점령한 듯한 BTS에게도 위의 논리는 작동한다. '아무 생각 없이 사는 사람', '아니오라고 말해보지 않은 사람', '다른 가능성에 대한 숙고를 해보려 하지 않은 사람'에게도 이 논리는 작동한다. 단지 의식하지 못할 따름이다.

오늘, 삶의 어느 시점, 어느 국면, 어느 사태 속에 있든 우리 인간은 나와 너를 생각하게 된다. 심각하게 하든, 그렇지 않든 그것이 이성을 가진 인간의 운명이다. 삶을 살아가고 경험하면서 인간 누구나 한 번쯤 부딪히고 생각해보게 되는 문제들, 피할 수 없는 질문들이 있다. 가령 '나름대로 열심히 살았는데… 정말 잘살아온 건지, 다른 선택을 할 수도 있었지 않았을까?', '때로는 진짜 나는 누구인지 뭐 그런 생각도 든다니까', '온갖 의무로부터, 이런저런 눈치나 사회규범, 억압으로부터 좀 더 자유로울 수는 없나?', '행복 이데올로기가 판을 쳐도 나나 너에게는 오지 않아. 뭐, 다른 방법이 없을까?', '아, 진짜 스트레스가 장난 아니야. 나도 아름다운 나라, 환상적인 세계에서 살고 싶다. 제발~~'

이 책은 꽤 철학적인 듯하지만, 술을 마시거나 혼자 산책하며 혹은 동료나 선·후배들과 논쟁할 만한 삶의 중심 이슈들에 집중했다. 피부에 와 닿을 만큼 일상에서 한 번쯤 생각해볼 수 있는 주제이면서도 철학자들의 테마를 다루었다. 내용적인 측면에서 어느 만큼의 견고함과 촘촘한 연결고리를 만들어냈는지에 대한 판단은 의당 독자의 몫이다. 다만, 저자로서 조화의 미덕과 개성적 목소리 사이의 균형을 맞추고자 나름대로 노력했다는 점을 위로로 삼는다.

이 책이 나오기까지 여정은 아름다웠다. 우리의 우정은 논문발표와 상호논평의 장에서 시간의 두께를 버티어 왔다. 그러던 어느 날 우리는 서로에게 손을 불쑥 내밀었고 서로의 손을 맞잡으며 조용히 웃었다. 이후에 우리는 무엇을 위해 어떤 자세로 철학을 해야 하는지, 가장 철학적인 방식의 철학교육이 어떠해야 하는지에 대해 수많은 향연을 열었다. 이 책은 그러한 향연의 작은 열매다. 우리의 열매를 세상에 내놓는 데 도움을 준 북코리아 사장님과 편집부 선생님들에게 감사한 마음을 전한다.

2021년 2월 어느 정오에

이하준

목차

#나

01 철학, 나를 찾는 항해일지 – 한우섭

02 나는 네 겹으로 사라진다 - 조홍준

03 행복, 천 개의 색 혹은 만 개의 길 - 이하준

01
철학, 나를 찾는 항해일지

한우섭

"인간 세계는 열린 혹은 완성되지 않은 체계이나, 우리 스스로 우리가 세계를 움직이는 부분들이라는 사실을 기억한다면, 그래서 우리가 우리의 인간관계를 유지하고 확장하려 한다면, 인간 세계에 놓인 그러한 불일치의 근본적인 우연성은 역으로 세계를 무질서의 숙명에서 건져내고 우리로 하여금 그러한 무질서로 인해 절망하지 않게 할 것이다."

- 모리스 메를로-퐁티, 『휴머니즘과 폭력』

1. '우리'라는 범주에 대한 시대의 질문

각 시대는 자신의 정체성을 드러내는 일종의 상징적 캐치프레이즈를 가진다. 고대를 상징하는 '신화의 시대', 중세를 상징하는 '암흑의 시대'(물론 중세를 암흑 시대로 규정하는 태도는 현재 상당 부분 부정되고 있기는 하다), 근대를 상징하는 '이성의 시대', '산업화 시대' 혹은 '개화의 시대' 등. 이뿐이랴? 굳이 몇 세기를 통합해서 규정하는 거시적 관점뿐만 아니라 한 세대 혹은 두 세대 정도의 시대상을 드러내는 수많은 문구 또한 존재하는데, 우리나라의 경우는 우리 민족의 역사적 흐름에 따라 이런 문구들이 상당히 다양하게 존재한다. '개화기', '광복기', '산업화 시대', '민주화 시대' 등. 그렇다면 우리가 사는 현재를 규정하는 캐치프레이즈는 무엇일까? 각자가 사회를 바라보는 관점에 따라, 혹은 각자가 처한 상황에 따라 다양하게 규정될 수 있겠으나 우리가 자주 듣는 표현이 그 '자주'라는 용어에서 일반성을 지닐 수 있고, 그 일반성이 곧 현재 우리 사회의 다수가 느끼는 시대의 정체성을 반증한다면 '4차 산업혁명 시대'니 '융·복합 시대'니 하는 용어들이 그 후보군에 들 수 있지 않을까? 그런데 현대 우리 사회의 모습을 표현하는 용어들과 이전 시대의 표현들을 비교해보면 현대를 설명하는 명시적인 표현 뒤편에 자리하는, 조금은 재미있는 시대적 요구를 발견할 수 있을 듯하다. 우리 각자가 '우리'라는 범주에 대해 질문하기를 요구하는 묵시적 힘이 그것이다.

이전 시대의 시대적 표어들은 그러한 표현이 나타나게 된 동기가 무엇이고, 그 표현을 통해 말하고자 하는 것이 무엇이었든지 간에 언제나 그 시대의 모습을 가능하게 하는 주체로서의 '인간'에 대한 믿음을 내포한다. 세계의 모습을 설명하는 원인이자 동기로서 '신'과 '신화적'인 스토리를 원용하는 '신화의 시대'라고 할지라도 그 '신' 혹은 '신화적'이라는 것은 인간을 통해 설명되는 것이자 인간의 삶의 목적 또는 지향으로 제시된다는 점에서 '인간적인' 것이었으며, 중세의 단편적인 모습을 드러내는 '암흑 시대' 또한 그 '암흑'이 당시의 세계를 살아가는 인간이 시대에 끼친 영향 혹은 그 시대가 인간에게 끼친 영향을 의미한다는 측면에서 그 배후에는 '인간'이라는 주체가 묵직하게 자리하며, 이는 '산업화 시대', '민주화 시대' 등의 모든 표현에 공통적인 것이다. 이에 반해, 현대를 표현하는 '4차 산업혁명 시대'나 '융·복합 시대' 등의 표현에는 그러한 인간의 비중이 다소 약화되어 있는 듯한 느낌이 없지 않다. 4차 산업혁명의 상징적 기술이라고 할 수 있는 '인공지능(Artificial Intelligence)', '가상현실(Virtual Reality)' 혹은 '증강현실(Augmented Reality)', '사물인터넷(Internet of Thing)', '빅데이터(Big Data)', '나노 기술(Nano Technology)'은 말할 것도 없고, '로봇공학'과 이를 위시한 '무인 시스템' 등의 기술적 용어들은 더 이상 시대의 중심에 인간을 두지 않을 것임을 공표하거나, 적어도 앞으로의 세계는 인간 이외의 존재들의 역량에 영향을 받게 될 것임을 선포하는 것 같기 때문이다. 그런데 이러한 내밀한 예감이 단지 예감에 그칠 뿐일까? 우리가 사는 이 시기가 '약한 AI'로부터 '강한 AI'로의 전환기라는 사실을 증명하는 숱한 사례들, 예를 들어 인간의 묘수를 넘어선 알파고와 사법시험의 기준을 넘어선 AI의 등장,[1] 의료 분야에서 확인할 수있는 AI의 증가하는 영향력, 다양한 교통 문제를 처리·판단하는 AI의 활용 등은 우리의 예감이 단지 예감에 그치지만은 않을 것이라는 불안을 주기에 충분해 보인다. 그렇다면, 4차 산업혁명 또는 융·복합 사회라고 일컬어지는 현대 사회에서 우리가 느끼는 이 막연한 불안의 근원은 무엇일까? 발달한 기술이 인간의 편의를 위해 봉사한다면 그 발달한 기술은 우리에게 불안이 아닌 환희를 가져다주어야 하지 않을까? 도대체 왜, 그리고 무엇이 우리가 느끼는 기술적 경이를 뒤덮는 불안을 야기하는 것일까? 단적으로 말해, 불안의 원인은 더 이상 우리가 우리 삶의 주체가 되지 못할지도 모른다는 예감일 것이다. 실제로 인간 삶의 모순과 문제들 대부분을 비인격적인 기술의 산물들이 해결하는 상황이 도래한다면, 그것을 '우리의 삶'이라고 부를 수 있을까? 나의 삶은 나의 선택에 의해 만들어졌고 만들어질 것이기에 나의 삶이고, 우리 사회는 우리의 욕망과 희망에 따라 희로애락을 반복하기에 우리의 삶이지 않은가? 그런데 '나' 혹은 '우리' 이외의 존재가 '나'와 '우리'의 문제를 해결하고, '나'와 '우리'의 선택지를 선별해 제시한다면 그것을 과연 나의 삶, 혹은 우리의 삶이라고 할 수 있을까? 결국 현대 사회의 기술적 진보가 우리에게 불안감을 가져다주는 것이 사실이라면 그 불안감의 배후란 곧 '나' 혹은 '우리'가 더 이상 '나' 혹은 '우리' 삶의 주체가 아닐 수 있다는 가능성에 기인한다고 할 수 있다. 당연하다. 일반적으로 주체란 '어떤 단체나 물건의 주가 되는 부분'을 의미하고, 그것을 매우 피상적인 철학적 의미로 이해하더라도 주체가 되기 위해서는 외부의 힘과 영향에 수동적인 상태로 놓이기보다 '나' 혹은 '우리'의 능동적 힘과 영향력에 의해 외부 상황이 수동적 상태가 되어야 하는데, 인류의 기술적 산물에 의해 인류의 선택과 문제가 결정·해결되는 상황이란 '나'와 '우리'가 세계에 영향을 끼치는 것이 아니라 기술-세계로부터 '나'와 '우리'가 영향을 받는 상황의 구도가 되기 때문이다. 상황이 이렇다면 결국 이 시대가 우리에게 던지는 불안의 원인은 곧 인간 주체성에 가해지는 불안감일 것이다. 그렇다면 혹시 기술적 산물의 달콤함은 그것대로 향유하면서 주체로서 우리의 지위도 양보하지 않는 매우 바람직한(?) 상황을 만들 수는 없을까? 현시점에서 우리가 그 방법을 구체적으로 찾아낸다는 것은 사실 불가능하다. 다만, 현시대가 우리에게 던지는 불안감이 주체의 지위와 관련되는 것이라면, 어쩌면 우리는 기술과

‘나’ 혹은 ‘우리’의 관계, 다시 말해, 나와 우리의 삶을 파고드는 기술적 상황을 ‘나’ 혹은 ‘우리’라는 주체의 범주와 어떻게 조화시켜야 할지를 먼저 고민해야 할 것이다. 세계란 ‘나’와 ‘우리’가 바라보는 방식으로 정립되는 것이고, 동시에 이제 기술적 세계는 ‘나’와 ‘우리’가 외부를 바라보는 방식에 영향을 끼치고 있으므로 우리가 주체로서 남는 길은 기술적 산물들을 인정하고 그것들을 ‘우리’라는 주체의 범주로 끌어들이는 해법밖에 없을 것이기 때문이다.

한마디로 정리해보자. 우리가 사는 이 시대를 표현하는 캐치프레이즈 속에서 우리가 느끼는 불안감은 곧 우리의 주체성에 대한 불안감이며, 이러한 주체성에 대한 불안감을 해소하는 방법은 주체로서의 ‘우리’라는 범주를 개편하는 길이 유일해 보인다. 결국 현재 ‘우리’에 대해 논의한다는 것은 어쩌면 주체로서의 지위를 잃고 싶지 않은 우리의 발버둥임과 동시에 새로운 주체를 맞이하는 우리의 한탄일 수 있지 않을까?

2. 세계를 바라보는 방식으로서의 주체 논의

(1) 최초의 주체 전환 사건으로서의 철학

그런데 역사적으로 혹은 철학사적으로 주체에 대한 논의는 사실 새로울 것이 없는 주제다. 이는 어쩌면 필연적이라고 할 수 있는데, 왜냐하면 인류의 역사는 자기 개선의 역사이며, 자기 개선은 사유의 전환을 통해 이루어지고, 사유의 전환은 세계(여기서 ‘세계’란 자연적 세계와 문화적 세계를 총칭한다)를 새로운 관점으로 이해하기 위해 세계를 바라보는 자신의 입장 또한 미세하게 조정함으로써 가능하기 때문이다. 즉, 인류는 역사적 흐름 속에서 끊임없이 세계를 새롭게 바라보기 위해 자신의 주체적 입장을 쉬지 않고 미세하게 조정해왔다는 의미다.

귀스타브 모로, 〈파에톤〉
파에톤은 세계에 대한 철학적 사유가 등장하기 전의 그리스인이 천체의 운동을 인간적 관점에서 어떻게 이해하고 있는지를 보여준다.

예를 들어, 고대 그리스의 세계 이해 속에서 우리는 '신화적 세계로부터 합리론적 세계로의 이행'이라는 세계 이해 방식의 최초 변화를 발견할 수 있다. 익히 알려진 바와 같이 최초의 철학이라 일컬어지는 '이오니아 철학'이 등장하기 전의 그리스인에게 우주의 질서와 세계의 발생 및 운동은 창조주의 의도와 다양한 신들의 힘 행사를 통해 설명되었다. 파에톤이 그토록 몰고자 염원했던 태양 마차에 의한 태양의 운동, 위대한 어머니인 대지에 뼈를 던짐으로써 새로운 인류를 탄생시킨 데우칼리온 이야기 등을 위시하여 자연 만물의 생성과 소멸, 운동을 담당했던 여러 신의 역할은 그리스인이 세계를 어떻게 바라보고 있었는지를 매우 구체적으로 설명한다(우리가 익히 알고 있는 그리스, 로마 신화를 생각한다면 그리스인의 관점을 쉽게 이해할 수 있을 것이다). 이에 반해, 흔히 '자연철학'이라고 일컬어지는 이오니아 철학의 등장은 세계의 운동과 질서를 신화적 관점으로 설명하려는 태도에서 벗어나 육안으로 관찰 가능한 원소들의 성질과 그 원소들 상호 간의 운동 모습을 통해 세계의 질서와

는 방식과 의미는 천차만별이겠으나 '근대'라고 할 때 떠오르는 이미지는 대동소이할 것이라 생각된다. '발전', '진보', '새로움' 등. 근대란 우리말로 풀이하면 '현대와 가까운 시대' 정도로 해석될 수 있을 것이다. 즉, 현대의 모습을 가능하게 한 직접적 원인으로서의 시대 정도가 되겠다. 근대를 이런 식으로 풀이한다면 근대는 우리 자신이 세계의 주체라는 현대적 인식을 가능하게 하는 어떤 단초를 제공해야 한다. 그것이 무엇일까? 철학사적인 측면에서 이에 대한 해답은 르네 데카르트(René Descartes, 이하 데카르트)로부터 찾는 것이 정설에 가깝다. 왜일까? 그 해답은 우리 모두가 매우 익숙하게 들어왔던 바로 그 문장, 즉 "나는 생각한다. 고로 존재한다(Je pense, donc je suis)", 조금 고풍스럽게 말하고자 할 때 되뇌는 '코기토, 에르고 숨(Cogito ergo sum)'이라는 말 속에 담겨 있다.

철학을 업으로 삼고 있는 사람들이 데카르트에 대해 말할 때, 데카르트의 업적은 합리론적 인식을 위한 확고부동한 인식 기반의 추구에서 찾아진다. 쉽게 말해 데카르트 철학의 지향점은 중세 철학과 기독교적 진리에 대한 근본적이고 철저한 의심을 통해 어떠한 의심에도 흔들리지 않는 진리의 토대를 찾아내는 것이었다. 이를 위해 데카르트는 기본적으로 다음과 같은 네 가지 규칙을 설정한다. 첫째, "명증적으로 참되다고 안 것 외에는 어떤 것도 참된 것으로 받아들이지 않을 것", 둘째, "난제 하나하나를 될 수 있는 한 가장 잘 해결할 수 있도록 소부분으로 나눌 것", 셋째, "사유를 수행함에 있어 가장 단순한 것부터 시작하여 복잡한 인식으로 나아갈 것", 넷째, "마지막으로 아무것도 빠뜨리지 않았다고 확신할 정도로 완전한 열거와 전반적인 검토를 어디서나 수행할 것".[4] 이러한 데카르트의 규칙을 우리는 '의심' 혹은 '회의'의 방법이라고 하는데, 이는 그가 흔들리지 않는 진리의 토대를 찾아내기 위해 일견 허황되어 보이는, 혹은 심하다 싶을 정도의 의심을 수행하면서 자신의 규칙들을 준수하고, 이를 통해 진리의 토대에 다다르기 때문이다. 데카르트의 회의적 방법은 존재론적 구도에 대한 근본적인 의심으로부터 시작된다. 데카르트는 자신의 규칙에 따라 우리 주위의 가장 구체적인 대상 중 의심할 여지가 조금이라도 있다고 판단되는 것은 확실한 것이 아니라고 생각하여 그것이 참되다, 혹은 그렇게, 그런 모습으로 존재한다는 생각을 보류하는데, 가장 기본적으로 이에 해당하는 것이 감각적 경험이다.

일상적으로 경험하듯 우리의 감각은 때에 따라 대상의 실제 모습을 변형시키며(같은 산을 멀리서 볼 때와 가까이에서 볼 때의 색 변화와 내가 처한 상황에 따라 달라지는 물 혹은 주위의 온도 등), 따라서 우리는 감각 경험을 통해 대상의 실재 성질, 혹은 진릿값을 파악할 수 없다. 그런데 데카르트는 여기서 한 발 더 나아간다(대부분의 거장은 모두 한 발 더 나아가는 자들이며, 데카르트 또한 그러하다). 그는 인식적 오류를 촉발하는 감각 경험으로부터 대상에 대한 진정한 파악 정도(진릿값)가 달라진다면, 근본적으로 대상의 존재 여부에 대한 의심 또한 가정할 수 있다고 전제한다. 예를 들어, 지금 창밖으로 보이는 맞은편 아파트의 색과 규모가 나의 감각적 경험에 따라 달라진다면, 우리는 저 아파트의 진정한 색과 규모를 알지 못하는 것과 같고, 우리가 저 아파트의 존재를 증명하는 요소인 색과 규모 등을 명석·판명하게 알지 못한다면, 우리는 저 아파트의 존재 자체를 명석·판명하게 긍정할 수 없다는 전제가 그것이다. 데카르트는 이러한 논증을 구체화하기 위해 '명민한 악마'라는 다소 엉뚱해 보이는 사유를 전개하며 자신의 의심을 심화시킨다. 즉, 감각적 경험에 의한 대상 인식이 언제라도 오류의 가능성을 지닐 수 있는 것과 같이 만일 우리의 명석·판명한 인식을 방해하는 힘이 존재한다면(데카르트는 이 힘을 신적인 능력을 지닌 다소 익살스러운 악마적 존재로 칭한다), 그리고 그 힘이 우리로 하여금 감각적 경험의 오류를 발생시킨다면 우리는 대상에 대한 앎, 심지어 대상의 존재 여부도 잘못 파악할 수 있다(왜냐하면 명민한 악마가 없는 대상을 있다고 생각하게끔 우리를 속일 수 있으므로)는 전제가 곧 데카르트의 회의적 방법의 전제다. 이러한 데카르트의 전제가 다소 황당해 보이더라도 무시하지 못할 힘을 갖는 것은 다시 말하지만, 데카르트가 추구했던 철학의 목표가 어떠한 상황에서도 의심하거나 부정할 수 없는 확실한 진리의 토대를 찾는 데 있기 때문이다. 즉, 데카르트가 추구한 진리의 토대는 이러한 황당한 전제 속에서조차 결코 흔들리거나 부정되어서는 안 되는 것이다.

그렇다면 모든 대상에 대한 확실성이 부정당하는 상황에서 확실성을 유지할 수 있는 것이란 무엇일까? 데카르트가 발견한 정답은 '생각하는 동안 존재하는 내 존재의 명석·판명함'이었다. 왜냐하면 악마가 아무리 나를 속여 없는 대상을 있다고 믿게 하고, 있는 대상을 없다고 믿게 하여 대상에 대한 어떠한 믿음도 불가능하게 한다고 하더라도 악마의 유혹에 따라 대상에 대해 믿고, 믿지 않는, 즉 속임을 당하는(비록 속고 있다 할지라도 대상에 대해 그렇게 생각하고 있는) 나의 의식이 존재한다는 사실은 부정할 수 없기 때문이다. 즉 데카르트는 모든 의심의 끝에서 발견한 '생각하고 있어야 속을 수도 있지 않은가?'라는 단순한 사실로부터 사유한다는 사실의 의심 불가능성과 그러한 사유하는 사건의 확실성과 동시에 생각될 수밖에 없는 '사유하는 존재'의 확실성을 발견하며, '사유하는 동안에는 존재할 수밖에 없는 나'라는 존재의 확실성을 어떠한 상황에서도 부정할 수 없는 진리의 토대로 삼고 있다.

그런데 우리는 앞서 데카르트로부터 현대적 주체 개념의 발판, 즉 인간이 세계의 주체가 되는 상황을 발견할 수 있다고 말했다. 흔들리지 않는 진리의 발판과 세계의 주체로서의 인간이 무슨 관련이 있을까? 데카르트의 규칙은 단순한 인식으로부터 복잡한 인식으로 나아가는 것이 명석·판명한 인식을 가능하게 한다고 말한다. 이때 단순한 인식이란 곧 그 인식의 사실이 의심되거나 회의되지 않는 인식이고, 의심되거나 회의될 수 없는 인식으로부터 명석·판명하다고 추론된 더 복잡한 인식은 단순한 인식의 그 명석·판명함으로부터 동일한 명석·판명함을 보증받게 된다. 다시 말해, 내가 사유하며 존재한다는 사실이 명석·판명하다면, 내가 사유하며 존재한다는 명석·판명한 인식이 분명한 추론을 거쳐 명석·판명하다고 판단한 다른 대상에 대한 인식 또한 의심과 회의의 불명료함으로부터 벗어나게 되면서 확실성을 보장받게 된다. 예를 들어, 내가 사유하는 것이 확실하다면, 내가 올바르게 사유하여 존재하는 것이 확실하다고 판단한 내 앞의 저 아파트는 명석·판명하게 존재하는 것, 바로 그것이 데카르트의 추론 방식이고 세계-존재의 정당성을 보장하는 길이 된다. 이는 달리 말하면, 이제 세계는 사유하는 내가 사유한다는 행위를 통해 그 존재의 정당성을 보증해야만 참되게 존재하는 것으로 여겨질 수 있다는 말이며, 곧 '사유하는 나'라는 존재는 세계를 판단하고, 자신의 사유에 맞게 세계를 재단하는 '사유하는 주체'가 된다는 의미다.

단적으로 말해, 근대의 역사적 진보는 바로 사유하는 주체로서의 인간이 세계에 끼친 영향의 역사라고 할 수 있다. 근대의 자연은 '나' 혹은 '우리'가 사유를 통해 그럴 수 있다고 판단한다면 나와 우리를 위해 얼마든지 변형(개발)이 가능한 대상이었으며, 우리의 문화 혹은 전통적 사회 체계 또한 나와 우리의 사유를 통해 그것이 정당하지 않다고 판단되면 얼마든지 변혁·개혁될 수 있는 대상이 된다. 근대적 사유를 통해 판단되거나 개선되는 우주의 질서와 자연의 배치, 종교적 대립과 국가 체계의 변형, 시민 개념의 등장 등 우리가 알고 있는 수많은 근대적 사건의 배후에는 모두 '사유하는 주체'로서의 인간이 그것들에 대해 정당하다고 판단한 인간적 규정이 존재한다. 따라서 근대 과학의 발전 양상과 수많은 문화적 개혁 과정은 '사유하는 나'라는 인간 주체의 등장과 매우 밀접한 관련을 갖는다고 보아야 한다. 결국 데카르트가 안배하는 사유하는 나라는 주체는 '우리의 힘과 욕망'에 의해 역사가 움직이는, 달리 말해 인류가 세계에 대해 '나' 혹은 인간으로서의 '우리'라는 주체를 천명하는 선언적 사건이라고 할 만한 것이다. 여기서 데카르트적 주체를 선언적 사건이라고 하는 이유는 이후의 서구적 주체 논의에서 발생하는 세부적인 차이를 논외로 한다면, 결국 데카르트적 주체에 대한 보완적 논의의 성격을 갖기 때문이다. 다시 말해, 데카르트 이후 스피노자(Benedictus de Spinoza)–라이프니츠(Gottfried W. Leibniz)를 거쳐 칸트(Emmanuel Kant)–셸링(Friedrich W. Schiling)–헤겔(Georg W. Hegel)로 이어지는 합리론적–관념론적 사조는 그 인식론적 틀의 중심에 사유하는 이성이 필연적으로 요구된다는 점에서 이성적 주체에 기대고 있다고 할 수 있으며, 대륙 합리론의 대척점에 놓인다고 평가되는 경험론적 사조인 베이컨(Francis Bacon)–홉스(Tomas Hobbes)–로크(John Locke)–버클리(George Berkley)–흄(David Hume)의 철학적 흐름 또한 경험을 관장하는 초월론적 이성 주관을 필요로 한다는 점에서 사유 주체로서의 이성의 역량 내부에서 가능하기 때문이다.

(3) '사유하는 나'라는 주체의 한계와 새로운 주체로서의 '몸적 주체'

사유하는 인간 주체로부터 촉발되는 근대의 업적은 "실로 엄청나도다!"라고밖에는 표현하지 못할 정도로 눈부신 것이었다는 사실을 부정할 수 없다. 그 숱한 과학적 발전과 세계 질서의 개편, 인간 주체의 도전 의식을 드러내는 숱한 모험과 새로운 발견, 너무나 당연하다고

들라크루아, 〈민중을 이끄는 자유의 여신〉
현대적 국가를 가능하게 한 직접적 동기라고 평가받는 시민 개념의 등장은 주체로서의 인간이 자신의 세계를 구축하기 위해 펼쳐낸 근대적 사유의 결정판이라 할 만하다.

여겨졌던 수많은 전통과 문화에 대한 의심과 새로운 사상의 출현 등. 혹자는 그래서 근대를 '천재들의 시대'라고 표현하기도 하는데, 결코 과장된 이야기라는 생각이 들지 않는다. 그러나 모든 세상사에는 밝은 면과 어두운 면이 공존하듯 근대적 세계관이 우리에게 찬란한 결과만을 가져다주었던 것은 아니다. 아니, 어쩌면 근대가 이룬 찬란한 업적은 그 배후에 놓인 부정적 결과들을 덮기 위해 사실 이상으로 찬란하게 이야기되는지도 모른다. 인간 주체의 강조를 통해 가능해지는 인간 중심적 태도는 자연의 경이를 더는 경이로 바라보게 하지 않음으로써 자연을 인간의 입맛대로 파괴하고 변형하는 것을 정당화했으며, 사유하는 인간에 대한 강조는 역으로 사유하는 인간으로 인정받지 못할 인간을 범주화함으로써 인간의 인간에 대한 지배와 핍박을 용인하는 흐름을 만들어냈다. 식민지 시대의 등장, 발전한(혹은 발전했다고 믿어진) 문화적 세계의 타 문화에 대한 정복화 사업 등은 바로 사유하는 현대 철학의 부정적 특이성이었으며 이는 곧 바로 이러한 이성적 주체에 대한 의문, 나아가 이성적 주체에 대한 해체의 성격을 갖는 방향으로 현대 철학을 나아가게끔 한다. 그런데 근대 철학의 끝과 현대 철학의 시작을 명확하게 어떤 시점, 혹은 어떤 특정한 철학자로 규정하는 것은 불가능하다. 왜냐하면 사상, 이념 등과 같은 추상적·관념적 흐름이란 필연적으로 이전의 흐름을 토대로 발생하며, 따라서 명확하게 분절적일 수 없기 때문이다. 그러나 1800년대 후반과 1900년대 전반에 등장하는 철학적 흐름을 살펴보면, 근대를 지탱했던 이성 중심주의와 이성적 주체에 대한 믿음에 균열이 가고 있음을 엿볼 수 있게 된다.

프랑스 현대 철학을 개진하고 있다고 평가받는 베르그송(Henri Bergson)이 철학의 키워드로 삼았던 '지속'과 '직관'의 개념은 지성적이고 분석적인 의식의 하부에서 원초적으로 작동한다는 점에서 이성 이전의 인간적 역량을 사유하게끔 하며, 동시대를 살았던 독일의 니체(Friedrich W. Nietzsche)는 이성 중심주의가 추구하는 아폴론적 세계를 디오니소스적 세계로 대체하고자 했다는 점[5]에서, 마찬가지로 '무의식'이라는 개념을 인류사에 등장시킨 프로이트(Sigmund Freud) 역시 인간이 오롯이 이성적 사유를 통해 행위하는 존재가 아니라는 점을 주장했다는 점에서 이성적 주체로서의 인간이라는 개념에 반기를 들고 있다고 할 수 있다.

이러한 전환기적 상황 속에서 이어진 철학적 흐름은 각기 다른 핵심적인 주제 의식을 통해 실존주의, 현상학, 해석학, (언어)분석철학 등으로 분화하며, 각각의 사조는 비록 이성적 주체를 중시하는 서구 철학의 관점에서 완전하게 벗어났다고 할 수는 없지만 그 속에 탈이성적 주체의 단초를 가진다는 점에서 현대 철학의 탈이성적 주체의 흐름을 주도한다. 예를 들어, 흔히 실존주의를 말할 때 주체성이 강조되는 실존주의의 특성을 이야기하는 경우가 많은데, 이는 근대적 주체성과는 다른 것으로 보아야 한다. 왜냐하면, 사르트르가 "실존은 본질에 앞선다"라는 말로 실존주의적 세계를 천명할 때, 그 의미는 삶의 본질을 구성해내기 위해 요구되는 이성적 사유의 통제적이고 억압적인 시선 이전에 이미 존재하고 있는 현실의 삶과 인간이라는 존재에 대한 강조라고 할 수 있다. 따라서 일반적으로 실존주의에서 말하는 주체성이란 세계를 통제하고 재단하는 이성적 주체성이 아닌 세계 속에 던져져 그 삶의 무게를 오롯이 홀로 떠안아야 하는 인간의 숙명, 그리고 그런 처절한 선택이 가능하기에 위대한 인간의 존재론적 운명이라고 여겨져야 한다. 따라서 실존주의는 이성적 판단에 의해 명문화된 인간의 본질이 아니라, 삶의 조건 속에서 자신에게 주어진 불안을 자유로 승격화하는 개별적이고 구체적인 인간의 존재론적 특성을 이야기한다는 점에서 이미 근대적 주체와 멀어졌다고 할 수 있다. 마찬가지로 현상학 또한 인식의 구조가 사유하는 이성만으로 구성되는 것이 아니라 현상이라는 일종의 지평 속에 현상을 가능하게 하는 다중의 축, 즉 이성적 인식의 축과 대상적 축, 물질적 차원으로써의 질료적 축이 공존하고 있음을 논변한다는 점에서 이성 중심적인 근대적 주체 구조를 탈피한다. 이러한 특징은 현대 철학의 한 축인 해석학에서도 발견된다. 현대 해석학적 운동은 "문자로 고정된 삶의 표현들을 이해하는 기술에 관한 이론을 우리는 해석학이라 부른다"[6]라고 한 딜타이(Wilhelm Dilthey)의 언급을 통해, 그리고 이때의 문자란 의미를 담지하는 비언어적 형식인 모든 표현 활동으로 확장된다는 사실에서 알 수 있듯, 정합적인 과학적 사유 너머에서만 드러날 수 있는 독자적 진리 혹은 의미를 인정하고 추구한다는 점에서 근대 주체적 질서의 정합성과 결별한다. 그리고 분석철학의 경우 사유와 인식의 동기는 더 이상 초월론적 위치에서 대상을 조망하는 의식이 아니라 언어의 구조와 관계한다는 측면에서 이성적 인간 주체의 틀을 벗어날 준비를 한다고 볼 수 있다.

이러한 흐름 속에서 특히 프랑스의 현대 철학자 모리스 메를로-퐁티(Morice Merleau-Ponty, 이하 메를로-퐁티)의 철학적 입장은 이상의 논의와 관련하여 매우 주목할 만하다.

메를로-퐁티의 철학은 제2차 세계대전 전후 현상학과 실존주의의 연장선상에서 이해되는 것이 일반적이다. 당시 유럽 사회의 주요한 철학적 흐름으로 자리 잡고 있던 에드문트 후설(Edmund Husserl, 이하 후설)의 현상학과 마르틴 하이데거(Martin Heidegger, 이하 하이데거)의 영향을 받아 전개되는 그의 철학적 목적은 철학을 추상적인 차원으로부터 구체성의 차원으로 이동시키는 것이었고, 이는 주지주의(Intellectualism)와 경험주의(empirism)라는 철학 내부의 전통적 대립 구도를 와해하는 것으로부터 시작된다.

그의 시각에서 주지주의와 경험주의의 한계는 양자가 모두 주체와 대상의 관계를 객관주의적 구도 속에 자리 잡게 함으로써 주체와 세계가 맺고 있는 구체적이고 내밀한 관계, 즉 나와 세계가 공동으로 형성하는 의미 작용의 운동을 도외시한다는 점이었다. 예를 들어 주지주의는 세계를 사유의 장으로 환원함으로써 세계를 투명[7]하게 하고자 하는데, 세계란 결코 투명해질 수 없는 대상이기 때문에, 다시 말해 대상에 대한 완전한 인식이란 하나의 허구이기 때문에 주지주의적 관점은 일종의 망상에 지나지 않게 된다. 역으로 경험주의는 대상에 대한 인식을 '작용(자극)'과 '반응(반사)'이라는 기계론적 메커니즘으로 환원하는 구도를 취하는데, 우리는 인간이 동일한 자극에서로 다르게 반응하는 다양한 반응 기제를 지녔음을 다양한 사례를 통해 확인할 수 있다. 따라서 기계론적 메커니즘을 통해 논증되는 경험주의적 관점은 세계에 대한 설명을 객관주의적 시각으로 단순화하는 일종의 불성실한 논증이 된다. 앞서 이야기한 대로 메를로-퐁티에게 있어 양자의 이러한 한계는 양자에 공통적으로 내재하는 '객관주의적 태도', 다시 말해 세계를 근대적 주체인 '코기토(Cogito, 사유하는 주체)'의 반성 대상으로 삼으면서 세계를 코기토의 사유 질서에 맞추어 정합적으로 배치하는, 그래서 세계를 투명한 대상으로 환원하는 태도로부터 발생한다. 따라서 이러한 한계를 벗어나기 위해서는 무엇보다 세계를 인식하는 사유 주체로서의 코기토의 한계를 넘어서는 새로운 주체가 찾아져야 한다.

근대적 주체로서 코기토의 힘은 세계를 매우 정합적인 방식으로 파악할 수 있다는 데 있다. 다시 말해, 코기토가 어떤 것을 인식 대상으로 삼는다는 것은 코기토가 갖는 사유의 규칙과 질서를 통해 인식 대상의 성질과 특성 등을 일목요연하게 파악한다는 의미다. 예를 들어, 우리가 어떤 집을 인식 대상으로 삼을 때(이는 메를로-퐁티 자신이 드는 예이기도 하다), 사유하는 코기토는 집의 내부 구조, 벽 속에 감추어진 전선의 배치, 배수관의 구도, 각 방의 크기 같은 부분적 모습들뿐만 아니라 그것들의 전체적 모습을 파악한다. 이는 마치 집에 대한 조감도를 파악하는 것과 같은 양상으로 인식 대상으로서 집의 모든 모습과 특성이 단번에 일목요연하게 파악되는 상황이다. 이러한 정합적 파악이 가능한 것은 집의 모습이 어떤 외부적 상황 속에서가 아니라 코기토의 사유하는 힘에 의해 내적으로 파악되기 때문이며, 이는 세계에 대한 인식에서도 그대로 적용되는 질서다. 좀 더 쉽게 이해하기 위해 지금 자신이 어떤 이야기를 지어낸다고 상상해 보도록 하자. 여러 사람이 힘을 합쳐 하나의 이야기를 만든다면, 나의 사유 속에서 그 이야기는 나에 의해 전체적으로 파악되지 못할 것이다. 즉 그 이야기는 나에게 정합적이지도, 투명하지도 않다. 그러나 내가 혼자 그 이야기를 지어낸다면 그 이야기는 내가 지어낸 것이기에 나의 사유 질서에 의해 나에게 절대적으로 투명하다(물론, 나의 기억력이 좋다면 말이다). 근대적 사유-주체인 코기토가 파악하는 세계란 바로 이러한 상황이다. 세계의 모습, 대상들에 대한 인식, 존재하는 것들의 존재 이유와 존재 방식의 정당성을 부여하는 것이 곧 사유하는 코기토이기 때문에 세계란 코기토 앞에서 정합적이며 투명하다. 이것이 곧 근대적 주체인 이성적 사유, 코기토의 위대한 힘이다. 그런데 메를로-퐁티는 바로 이 지점을 공략한다. 메를로-퐁티에게 코기토의 이러한 절대성은 하나의 망상일 뿐이다. 세계를 코기토와 같은 방식으로 파악한다는 것은 사유-주체인 코기토가 세계 내부에 존재하는 것이 아니라 세계를 초월하여 세계 외부에서 세계를 바라보는 것처럼 존재하고 있다는 것을 의미한다. 당연하지 않은가? 집 속에 있는 내가 어떻게 집의 전체적인 모습을 볼 수 있는가? 세계를 투명하게 파악한다고 함은 사유-주체가 세계의 외부에서 세계를 바라볼 때 가능한 것이다. 메를로-퐁티는 이러한 코기토의 특징을 '상공의 사유'라고 칭한다. 그런데 우리의 구체적인 삶 속에서 우리의 사유 태도가 그러한가? 그럴 수 없다. 우리는 몸을 가진 존재이기 때문에 세계에 속하며, 세계에 속하기 때문에 세계를 '내려다'볼 수 없다. 몸을 가진 우리가 세계에 속할 수밖에 없음을 의미하는 메를로-퐁티의 인간 규정인 '세계-에로의-존재(l'être-au-minde)'란 그래서 세계를 불투명하게 파악하는 주체다. 몸을 가진 이 신체-주체에게 이제 세계는 '사유'로서 파악되는 것이 아니라 '지각(perception)'을 통해 파악되며, 지각을 통해 파악되기에 세계는 불투명한 것으로 머문다. 왜냐하면, 지각이란 나의 신체가 속한 지금, 여기의 시공간만을 파악할 수 있기 때문이다. 메를로-퐁티는 지각을 수행하는 신체-주체가 파악하는 세계를 '현상적 장(champ phénoménal)'이라고 부르며, 현상적 장을 가능하게 하는 신체-주체와 세계의 상호작용을 강조한다. 그에게 있어 의미란 사유 주체인 코기토가 사유를 통해 형성해내는 것이 아니라 신체와 세계의 상호작용 속에서 형성된다. 연인의 집에서 연인의 부모님께 인사를 할 때, 그때 우리가 느끼는 불편함이란 나의 사유가 인위적으로 만들어낸 것이 아니라 낯선 집의 분위기와 낯선 이들(연인의 부모)의 시선으로 이루어져 있는 작은 세계와 그 세계 속에 나의 신체가 자리하며 그 세계와 나의 신체가 어색하고 불편하게 상호작용한 결과다. 마찬가지로 지금 이 글을 읽으며 몸을 이리저리 꼬고 있는 여러분의 불편함은 여러분의 사고가 만든 것이 아니라 한 자세로 다소 오래 앉아 있던 여러분의 신체가 세계를 불편하게 인식하고 있음을 드러낸다. 좀 더 솔직하게 말해서 여러분의 사유는 지금 여러분의 몸이 불편하다는 사유조차 하지 못한다고 봐야 한다. 왜냐하면, 여러분의 사유는 지금 여러분이 보고 있는 이 글을 인식 대상으로 삼아 이 글에 매여 있기 때문이다. 결국, 메를로-퐁티에게 있어 세계는 사유보다 몸에, 좀 더 정확히 말하면 우리의 지각에 의해 먼저 인식된다. 메를로-퐁티는 이를 일컬어 '육화된 의식(conscience incarnée, 몸적 인식이라고 이해해도 무방하다)'이라고 말한다. 따라서 규정하는 사유란 신체적 지각에 의해 인식된 세계를 사후적으로 다시 파악하는 것에 불과하다. 즉, 세계란 지각된 후 사유된다. 새로운 주체로서의 신체-주체 혹은 몸적 주체란 사유에 대한 그 선행성에 의해, 그리고 직접성에 의해 사유-주체인 코기토를 넘어선다. 근대를 지탱해온 이성적 주체의 자리에 새로운 주체가 끼어드는 순간이다.

그렇다면 우리의 논점과 관련하여 메를로-퐁티가 주장하는 신체-주체가 갖는 의미는 무엇인가? 그것은 신체-주체의 등장이 이성적 주체의 아성에 구멍을 냄과 동시에 주체의 범주를 확장하는 실마리를 제공한다는 점일 것이다. 신체-주체라는 주장이 가능한 것은 인간 주체의 정체가 유아론적이고 절대적인 사유에 있는 것이 아니라 세계와의 관계 속에 있음을 밝혀내기 때문이다. 이때, 신체-주체가 세계와 맺는 관계란 주체의 형성에 일단의 '구조'가 요구됨을 의미하며, 따라서 주체는 이제 독자적인 성격을 갖는 것이 아니라 주체가 처한 자연적·문화적 상황에 따라 새롭게 혹은 다르게 규정될 여지가 생기기 때문이다. 예를 들어, 메를로-퐁티는 신체의 실존성을 이야기하면서 신체가 세계를 받아들여 자신을 구조화하는 것을 '신체 도식(shéma coporel)'이라고 말하는데, 이는 신체가 세계에 거주하며 세계를 자신에게 친숙한 대상이 되도록 하는 신체-주체의 존재 역량이라고 할 수 있다. 쉽게 말해, 우리가 다른 생각을 하면서 운전을 하고, 게임 시 마우스와 키보드 조작에 대한 의식도 없이 마우스와 키보드를 자연스럽게 조작하여 화면 속 적을 조준하며, "이겼닭! 오늘 저녁은 치킨이닭!"이라는 다소 엉뚱한 문장을 볼 수 있는 것은 우리의 지각과 몸이 운전 혹은 게임에 적합하게 구조화되기 때문이다. 이는 신체-주체는 사유-주체가 세계 앞에 놓이기보다 세계를 자신의 앞에 놓아두며 세계를 정립하는 능동적 축으로 작용하는 것과 달리, 세계와의 상호작용 속에서 세계를 수동적으로 받아들임과 동시에 자신의 신체를 세계에 적합하도록 능동적으로 구조화한다는 것을 의미한다. 결국, 신체-주체에 대한 주장 속에는 신체의 물질성으로 인해 사유-주체가 벗어날 수 없는 주체의 독아론적인 한계가 기본적으로 극복되며, 이는 주체의 성립에 '나'와 동시에 사물, 타인, 나아가 세계라는 '타자'가 요구됨을 암시한다. 독아론적이고 절대적인 주체를 거부하는 새로운 주체 성립에서의 타자 요구는 현대 철학에서 전개되는 주체 해체 흐름의 신호탄이라고 할 만하다. 왜냐하면, 현대 철학의 주체 해체적 관점이란 결국 상수 혹은 기준점으로서의 주체는 불가능하다는 것, 순수한 주체란 불가능하며, 주체의 형성에는 어떤 식으로든 문화적·자연적 조건 등과 같은 타자의 개입, 즉 구조화가 요구된다고 요약할 수 있기 때문이다.

3. 새로운 발걸음: 다시 처음으로

우리가 지금껏 이야기한 주제를 한마디로 요약하면 서구 철학사에서 주체에 대한 논의의 흐름이라고 할 수 있다. 주체라는 개념이 중요한 이유는 그것이 어떻게 규정되느냐에 따라 세계를 대하는 태도가 달라질 수 있기 때문이다. 당연하지 않은가? 세계의 주체가 신인 세상과 인간인 세상이 어떻게 같을 수 있으며, 또한 인간'만'이 주체인 세계와 모든 생명이 주체가 되는 세계가 어떻게 같을 수 있는가? 그래서 우리가 지금껏 이야기한 예시들은 주체에 대한 서로 다른 규정에 따라 달라졌던 세계의 변화라고도 할 수 있다. 신화적 세계관으로부터 인간 주체적 세계관으로의 이행을 드러내는 철학의 등장, 철학의 등장에 따라 설명되는 세계의 구도가 종교적 이데올로기와 결합함에 따라 신-주체가 등장한 중세와 중세의 객체화된 인간, 사유하는 주체의 등장에 따라 인간이 주체가 된 세계 속에서의 역사적 흐름, 그리고 다시 절대적 주체의 해체를 예비하는 현대 초기의 새로운 신체-주체의 등장. 우리는 이러한 주체 논의의 변천 과정에서 '나'의 범주와 '우리'의 범주가 주체가 어떻게 설정되느냐에 따라 달라지는 흐름 또한 엿볼 수 있다. 단적으로 사유하는 나가 주체일 경우 절대적 나만이 존재하게 되며 이는 타자, 타인, 세계를 절대적인 외부로 놓아두는 결과를 초래하게 된다. 역으로 세계와의 관계를 통해 형성되는 신체-주체를 주체로 인정할 경우 이미 주체의 개념 속에 타자, 타인, 세계가 주체 형성의 한 요소로 개입하게 되고, 따라서 '우리'의 범주가 한없이 확장될 가능성이 부상한다. 이런 관점에서 결국 주체란 나와 우리가 그것을 어떻게 바라보고 규정하느냐에 따라 결정되며, 역으로 나와 우리의 범주는 주체가 그것을 어떻게 범주화하느냐에 따라 결정되는 유동적 개념이라고 할 수 있지 않을까? 그렇다면 우리는 이 글의 서론에서 제기한 불안감에 대해 '우리'의 범주를 과연 얼마만큼이나 확장시킬 수 있을까? AI의 등장과 영향력을 마주하며 그것이 '사유하는 주체'로서의 코기토와 완전히 별개라는 입장을 견지할 수 있을까? 혹은 신체가 세계와 맺는 관계에 따라 신체-주체를 주장한다면 지구에 사는 동식물들의 세계와의 상호작용은 신체-주체적 특성으로부터 괴리된다고 단적으로 이야기할 수 있을까? 모를 일이다. 어쩌면 '포스트-휴먼(post-human)' 또는 '트랜스-휴먼(trans-human)'을 이야기하기 시작한 현대의 철학은 이미 다음 세대의 '우리'라는 주체를 예비하고 있으며, 동일한 의미로 근래 점점 부각하는 '환경주의(environmentalism)'와 '생태주의(ecologism)'는 '우리'의 범주를 전 지구적으로 확장하는 주체의 전환 운동이라고 할 수 있지 않을까? 어쩌면 우리는 주체의 전환과 '우리'라는 범주가 비인간으로까지 확장되는 매우 역사적인 시기에 살고 있는지도 모른다. 이는 우리가 새로운 주체를 준비하고 있다는 측면에서, 인류가 세계 속에서 주체의 자리로 나아가기 위해 신화적 질서를 벗어났던 최초의 발걸음과 닮은 것일 수 있다. 그러니 주의 깊게 바라보도록 하자. 사이보그가 주민등록증을 발급받으러 주민센터를 찾을 수도 있는 세계의 변화를! 새로운 주체를 예비하는 최초의 발걸음을!

참고문헌

니체, 『비극의 탄생』, 박찬국 옮김, 아카넷, 2007.

르네 데카르트, 『방법서설』, 이현복 옮김, 문예출판사, 2019.

양해림, 『현대인을 위한 서양철학사』, 집문당, 2020.

칼 야스퍼스, 『역사의 기원과 목표』, 백승균 옮김, 이화여자대학교출판부, 1986.

Merleau-Ponty, Phénoménologie de la perception, Paris, Librairie Gallimard, NRF, 1945; 『지각의 현상학』, 류의근 옮김, 문학과 지성사, 2002.

______, Humanisme et Terreur, Essai sur le problème communiste, Introduction de Claude Lefort, Paris, Gallimard, coll. Idées; 1980; 휴머니즘과 폭력』, 박현모 외 옮김, 문학과 지성사, 2004.

1 2019년 5월 25일 MBC 기사, "日 사법시험 AI가 뚫었다. 韓 대입시험도 자신"(http://imnews.imbc.com) 참조.

2 탈레스의 경우 만물의 기원은 물이며, 이는 물이 지니는 생명의 전제조건적 성격, 변화와 운동의 원인으로서 운동성 등에 기인한다. 헤라클레이토스의 경우 만물의 기원은 불이며, 이는 불이 지닌 부단한 상태 변화에 기인한다. 마찬가지로 엠페도클레스의 경우 흙, 공기, 물, 불이라는 4원소는 사랑(결합하려는 성질)과 미움(분리되려는 성질)을 매개로 서로 결합하거나 분리되는 변화를 통해 세계를 구성한다. 예를 들어, 그의 관점에서 우리의 피는 흙, 공기, 물, 불이 똑같은 비율로 혼합된 결과물이고(피의 점성과 유동적 성질, 온도), 뼈는 2개의 물과 2개의 흙, 4개의 불이 결합한 결과물이다. 그 설명 방식의 옳고 그름에 앞서 여기서 우리가 주목하는 것은 그들이 원소를 통해 세계의 질서를 인과론적 관점에서 통일적으로 서술하고 있다는 점이다.

3 우리는 이러한 상황을 "뮈토스(Mythos, 신화)에서 로고스(Logos, 이성)로"라고 공식처럼 이야기한다. 그러나 그리스 철학 발생의 인류사적 의미를 좀 더 구체적으로 이야기하기 위해 여기서는 카를 야스퍼스(Karl Jaspers)의 말을 추가해보는 것도 나쁘지 않으리라. "이러한 세계사의 차축은 기원전 약 500년경으로 BC 800년과 200년 사이에 이루어진 정신적 과정 속에 존재하는 것 같다. 이 시기가 우리에게는 가장 심오한 역사의 기점으로 되었다. 오늘날 살고 있는 우리 인간이 바로 그 때부터 살기 시작한 것이다. 이 시기를 우리는 요약해서 '차축시대'라고 부른다". 칼 야스퍼스, 『역사의 기원과 목표』, 백승균 옮김, 이화여자대학교출판부, 1986, 21쪽.

4 데카르트의 규칙에 대해서는 르네 데카르트, 『방법서설』, 이현복 옮김, 문예출판사, 2019, 164쪽 참조.

5 니체는 『비극의 탄생』이라는 자신의 저서에서 아폴론적인 것과 디오니소스적인 것을 구분한다. 이때 아폴론적이란 균형과 정합적 상태로 이해될 수 있으며, 디오니소스적이란 불균형과 충동적 상태로 이해될 수 있다. 태양의 신과 술의 신의 특성에 빗대어 이야기되는 이러한 두 성질은 다른 한편으로는 균형과 질서가 강조되는 상황에서 발생할 수 있는 통제와 억압(아폴론적 세계)과 혼돈과 무질서를 통해 가능한 원초성과 창조성으로 해석되기도 한다.

6 양해림, 『현대인을 위한 서양철학사』, 집문당, 2020, 607쪽. 현대 해석학의 대상은 단지 문자에 국한되는 것이 아니라 의미를 표현하는 모든 행위로

확장된다.

7 철학적 의미에서 '대상의 투명성'이란 대상에 대한 인식에 있어 불분명한 것이 없는 상태, 즉 대상에 대한 인식의 완전성을 의미한다.

02

나는 네 겹으로 사라진다

조홍준

"자유야말로 그의 지극한 행복이다. 물론 이때의 자유란 이 세상에서 이것저것 성취하거나, 국왕이라든가 황제라든가 혹은 시대 여론의 대변자가 된다는 따위의 자유가 아니라 자기가 자유임을 자기 자신이 스스로 의식하는 자유다."

- 키르케고르, 『불안의 개념』

1. 사느냐 죽느냐, 그것이 문제로다

페드로 아메리코(Pedro Américo), 〈햄릿에게 나타난 아버지의 환영〉 PUBLIC DOMAIN

셰익스피어(William Shakespeare)의 『햄릿』에는 잘 알려진 대사가 있다. "사느냐 죽느냐, 그것이 문제로다." 원문(To be, or not to be-that is the question)을 보면,[1] 철학적으로 '존재와 비존재(혹은 무) 사이에서 선택의 갈등'을 보여준다고 해석할 수 있다. 생사의 운명 앞에서 갈등하는 한 인간에게서 우리는 불안과 의지를 엿볼 수 있다. 그런데 이것은 햄릿만 겪는 문제는 아닐 것이다. 인간은 누구나 불안과 자유라는 보편적 특성이 있다.

흔히 '자유'라고 하면, 사람들이 각자 원하는 대로 행동할 가능성을 말한다. 따라서 자유는 의지의 자유라고 할 수 있다. 본성상 의지는 항상 자유롭다. 이러한 자유에 관해 전통 철학은 앎을 중요한 기준으로 삼는다. 예를 들어 아리스토텔레스의 『니코마코스 윤리학』 3권을 보면, 자유의지에 의한 행동이 어떻게 앎에서 나오는지 잘 보여준다.[2]

아리스토텔레스(Aristoteles)는 무의지적(aekousiois) 행위 규정을 통해 간접적으로 의지에 관해 규정하고 있다. 무의지적 행위는 두 가지 경우에 해당한다. 강제(bia)로 하거나 무지(agnoian)로 인해 행동하게 된다. 여기서 강제적인 행위란 움직이게 하는 원인이 외부에 있고 행위자가 그 원인에 관여할 수 없을 때를 말한다. 따라서 무의지적 행위는 책임에서 자유롭고 용서받을 수 있다.[3] 그런데 강제적 행위와 달리 '무지'에 의한 행위는 항상 책임질 필요가 없는 것은 아니다. 왜냐하면 모든 무지에 의한 행동이 무의지적인 것이 아니기 때문이다.

첫째, 무의식중에 한 행위는 무지에 의한 무의지적인 행위가 아니다. 예를 들어 술 때문에 저지른 나쁜 행동을 기억하지 못하는 사람은 흔히 '무의식중에 한 행동'이라고 말한다. 그러나 술에 취해 저지른 행위는 무의지적 무지 때문이 아니다. 이것은 차라리 자발적 행위에 속한다. 술을 마시면 실수할 수 있을 것이라는 사실을 모르는 사람은 없기 때문이다. 둘째, 마땅히 알아야 할 것을 모르는 사람, 심지어 자기에게 유리한 것조차 모르는 사람은 순진한 것이 아니라 차라리 악한 사람이다. 예를 들어 자동차를 운전하는 사람이 교통법규를 몰랐다면, 그래서 사고를 냈다면 당연히 처벌받아야 한다.

그리하여 순수하게 무의지적 무지란 개별적 조건에 대한 무지나 주위의 여러 가지 사정에 대한 무지, 그리고 행위 대상에 대한 무지만을 말한다. 이런 무지로 인한 잘못된 행위는 비난받지 않고 차라리 연민과 동정을 받는다. 당사자는 반드시 고통스러운 후회를 하기 때문이다.

아리스토텔레스의 의지적 행위를 정리하자면, 순수한 무지에서는 의지적 행위가 나올 수 없다. 그리고 의지적 행위는 확실하든 확실하지 않든 앎에서 나온다. 무의지적 행위의 조건은 첫째 행위의 원인이 행위자 밖에 있고 행위자가 관여할 수 없는 강제적인 행동이거나, 둘째 개별적 상황과 행위의 대상과 목적에 대해 모를 수밖에 없는 무지에 의한 행위로서 고통스러운 후회를 하게 되는 행동이다. 그렇다면 유의적인 행위란 행위 원인이 행위자 안에 있고, 행위의 특수한 상황과 목적을 잘 알고 있을 때를 말한다. 아리스토텔레스의 주장에 따르면 무지에서는 무의지적 행위가 나오고, 의지적 행위는 모두 앎에서 비롯한다는 것이다.

따라서 의지란 개별상황과 행위 목적에 대해 잘 알고 있는 상태에서 행위를 일으킨다. 이때 자유로운 행위를 위한 앎이란 아리스토텔레스에서는 영혼의 탁월성(aretê) 중 실천적 지혜(phronêsis)라고 할 수 있다.[4] 실천적 지혜로서 로고스적 앎이 말하자면 자유의지의 근거가 된다. 이러한 전통은 임마누엘 칸트(Immanuel Kant, 이하 칸트)의 『실천이성비판』에서도 찾아볼 수 있다. 칸트에서 의지의 자유는 다름 아닌 실천이성의 명령에 따라 일어나기 때문이다. "자기 자신의 이성에 의해 주어진 순수한 실천 법칙들에 복종하고 있는 존재자"인 인간은 "자유의 자율의 힘에 의해 신성한 도덕법칙의 주체"[5]가 된다.

이와 달리 자유의지가 로고스나 이성적 앎이 아닌 무지에서 비롯한다는 의견이 있다. 내 의지가 몰라서 생긴다니 언뜻 이해가 가지 않는다. 맞다. 이 의지는 합리적 이해에서 생기는 것이 아니라 어떤 감성에서 일어나는 것이기 때문이다. 그리하여 어떤 무지에서 의지가 생긴다고 보는 이 견해에서 중요한 것은 '불안(Angst)'이라는 개념이다. 여기서 인간은 말하자면 '무를 향한 존재'이기에, 알 수 없는 무에 대해 불안을 느낄 수밖에 없다. 그런데 그런 불안이 바로 자유의지를 일으킨다. 다시 말해 인간의 심연(Abgrund)에서 일어난 불안이 자유의지를 발생시킨다. 그런데 이러한 불안은 결코 단순한 심리적 기분이 아니다. 그것은 인간의 행위를 결정하는 실존론적 요인이다. 그리하여 우리는 이 장에서 이 특별한 불안이 무엇인지 살펴봐야 할 것이다. 미리 말하면, 나는 이 불안이 다름 아닌 '시간'이라고 생각한다. 이런 주장은 특히 쇠렌 오뷔에 키르케고르(Søren Aabye Kierkegaard,

이하 키르케고르)와 마르틴 하이데거(Martin Heidegger, 이하 하이데거)의 철학을 통해 확인할 수 있다. 따라서 키르케고르와 하이데거의 불안을 살펴보고 그 의미를 비교해보자. 이를 통해 우리는 시간성으로서 불안이 무에서 비롯하여 인간의 자유의지를 발생시킨다는 사실을 알 수 있을 것이다.

2. 키르케고르와 아담

(1) 나는 본래 모른다

키르케고르의 자유의지 개념은 기독교에서 아담의 이야기와 비교하면 이해하기가 쉽다. 아담은 금기된 선악과를 따 먹고 천상에서 추방당해 지상에서 살게 된다. 그 벌로 아담은 생로병사의 고통을 받는다. 키르케고르에 따르면 우리 인간이 본성상 무지하고, 또 그것에 대한 불안을 가진 것은 이런 아담의 무지와 일맥상통한다.

아담의 무지는 선악과를 먹는 죄를 범하기 전에 그 죄 자체에 대해 알지 못했다는 것이다. 물론 신이 죄를 범하면 벌을 주겠다고 경고했지만, 그 벌에 대해서조차 알지 못했다. 신은 그것이 왜 죄인지는 설명하지 않았거나 아니면 아담은 그것을 이해할 능력이 없었는지도 모른다. 마치 강아지에게 휴지를 물어뜯지 말라고 경고하지만, 강아지가 이해하지 못하는 것과 같을지도 모르겠다. 여하튼 아담은 선과 악이 무엇인지 이해하지 못했을 뿐만 아니라 신의 심판이 무엇인지 몰랐다. 다시 말해 죽는다는 것이 무엇인지 아담은 전혀 이해하지 못했다. 당연한 말이지만 한 번도 죽어본 적이 없기 때문이다. 아담은 '선악 구별 금지'의 금령(禁令)과 죽음의 심판에 대해 알지 못했다.

우리 인간은 어떤가? 우리도 사실 우리의 죽음에 대해 아는 바가 없다. 그런데 모른다고 해서 아무렇지 않은 것도 아니다. 이해되지도 않고 알지 못하지만 우리는 그것에 대해 느낄 수는 있다. 그것이 바로 불안이다. 그리고 자유의지는 이런 무에 대한 불안을 전제한다. 예를 들어 우리는 뻔히 예상되는 결과나 이미 알고 있는 미래에 불안해하지 않는다. 졸업이 확실한 고3 생활은 고통스러울지 몰라도 불안하지는 않다. 그리고 졸업할 수밖에 없고 당연히 하게 되는 졸업을 우리는 자유로운 선택이라고 하지 않는다. 이미 알고 있는 행동은 자유롭다고 할 수 없다. 그런데 졸업 이후 우리의 생활은 확실하지 않다. 아니 모른다. 이렇게 뻔히 존재하는 무에 대해 모른다는 불안이 우리에게 자유의지에 의한 행위를 하게 한다. 아담의 경우로 말하면, 신에 대한 죄를 짓게 된다. 그런데 우리의 자유행위가 죄라고 할 수 있을까?

나는 자유롭게 살았어도 죄를 저지른 일은 없다. 그렇기 때문에 우리는 이제 자유의지에 관한 키르케고르의 설명을 살펴봐야 한다. 이러한 설명이 필요한 것은 무엇보다 모든 인간이 기독교인은 아니기 때문이다. 여기서 소개하는 키르케고르의 철학은 인간 존재의 조건으로 이해되어야 하겠지만, 필요하다면 인간 심리의 발전단계로 받아들여도 좋을 것이다.

아담과 이브 그리고 뱀

일단 키르케고르는 아담과 우리 인간이 행하는 죄를 유한성과 무한성, 필연성과 가능성, 육체와 영혼이 잘못 종합된 것이라고 한다.[6] 따라서 죄를 범하기 전 인간의 정신은 아직 종합을 이루지 못한 상태다. 이를 그는 '잠들어 꿈꾸는 정신(träumender Geist)'이라고 표현한다. 이 정신은 어렴풋이 자신의 가능성을 예감할 뿐이다. 죄에 빠지기 전의 이러한 순진무구(unschuldig)의 무지 상태는 평화와 고요가 지배하고 있다. 그런데 이런 상태의 정신에는 아직 자유로운 의지가 없다. 다만 그런 의지를 갖고 싶어 할 뿐이다. 인간의 무지는 어떤 의욕이 꿈틀대는 꿈꾸는 정신상태다.

아담을 예로 들면, 그는 객관적으로 신의 곁에서 평화롭게 영생하며 아무것도 모른 채 순진무구하게 살고 있었다. 그러나 선악과에 대한 무지로 불안을 느낀다. 그것을 알고 싶어 한다. 그것을 먹고 싶어 한다. 그리고 그는 결국 선악과를 먹는 죄를 저지른다. 이와 마찬가지로 모든 개별 인간은 무지에 대한 불안에서 눈앞에 제시된 유한성을 선취한다. 즉, 선과 악을 구별하여 그중 하나를 선택한다. 우리의 정신은 이 최초의 무지에서 일어난 불안을 떨치기 위해 자유의지로 성급한 결정을 내린다.

(2) 내 불안은 이중적이다

그런데 이런 무지에서 일어난 불안은 한 번에 사라지지 않는다. 무엇보다 제대로 선악에 대해 알게 되거나 죽음에 대해 알게 되지 않기 때문이다. 더구나 불안을 떨치기 위해 저지른 죄 때문이라도 불안은 계속 남아 있다. 여전히 우리의 마음은 항상 불안에 사로잡혀 있다. 키르케고르는 이를 '양의적(zweideutig)'이라고 한다. 선과 악 그리고 죽음에 대한 모호한 앎은 계속적으로 불안을 자극한다. 이렇게 불안은 자유의지를 발휘하기 전의 불안이면서 동시에 그런 행위를 하고 난 후의 불안이기도 하다. 이렇게 불안은 두 가지 양태를 보여준다.

첫 번째 자유의지 이전의 불안은 죄에 관한 것이다. 선악과를 먹고 죄를 지을 수도 있다는 가능성에 대한 불안이다. 성서의 아담은 선악과를 먹고자 하는 유혹에 빠진다. 키르케고르의 심리학적 설명에 따르면, 아직 죄를 짓지 않은 순진무구의 상태에서 인간 정신은 잠들어 있다. 단지 어렴풋이 자기 자신을 인지하며 '죄를 지을 수 있다'는 가능성을 느낀다. 이를 키르케고르는 '자유의 현기증(Schwindel der Freiheit)'이라고 한다.

두 번째 불안은 죄를 지은 후의 불안이다. 이런 불안은 다시 두 가지 불안으로 나뉜다. 하나는 자유의지로 선(善)을 택했을 때다. 선한 마음을 가지게 되면, '악에 대한 불안'이 생긴다. 일단 자기 의지대로 선택하여 선한 마음을 가지게는 되었지만, 여전히 확신 없는 마음은 계속적으로 올바른 선택을 할 수 있을 것이라고 생각하지 못한다. 여전히 불안감을 느낀다. 그리고 다른 하나는 자유의지로 악(惡)을 택했을 때다. 악한 마음을 가지게 되면, '선에 대한 불안'이 생긴다. 이것은 '악마적인 것(das Dämonische)'으로 나타나는데, 우리 주변에서 볼 수 있는 신경학적 질병이 바로 이런 것이다. 예를 들어 정신적 장애나 노이로제, 히스테리 등이 있다.

이렇듯 키르케고르는 오늘날 과학적 입장과 달리 정신질환을 선에 대한 불안증으로 설명한다. 그렇다고 이러한 설명이 소위 '악마가 영혼을 지배하고 있다'고 믿는 사람들이 시행하던 퇴마 같은 전근대적인 관습을 옹호하는 것은 아니다. 물론 프로이트가 등장하기 전까지 인간의 정신 문제는 주로 종교나 철학에서 영혼이나 선악과 밀접하게 연관되었지만, 키르케고르의 정신에 관한 설명은 근대 과학적 연구 이전에 있었던 의미 있는 논변이었다고 할 수 있다. 그는 인간의 존재 문제를 이성이 아닌 감성으로 설명하고 있으며, 이것은 지그문트 프로이트(Sigmund Freud)가 의식이 아닌 무의식을 인간 정신의 근본으로 본 것과도 연결될 수 있는 의미 있는 주장인 셈이다.

(3) 누구나 자유의지가 있다

이렇게 키르케고르에서 선과 악에 대한 선택(자유의지)은 인간의 불안 개념과 연결된다. 불안은 어떤 가능성 앞에서의 불안인데, 여기서의 가능성이란 일단 잘못된 선택을 의미한다. 더 나아가 불안한 가능성은 선택을 스스로 책임져야 한다는 것을 나타낸다. 이 가능성은 아담에게는 영생의 끝, 죽음이며, 우리 인간에게는 잘못된 종합이다. 그런데 종합이란 무엇인가?

키르케고르에 따르면 인간이란 정신과 육체의 단순한 합이 아니라 '시간적인 것과 영원한 것의 종합(Synthese)'이다. 말하자면 인간이란 유한성 속에서 영원성을 실현하는 존재라는 말이다. 그런데 아직 종합이 이루어지지 않은 첫 번째 불안 속에서 인간은 영원한 것보다 유한한 것에 쉽게 매달린다. 이것은 우리 정신이 유한한 것에 쉽게 빠지는 특성이 있기 때문이다. 당장 장래를 위해 공부해야 할 시험 기간에 유독 시험과 상관없는 눈앞의 쉬운 일에 정신을 뺏기는 일이 잦은 것을 생각해보면, 우리의 정신이라는 것이 얼마나 이런 유혹에 취약한지 알 수 있다. 아담도 그랬다. 신은 아담에게 선악과를 먹지 말도록 명령한다. 이때부터 왠지 아담은 스스로 선악과를 먹는 죄를 지을 것 같아 불안에 사로잡힌다. 그러다가 결국 유혹에 넘어간다. 그런데 키르케고르는 이런 행위를 하와나 뱀의 유혹에 넘어간 것으로 설명하지 않는다. 그 행위는 자신의 의지에 의한 것이다. 즉, 의지가 약해서 유혹에 넘어간 것이 아니라 오히려 어떤 의지를 발휘하여 선택한 것이다.

그런데 아담의 선택은 인류역사상 유일한 타죄(墮罪; Sündenfall)가 아니다. 키르케고르는 흔히 아담이 선악과를 따 먹은 죄 때문에 모든 인간이 가지게 되었다는 원죄(原罪: Ursünde)를 거부한다. 그에 따르면 아담뿐만 아니라 인간은 누구나 그런 죄를 범하게 된다.

키르케고르에게 원죄란 아담에게서 온 것이 아니라 정신을 가진 모든 인간의 자유의지에 의해 발생한다. 우리 인류의 죄는 아담에 비해 양적으로 많다는 것 외에 질적으로 같은 변화(타죄)일 뿐이다. 이렇게 모든 인간은 각자 자유의지를 가지게 된다.

그리하여 키르케고르는 타죄를 범할 가능성을 죄성(罪性; Sündhaftigkeit)으로 설명한다. 죄성이란 철학적으로 말하면 잘못된 선택의 가능성이며, 더 나아가 그 선택이 자신의 탓이라고 하는 책임감이다. 아담이 뱀이나 하와의 핑계를 대지 않듯 우리 인간은 아담의 핑계를 대지 말아야 한다. 이 모든 선택은 곧 나에 의한 것이다. 그로써 우리는 모두 자유의지를 가지게 된다. 키르케고르의 자유의지 개념에서 바로 이 점이 가장 중요하다. 무지에서 나온 자유의지라도 그것은 순전히 내 탓이다. 그 어떤 결과를 가져온다 해도 그 결과에 대한 책임을 져야 한다. 그래서 인간은 각각 '독립된 자유로운 개체'임이 밝혀진다. 그런 점에서 자신의 대학전공을 후회하는 사람 중에 여전히 그 탓을 강요한 부모나 잘못된 정보에 돌리는 사람은 아직 자유로운 정신을 가진 인간이라고 할 수 없다.

그런데 그 후회라는 감정도 불안의 다른 양태다. 따라서 여전히 자유로운 인간으로 다시 태어날 가능성은 충분히 있다. 이제 불안이라는 감정에 대해 좀 더 자세히 알아보자. 모든 인간이 처음에 죄에 빠진다는 것은, 말하자면 불안 속에서 불완전한 정신적 변화를 겪는 것이다. 이제부터 나는 '불안'이라는 감정을 '시간'이라고 부르고 싶다. 흔히 시간이라면 1시, 2시, 3시… 등 시계가 알려주는 객관적인 시간을 떠올리겠지만, 시계의 시간이 시곗바늘의 운동을 나타내듯이 운동을 표현하는 모든 것을 시간이라고 할 수 있다. 따라서 우리 마음의 운동으로서 감정을 나타내는 것도 시간이라고 할 수 있다.

(4) 자유로운 순간

그러나 여전히 불안이 시간이라는 말을 이해하기가 쉽지는 않다. 나는 여기서 키르케고르의 논변을 통해 이를 설명해보겠다. 키르케고르에게 불안은 자유의지 이전의 감정이면서 또한 자유의지 이후의 감정이다. 아담에게 불안은 죄를 범하게 하는 동기이며 죄에서 벗어나는 동기가 되기도 한다. 이러한 이중적 불안은 무엇보다 그것이 올바르건 올바르지 않건 영혼과 육신에 대한 정신의 종합을 나타낸다. 그런데 키르케고르는 이런 불안에 대해 '개별적 삶에서의 순간'이라고 말한다. 여기서 일단 불안이 '순간이었다'라는 것에 주목해보자. 지금부터는 시간에 관해 매우 추상적이고 현상적인 설명을 하기 때문에 주의를 요한다. 만약 너무 어렵다면, 그냥 우리 마음이 어떤 식으로 움직이고 성장하는지 설명하는 것으로 생각하기 바란다.

아담의 죄와 우리의 잘못된 종합은 일종의 변화다. 따라서 키르케고르는 그런 변화의 순간을 이행(移行)으로 본다. 그런데 이행이나 변화는 전통 형이상학에서는 그렇게 중요하게 생각되지 않았다. 왜냐하면 형이상학은 영원불변의 본질을 탐구하는 학문이기에 변화를 핵심적으로 생각하지 않았기 때문이다. 그러나 키르케고르는 육체와 영혼의 종합을 위해서는 어떤 변화가 있어야 한다고 주장한다. 그는 이를 시간적인 것과 영원한 것의 종합이라고 하며, 이런 이행이 어떤 순간에 일어난다고 한다. 영과 육이 정신이라는 제삼자에 의해 종합되듯이 이 순간이 영원한 것과 시간적인 것을 종합한다.

① 시간과 영원의 종합

우리는 흔히 시간을 '무한한 계속'으로 표상한다. 우리 안이든 밖이든 시간은 무심히 흘러간다고 믿는다. 그러면서 사람들은 그런 시간에 과거, 현재, 미래가 구별되어 있다고 생각한다. 그리하여 마치 과거,

현재, 미래의 연속으로 시간은 흘러가는 듯하다. 그러나 키르케고르는 이러한 시간 양태의 구별은 오히려 시간과 영원이 종합되었을 때나 가능하다고 말한다. 왜냐하면 그저 지나가는 과정일 뿐인 객관적 시간 속에 현재적인 것, 과거적인 것, 미래적인 것은 존재하지 않기 때문이다. 끊임없이 움직이는 시곗바늘 어디에도 과거와 미래는 찾을 수 없다. 그런데 만약 각각의 것들이 존재한다고 표상하는 '순간', 시간은 어떤 공간적인 것이 되어 정지하고 만다. 다시 말해 구별되는 시간은 흐르는 시간이 아니게 된다. 이렇게 사람들이 동일한 것이 무한히 계속되는 시간 속에서 분할 가능한 확고한 지점을 발견한다면, 즉 무한히 계속되는 시간 속에서 어떤 현재적인 것을 발견할 수만 있다면, 그런 정지된 현재로 인해 시간은 영원한 것이 되고 만다.

여기서 영원한 것이란 지양된 계속(aufgehobene Sukzession), 현재 멈춘 시간이라고 할 수 있다. 따라서 영원성은 현재를 포함한다. 그러나 그렇다고 해도 이 영원한 것은 정지된 현재일 뿐 아직 과거적인 것이나 미래적인 것이 아니다. 가끔 영화에서 시간이 멈춘 장면을 상상하여 보여주는데, 그것을 떠올려보라. 다시 말해 과거, 현재, 미래의 세 가지 양태는 무한히 계속되는 시간에서 찾을 수 있는 것도 아니고 그렇다고 지양된 계속으로서 영원한 현재 속에서 찾을 수 있는 것도 아니다. 그래서 바로 시간적인 것과 영원한 것을 매개할 수 있는 제삼자가 필요하다. 바로 그것이 순간이다. 현재는 시간을 멈추게만 할 뿐 과거와 미래를 만들지 않는다. '순간'이라는 특별한 매개가 우리에게 과거, 현재 그리고 미래를 만들어준다. 과연 이 순간이 무엇이건대 우리에게 시간의 세 가지 양태를 드러내 보여준다는 것일까?

② 비본래적·본래적 시간성

달리 말하면 키르케고르가 말하는 순간은 영원한 것이 시간에 접촉

할 때다. 그는 이 접촉을 "시간이 영원을 찢으며 영원이 시간을 관통한다"라고 표현한다(Kierkegaard, 2005: 103). 영원이 시간에 접촉할 때, 시간의 천편일률적이던 현재가 어떤 특별한 순간이 된다. 이 순간은 무한히 흐르기만 하는 시간 속에 사라지는 지금이 아니라 실제로 존재하게 된다. 이를 시계로 알게 되는 객관적인 시간과 구별하여 '시간성'이라고 하자. 그리고 이러한 시간성 속에서야 드디어 시간은 과거, 현재, 미래로 구별되며 존재한다고 할 수 있다. 태양이 뜨고 지듯이, 시곗바늘이 돌 듯이 특별할 것 없이 흐르는 우리의 마음에 영원이 '관통'할 때, 우리의 마음은 셋으로 쪼개진다.

그런데 키르케고르는 이렇게 구별된 시간의 양태 중에서 특히 미래적인 것을 다른 두 양태보다 더 중요하게 본다. 미래적인 것이 다른 것보다 우위에 있다. 왜냐하면 미래적인 것이 과거적인 것을 내포하며, 그리하여 전체 시간성의 의미를 만들기 때문이다. 이렇게 시간성이 온전히 존재하게 되는 과정을 좀 더 자세하게 들여다보자.

과거와 미래를 나누는 순간은 시간을 나누는 경계점일 뿐이다. 이를 나는 키르케고르의 '비본래적(非本來的) 시간성'이라고 부른다. 비본래적 시간성의 순간에는 아직 과거와 미래는 없고 그것을 나누는 현재만 있다. 그런데 영원이 시간을 관통하며 찢는 순간, 영원한 것은 미래적인 것으로 그리고 이어서 과거적인 것으로 다시 나타나게 된다. 미래가 과거로 다시 현재로, 때가 무르익어가는 이런 순간의 현상을 키르케고르는 '시간의 충만'이라고 표현한다. 충만된 시간이란 그리 어려운 개념은 아니다. 지금 한번 여러분이 '꿈꾸던 미래가 이미 이루어진(과거가 된) 현재'를 상상해보라. 이를 나는 키르케고르의 '본래적(本來的) 시간성'이라 부르겠다.

우리는 또한 이러한 시간의 완성을 형태학적으로(morphologically)도 표현할 수 있다. 일반적으로 사람들은 순간을 과거적인 것과 미래적인 것을 나누는 '단순한 연속성 속 지금'으로 이해한다. 이러한 비본래적 시간 이해가 지나가버리는 시간의 선형적 운동이라고 한다면, 순간의 본래적 시간성은 일종의 원운동을 형성한다고 할 수 있다. 엄밀히 말하면, 이 운동은 눈에 보이는 것은 아니다. 앞서 나는 키르케고르의 시간을 마음의 운동을 나타낸 것이라고 했다. 그것은 차라리 우리 마음의 질적 변화를 의미한다. 시간이 영원히 멈추고, 영원성이 시간처럼 흐르는 이중적 변화다. 따라서 영원의 시간적 존재는 역설적 표현이다. 이러한 질적 변화는 종교적으로 영원한 신이 시간적으로 존재하는 것이라고 표현할 수 있다. "신=인간인 예수의 이 세상에서의 존재"는 부조리다.[7] 육화된 신의 존재 방식(Inkarnation)이 바로 이 본래적 시간성의 종교적 표현이다. 이러한 부조리 속에서 인류는 구원을 얻는다. 그렇다면 우리 인간에게 본래적 시간성은 무엇을 의미하는가?

본래적 시간성에서 미래적인 것이 영원한 것의 가능성이다. 이것이 우리 안에서 불안으로 드러난다. 영원한 것이 미래적인 것이 된다는 것은 우리가 모두 어떤 자유의 가능성을 느낀다는 것이다. 그리고 그런 느낌은 모르는 미래 시간에 대한 불안이다. 이미 알고 있는 과거에 대해서는 결코 불안을 느끼지 않는다. 지난 것에 대해서는 후회할 뿐이다.

이제 키르케고르가 전하는 말을 나는 이렇게 얘기하고 싶다. 불안은 자유의 가능성과 미래의 시간에 대해 일어난다. 불안 속에서 인간은 우선 영원한 것을 외면하고 시간의 경계점으로서 현재를 살려고 한다(비본래적 시간성). 그런데 만약 영원성을 받아들이고 미래를 선취한다면, 과거와 현재를 모두 가지게 될 것이다. 비로소 자기 삶을 완성할 수 있다. 이렇게 순간의 불안은 비본래적 시간성에서 본래적 시간성으로 이행한다. 우리는 그렇게 무지의 불완전한 정신에서 완전한 정신으로 변해간다. 그리고 이 이행이야말로 우리 인간이 어떻게 자유로운 존재인지 보여준다. 그리하여 나는 이렇게 말할 수 있다. “나는 모른다. 고로 자유롭게 존재한다.”

이제 다음으로 하이데거의 자유 문제를 다루어볼 것이다. 하이데거 역시 자유는 무에서 비롯한다. 한마디로 말하면, 나 자신으로 살아가기 위해 우리는 이미 사라져가고 있는 존재로서 불안에 사로잡혀 있어야 한다. 나의 사라짐이 시간으로서 불안을 일으키고, 그 불안이 나를 나로서 자유롭게 존재하게 한다. 이제 하이데거식으로 자유로워질 준비가 됐다면 그의 설명을 따라가보자.

3. 하이데거와 스크루지

하이데거는 『존재와 시간』에서 자유를 가장 고유한 인간의 가능성이라고 말한다. 하이데거가 말하는 자유란 자기 자신으로 살아가는 일이다. 그렇다면 우리가 우리 자신으로 살아간다는 것은 무엇인가? 하이데거에 따르면 사람들은 우선 익숙한 세계에서 편하게 살아가고는 있지만 대개 자기 자신으로 살아가지는 못한다고 한다. 그러나 불현듯 찾아온 무의 불안 속에서 비로소 자기 자신이 될 가능성을 가지게 된다. 이것이 하이데거가 우리에게 알려주는 자유롭다고 하는 말이다.

이러한 하이데거의 자유를 이해하기 위해 찰스 디킨스의 소설 『크리스마스 캐럴』에 나오는 스크루지의 이야기를 함께 살펴보려고 한다. 『크리스마스 캐럴』은 전 세계적으로 널리 알려진 중편소설로, 현재까지 무려 8편의 영화로 제작되어 크리스마스 날이면 빠지지 않고 TV에서 볼 수 있다. 이 소설은 에비니저 스크루지라는 구두쇠 이야기다. 그는 말 그대로 돈만 밝히는 사람이다. 그뿐만 아니라 그럭저럭 즐겁게 일하는 직원과 사람들에게 야박하게 군다. 그러던 어느 날 크리스마스이브에 친구이자 공동사업자였던 죽은 제이콥 말리가 유령이 되어 나타난다. 뒤이어 나타난 과거, 현재, 미래의 유령은 스크루지에게 그의 일생(一生)을 보여준다. 스크루지는 이렇게 삶을 돌아보고 나서 자신의 잘못을 깨닫고 개과천선(改過遷善)한다. 한마디로 크리스마스를 맞는 전 세계 아이들에게 '구두쇠처럼 살지 말고 베풀며 살아야 한다'는 교훈을 주는 이야기라고 하겠다.

하지만 우리가 이 장에서 만나게 될 스크루지는 조금 다를 것이다. 그에게 '남들과 더불어 착하게 사는 것'은 부차적인 문제다. 그 대신에 세상 사람들이 원하는 삶이 아니라 '자기 인생을 살게 되었다'라는 것이 중요하다. 그러니 구두쇠처럼 살아도 그것이 자기가 선택한 인생이라면 문제 되지 않을 수도 있다. 이렇게 자기가 선택한 '구두쇠'는 적어도 우리가 알고 있는 원작의 스크루지 같은 구두쇠는 아닐 것이다. 하이데거는 우리 인간을 '현존재(現存在; Dasein)'라고 하는데, 본래의 자기 모습을 회복한 현존재 스크루지는 자기가 누군지 모르는 수전노 현존재와는 다르다.

(1) 나 자신을 선택하기 위한 선택

이렇게 우리가 자기 삶을 살 수 있는 이유는 각자 우리 삶을 선택할 수 있는 자유가 있기 때문이다. 그런데 하이데거가 말하는 자유는 어떤 것을 선택할 수 있는 가능성(자유)을 먼저 선택할 수 있는 자유까지 포함한다. 이를 하이데거는 "자기 자신을 선택하고 장악할 자유에 대해 자유로운 존재"라고 표현한다.[8] 이 말은 언뜻 이해하기가 쉽지 않다. 따라서 우리는 하이데거의 이 말을 나누어볼 필요가 있다. 하이데거는 여기서 자유를 두 번 사용한다. '자기 자신을 선택하고 장악할 수 있는 자유'와 '그런 선택 앞에 설 수 있는 자유'를 구별한다.

우선 후자인 선택 자체 앞에서의 자유를 살펴보자. 그런데 이 자유는 불안과 함께 등장한다. 불안 속에서 우리는 '본래적 삶과 비본래적 삶'의 두 갈래 길 앞에 설 수 있다. 현존재는 이러한 두 가지 근본적인 가능성을 불안 속에서 왜곡 없이 그대로 볼 수 있다. 이로써 현존재는 두 가지 중 하나를 선택할 가능성을 가지게 된다. 근본적인 예는 아니지만, 이해를 돕기 위해 눈앞에 향긋한 커피와 보기만 해도 좋은 생크림 케이크가 있다고 상상해보자. 그리고 우리는 어떤 '불안' 속에서 이 케이크를 먹을지 말지 고민하는 순간에 서 있다. 이것이 하이데거가 말한 '선택 앞의 자유'다.

이와 비교해서 전자인 '자기 자신을 선택하고 장악할 자유'는 본래성과 비본래성 중에서 본래적 존재를 선택할 가능성을 말한다. 말하자면, 건강을 위해 커피와 케이크를 먹지 않을 것을 선택하는 자유다. 이 먹지 않는 선택을 하이데거의 말로 바꾸면, 두 가지 형태의 행위로 표현된다. 하나는 현존재가 사람들과의 잡담을 그만두고 침묵의 양심을 원하는 것을 말한다. 다른 하나는 현존재가 자기 죽음으로 앞질러가는 선택이다. 이러한 행위들을 통해 인간 현존재는 자기 자신이 될 수 있다. 그런데 이 자유의 계기(양심 가지기를 원함과 죽음으로 달려가봄)는 불안이라는 근본적인 기분에서 발생한다. 완전히 다른 분위기의 예이지만, 그 케이크를 먹지 않기로 한 나는 앞에 앉아서 권하는 친구의 말 따위는 듣지 않고 침묵 속에서 좀 더 건강한 삶을 상상한다. 비록 죽음을 직접 떠올리지는 않지만, 나의 기분은 이미 죽음에 대한 불안에 사로잡혀 있었고 평상시 친구와의 즐거운 분위기보다 나 자신을 위해 선택할 자유를 가졌다고 할 수 있다.

스크루지도 이러한 자유를 가지고 있다. 크리스마스이브에 스크루지에게 죽은 친구인 말리의 유령이 찾아온다. 이때 그는 자각하지

스크루지와 유령 말리 PUBLIC DOMAIN

못했지만, 첫 번째 가능성을 가진다. 즉, 두 가지 선택의 갈림길에 서게 된다. 하나는 자신의 삶을 통찰하고 새로운 인생을 사는 것이고, 다른 하나는 그동안 살아온 대로 사는 것이다. 후자는 자기 삶을 살기를 선택하지 않는 선택이며, 전자는 적극적으로 자기 삶을 선택하는 것이다. 그런데 자기 삶은 단번에 선택할 수 있는 것이 아니다. 원래 자신의 모습을 돌이켜보며 현재의 모습을 직시하고, 미래의 모습을 내다보며 선택한다. 이러한 모든 과정을 거친 스크루지는 불안에 사로잡히게 되며, 그런 불안 속에서 두 번째 자유로서 본래적 자기 삶을 결정한다.

스크루지가 자기 자신의 모습에 불안해하고 자유로이 삶을 선택하듯, 불안은 현존재의 자유를 발생시킨다고 할 수 있다. 그렇다면 이런 자유를 유발하는 현존재의 불안은 어디에서 일어나는가?

(2) 나는 네 겹으로 사라진다

평소 커피를 마주한 우리 일상은 불안과 거리가 멀어 보이지만, 사실 우리 자신은 원래 불안한 존재다. 대개 우리는 불안이라는 감정을 떨쳐버리려고 하거나 다른 기분으로 전환하고 싶어 할 뿐이다. 우리가 느끼는 평상시 기분은 이렇듯 원초적으로 불안에서 시작한 것이다.

불안에서 보통의 개별적 기분들이 파생한다. 그런데 이런 특별한 기분인 불안은 우리가 무화(無化)된 존재이고 무화되어가고 있다는 현사실(現事實)을 표현한 것이다. 이를 간단히 말하면 불안을 발생시키는 것은 바로 우리의 운명인 죽음 자체라고 할 수 있다.

그런데 이때의 죽음(무)을 '완전히 없어진다'라는 절대적 무로 생각해서는 안 된다. 그것은 존재하지만 그 끝을 알 수 없는 심연(深淵; Abgrund)과 같다. 이런 심연으로서 무는 이중적으로 표현된다. 다시 말해 무는 어떤 '불가능한 상태'를 의미하면서 그 자체로 '무화작용(無化作用)'을 의미하기도 한다. 무화작용에 대해 전자의 상태를 무화상태(無化狀態)라고 하자. 이러한 상태와 작용은 또 각각 이중적으로 드러난다. 따라서 우리는 2중의 2중으로서 4중적 무의 뜻을 살펴볼 수 있다.

우선 무화상태는 작용 전과 후, 둘로 구분된다. 하나는 인간 현존재의 일상성이다. 일상적 현존재는 자기 존재의 본래성에 대해 닫혀 있다. 그런데 폐쇄라는 것은 원래 열려 있음에서 파생한 것이다. 그래서 하이데거는 이를 '열어밝혀져 있음의 결여태(Privation einer Erschlossenheit)'라고 부른다. 한마디로 원래 자기 모습을 잃은 처지로서 무화상태다. 이왕지사 케이크 이야기를 꺼냈으니 나의 다이어트 인생을 고백해볼까 한다. 현재 나는 비본래적 몸 상태를 가지고 있다. 왜 비본래적이냐 하면, 원래는 날씬했기 때문이다. 나만 그런 것이 아니라 인간은 생물학적으로 원래 뚱뚱하지 않다. 현재 나의 몸은 생물학적 본래성이 결여된 상태, 즉 무화상태다. 이것이 첫 번째 무화상태다.

두 번째 무화상태는 일상적 현존재의 본래적 자기 존재 가능성이다. 그런데 이것은 공포처럼 여기저기에 있어서 우리를 놀래주는 것이 아니라 '그 어디에도 없다'. 그리고 일상적으로 우리는 그것이 무엇인지 모른다. 아무 데도 없으며 알 수 없는 것으로, 이 무가 가리키는 것은 다름 아닌 일상적으로 의미 있던 세계가 무의미하게 된 것을 말한다. 그런데 평상시 친숙했던 존재자들에 의해 가려졌던 세계는 역설적으로 그런 것들이 무의미해짐으로써 오히려 두드러져 보인다. 하이데거 식으로 말하면, 일상적 친숙함이 사라지고 현존재는 '섬뜩함(Unheimlichkeit)' 속에 놓인다. 썩 달갑진 않지만 다시 나의 몸 얘기를 하자. 본래적인 몸을 가지고 있던 과거 사진을 꺼내보던 나는 현재 친숙한 나의 몸 상태를 갑자기 낯설게 느낀다. 하이데거가 말하는 섬뜩함이란 바로 이렇게 익숙한 것이 낯설어지는 것이다. 동시에 평상시 즐거움을 주던 케이크는 그저 설탕 덩어리처럼 보이며 갑자기 무의미해지기 시작한다. 모든 것이 무의미해지고 오로지 내 인생 전체가 두드러지게 느껴진다. 이것이 바로 두 번째 무화상태를 말한다. 이로써 첫 번째 무화상태로서 결여적 존재인 친숙한 세계에 이어서 두 번째 무화상태인 섬뜩한 세계를 살펴보았다. 이제 스크루지의 예를 보자.

스크루지는 소위 황금만능주의자다. 그에게 의미 있는 것은 오로지 돈이며, 모든 것은 돈으로 환산되고 그것으로 판단하고 결정한다. 그러나 그는 원래부터 그런 사람은 아니었다. 비록 엄격한 아버지 밑에서 컸지만 여동생을 사랑하고 직장 동료들과 잘 어울리는, 무엇보다 한 여인을 사랑하는 건실한 청년이었다. 그런데 그는 그런 자기 모습을 잊고 현재 수전노처럼 살아가고 있다. 이것이 그의 첫 번째 무화상태다. 그러는 사이 그는 말리 유령 및 세 유령으로 인해 현재 자신의 삶과는 낯선 자신의 전 인생을 경험하고 돈으로 점철된 자신의 삶을 '섬뜩하게' 느낀다. 그리고 본래의 자기가 된다. 이것이 그의 두 번째 무화상태다. 이렇게 이중적 무화상태를 살펴봤으니 이제 무화작용의 이중적 의미를 살펴보자.

첫 번째 무화작용을 통해 현존재는 우선 대개 일상적으로 존재한다. 이것은 현존재의 본래적 존재를 피해 있는 셈이다. 본래적 자신의 존재를 외면하고 등지는 것이다. 이러한 '친숙한 세계에 빠져서 본래 세계에 돌아서는 것'이 바로 첫 번째 작용이다. 두 번째 무화작용은 이러한 일상적 현존재의 가능성을 불가능성으로 만드는 데 있다. 다시 말해 불안은 이미 돌아서 외면하고 있는 일상 속 우리의 어깨를 쳐서 다시 돌아보게 한다. 이렇게 '다시 돌아보게 하는 것'을 하이데거는 '개별화시킨다'고 말한다. 이것은 다른 사람들과 어울리며 놀던 우리를 세계에서 고립시키는 것이 아니다. 오히려 우리 자신의 세계를 찾도록 도와준다. 그리하여 비본래적 삶과 본래적 삶을 선택할 가능성 앞으로 데려온다.

스크루지는 한 여인을 사랑하는 건실한 본래 모습에서 사랑을 잃고 돈만 밝히는 수전노로 변했다. 이것이 그의 첫 번째 무화작용이다. 그리고 유령을 만난 후 현재 그에게 익숙한 구두쇠의 삶을 섬뜩하게 느끼며 인간 스크루지의 본래 모습으로 돌아간다. 이것이 두 번째 무화작용이다. 스크루지는 원래 타인을 사랑하는 사람에서 돈만 아는 이기주의자로, 그리고 이기주의자에서 사람들을 사랑하는 사람으로 변한다. 하이데거의 무의 개념도 이렇게 4중적인 변화를 보인다.

막스 클링거(Max Klinger), 〈'생'의 순환에서 무로 돌아가다〉(Opus VIII, Blatt 15/15)
PUBLIC DOMAIN

다시 정리하면, 무는 무화상태와 무화작용으로 나뉠 수 있다. 이때 무화상태는 친숙하지만 결핍된 존재와 섬뜩하지만 충만한 존재로 나뉜다. 이런 두 가지 상태는 무화작용에 의해 전환된다. 첫 번째 무화작용으로 인해 현존재는 결여적으로 존재하게 되며, 두 번째 무화작용으로 현존재는 충만한 전체존재로 존재할 수 있게 된다. 그런데 여기서 중요한 것은 바로 이런 무화를 원인으로 불안이 생겨난다는 것이다. 그리고 이 불안은 살다가 겪는 일시적인 감정이 아니라 삶을 관통하며 저변에 항상 놓여 있다. 왜냐하면 우리가 산다는 것은 처음부터 끝까지 '있는 것'이 아니라 '사라져가는 것'이기 때문이다.

(3) 나는 내가 불안하다

앞서 우리는 불안을 야기하는 인간 현존재의 무를 살펴보았다. 우리는 계속 있다가 갑자기 끝나는 존재가 아니다. 우리는 태어나면서부터 이미 사라져가는 존재다. 그런 무화되어가는 존재는 불안으로 드러난다. 그래서 하이데거는 불안을 '근본기분(Grundstimmung)'이라고 한다. 그것은 다른 어떤 기분보다 인간이 무엇인지를 드러내 보여주기 때문이다(개시성; Erschlossenheit). 흔히 불안과 공포는 서로 유사한 기분이라고 생각한다. 하지만 공포가 어떤 특정한 것에 대한 기분이라면, 불안은 우리 존재 전체에 대한 기분이다. 여기서는 우선 공포와 불안을 비교하면서 불안 개념을 살펴보자.

일단 이 두 기분을 설명하기 위해서는 인간 현존재의 일상성에 대해 알아야 한다. 우리는 우선 대개 일상적으로 살아간다. 이를 하이데거는 현존재가 자기 자신이 아니라 사람들의 말에 따라 그들-자신으로 존재한다고 말한다. 이러한 현존재의 일상성을 용어상 '빠져있음(퇴락; Verfallen)'이라고 한다. 이를 하이데거는 '본래적 자기 자신 앞에서 도피'라고도 표현한다. 도피라는 표현은 '닫혀 있음', '결여태', '돌아섬'으로 나타내기도 한다. 현존재의 빠져 있음은 이렇게 다양한 방식으로 표현되는데, 인간 현존재가 현재 처해 있는 상황을 기분이 보여준다. 그런데 그런 기분 중에서 공포는 어떤 특정한 상황에 있음만을 보여준다. 일상적으로 우리는 두려운 것을 무서워하며 피해 도망간다. 하지만 사실 그것은 본질적인 의미에서 도피는 아니다. 차라리 그것은 우리가 어떤 특정한 것에 몰입해 있는 것을 표현할 뿐이다. 귀신에 대한 공포로 도망가는 것은 귀신에 빠져 있기 때문이다. 이에 비해 불안이라는 기분은 현존재가 본래의 자기 모습을 외면하거나 등지고 있는 상황을 나타낸다. 한마디로 불안은 현존재가 왜 일상적으로 빠져 있는지 설명해준다. 현존재는 '본래 자기 자신' 때문에 불안해하고 현재 세계에 몰입하여 빠져 있다. 이것이 불안의 첫 번째 의미다.

그렇다면 불안의 두 번째 의미는 무엇인가? 불안이 현존재의 일상적 빠져 있음의 원인이라면, 거기에서 다시 나오도록 할 수도 있을 것이다. 그것이 불안의 두 번째 의미다. 다시 말해 불안해하는 것 때문에 일상성에 빠져 있다면, 불안은 현존재를 그가 불안해하는 그것으로 다시 던져줄 수도 있다. 일상적 사람들처럼 살아 가는 현존재를 불안은 자기-자신으로 살아가도록 해준다.

이렇게 불안은 현존재를 그들-자기로 존재하게 하면서 또한 자기-자신으로 존재하도록 한다. 그런데 본래 자기-자신으로 존재하게 할 때의 불안은 어떤 특정한 순간에만 일어나는 것인지 의문이 생긴다. 예를 들어 갑작스러운 죽음의 위협 같은 특수하게 절박한 상황이나 오랜 바람을 가지고 행해지는 기원 같은 노력의 결과로 불안이 생기는 것은 아닐까? 그러나 하이데거는 불안이란 '아무렇지도 않은 상황에서' 생길 수 있다고 말한다. 아무렇지도 않은 때, 즉 불안은 언제나 일어날 수 있다. 이렇게 '특정한 원인'으로 생기는 것이 아니기 때문에 불안은 여러 기분 중의 하나가 아니라 근본기분이다. 이것에 대해 공포는 불안이 숨겨져 있는 기분으로서 '비본래적 불안'이라고 하기도 한다.

스크루지도 자신을 찾아온 눈에 보이는 유령을 무서워한다. 그러나 단지 그것 때문에 그가 다른 삶을 살아가려고 한 것은 아니다. 공포 같은 기분은 특정한 유발자가 사라지면 없어진다. 스크루지가 유령이 나타날 때만 겁을 내고 사라지면 안심하는 것도 그 때문이다. 반면 평상시에는 느껴지지 않았던 스크루지의 불안은 자신의 전 일생을 본 후에 일어나기 시작했고, 결국 삶 전체의 전환을 가져왔다. 그뿐만 아니라 애당초 그가 구두쇠의 삶을 살게 된 것도 배신한 연인에 대한 상실감이나 복수심 때문이 아니었다. 자기 본래의 삶에서 멀어지면서 불안한 마음에 더욱더 세상의 가치에 자신을 맞추려고 했던 것이다. 이렇게 스크루지를 변하게 한 것은 상실감이나 공포가 아니라, 자기 자신에 대한 불안 때문이다. 그리고 그렇게 불안으로 좌지우지되는 이유는 스크루지가 끊임없이 사라지는 존재이기 때문이다.

(4) 불안의 시간성과 자유

스크루지와 마찬가지로 우리는 모두 사라진다. 이런 존재의 무화는 불안을 일으킨다. 나는 이런 불안을 '시간'이라고 말하고 싶다. 그런데 이 시간은 과거, 현재, 미래의 연속을 말하는 것이 아니다. 그것은 우리 인간이 '생기하여 사라져가는 존재 방식'을 가리킨다. 하이데거는 이를 특별히 "존재해오며-현재화하는 도래로서 통일적인 현상", 즉 시간성이라고 한다(Heidegger, 1967: 326). 도래(到來; 미래와 비교)는 인간이 태어나면서 언제나 죽을 가능성을 가지고 있다는 것을 말한다. 이런 도래라는 시간성에서 비로소 우리는 삶을 이해하고 기획한다. 그리고 기재(既在; 과거와 비교)의 시간성 때문에 우리는 어떤 기분에 사로잡히게 되는데, 이 기분은 내가 어떤 상황에 있는지 나타내준다. 마지막으로 현재(現在)의 시간성은 우리가 지금 마주하고 있는 일에 대해 말할 수 있게 한다.

그런데 시간성으로서 불안은 우선 대개 비본래적으로 처해 있는 현존재의 시간이다. 사실 이것은 인간 현존재가 본래 자기를 망각하고 가장 가까운 가능성을 기대하며 현재 눈앞에 보이는 것에만 관심을 두는 것을 말한다. 따라서 이것은 불안이라기보다는 거기서 파생된 공포 같은 것이다. 대개 사람들은 죽음에 대한 두려움으로 그것을 회피한다. 좀 더 구체적인 예를 들면, 불이 났을 경우 사람들은 모든 것을 잊고 오로지 눈앞의 위험을 피해 가장 빠른 탈출구를 찾아 도망간다. 이렇게 비본래적인 불안의 시간성은 기재를 망각하고 가장 가까운 가능성을 기대하며 현재에 집중하는 마음이다. 무엇보다 이 비본래적인 시간성은 자기 자신의 과거를 망각했다는 것에서부터 시작한다. 스크루지는 과거의 유령이 자신의 과거를 보여줄 때까지 자신이 어떤 사람이었는지 기억하지 못했다. 그저 세상 사람들이 좋아하는 돈을 좇아 현재를 살아간다. 과거를 잊은 그에게 친구의 유령은 그저 공포의 대상일 뿐이다.

이와 달리 본래적 불안의 시간성은 현존재가 스스로 어떻게 살아왔는지 깨닫는 데서 시작한다. 이때 현재 익숙한 세계는 갑자기 무의미해지며 섬뜩해져 버린다. 이것은 지금까지의 친숙했던 상황이 변화되었음을 말한다. 그런데 지금 벌어지고 있는 무의미한 상황의 불안은 근원적으로 그것이 다시 반복될 수 있다는 미래적 가능성 때문에 일어난 것이다. 즉, 지금까지 있었던 과거적 삶에 대한 회한이 아니라 앞으로 일어나게 될 무의미한 삶의 가능성에서 불안이 시작된 것이라고 할 수 있다. 그리하여 이런 불안이 우리에게 현재 당면한 일을 이렇게 저렇게 할 수 있도록 한다. 예를 들어 유령과 함께 전체 인생을 앞서 본 스크루지는 갑자기 현재 구두쇠의 삶이 무의미해지면서 불안을 느낀다. 지금까지의(기재의) 이런 무의미한 삶이 죽을 때까지(장래) 계속 반복될지도 모른다는 가능성 때문에 현재 어떤 선택의 기로에 서게 된다.

스크루지는 불안 때문에 어떤 결단을 한다. 우리도 마찬가지로 불안 속에서 어떤 자유로운 결단을 할 수 있다. 불안은 현존재가 양심의 부름을 듣고 양심을 원하도록 만든다. 그렇게 불안에 의해 본래적 자기 삶에 대한 의지가 발동한다. 이는 말하자면 자기 전체존재에 대해 알고 싶어 하는 것이다. 이러한 앎의 의지는 삶의 끝인 죽음으로 앞질러 달려가봄으로써 자기 존재의 전체성을 확보할 수 있게 한다. 스크루지 역시 과거, 현재 그리고 미래의 유령을 통해 자기 삶의 전체를 성찰한다. 처음에는 비록 유령에 대한 무서움과 공포로 자기 삶에 대한 관찰을 꺼렸지만, 이윽고 불안 속에서 스스로 삶을 돌아보고 결국에는 청년 시절 자신의 모습으로 돌아가기로 결정한다. 이러한 결정은 결코 유령의 강요가 아닌 스크루지 자신의 선택이었다.

4. 자유의 근거, 불안의 시간성

아리스토텔레스는 인간을 '이성적 동물(zoon logon echon)'로 규정했다. 그리고 칸트에게 인간은 실천이성의 명령을 수행하는 의지의 존재다. 이때 의지는 자연법칙을 벗어나 도덕법칙을 따르려는 자유의 자율을 의미한다. 여기서 실천이성은 아리스토텔레스의 프로네시스와 마찬가지로 욕구와 의지를 통제하며 인간의 존재를 규정하는 제1 원칙이다. 그러나 나는 이성 및 지성이 아니라 욕구 및 의지 자체가 근원적으로 인간의 존재를 규정한다고 믿는다. 그리하여 인간에게는 이성이 아니라 불안이 항상 문제가 된다. 왜냐하면 이 의지는 무엇이 올바른지 모르기 때문이다. 그리고 이러한 주장을 키르케고르나 하이데거의 철학 속에서 살펴보았다. 특히 나는 인간의 자유는 무에 대한 불안에서 비롯하는데, 이 불안이 바로 인간의 시간이라고 주장한다.

이러한 시간성은 키르케고르에서 두 가지로 구분되어 드러난다. 하나는 무한 계속이라는 시간 위에 찍힌 영원의 경계점으로서의 시간성이다. 이때 우리는 과거와 미래를 구분할 수 있을 뿐이다. 시간과 영원이 제대로 종합되지 못했을 때, 여전히 인간은 선과 악에 대한 불안에 사로잡힌다. 그리하여 불안은 시간과 영원의 완전한 종합을 촉구한다. 이런 종합 속에서 미래는 과거가 되고 과거는 현재가 된다. 그리고 이러한 순간은 충만한 시간성으로 불안의 완성이라고 할 수 있다.

이와 유사하게 하이데거의 시간성도 둘로 구분된다. 특히 불안의 시간성은 본래적 시간성과 비본래적 시간성으로 나뉜다. 비본래적 불안의 시간성은 현존재가 자기 자신을 망각하고 눈앞의 가능성과 이해에만 관심을 가지도록 한다. 이것은 일상성을 영위하도록 해주지만, 현존재는 자기 자신으로 존재하지 못하고 사람들의 말에 따라 살아간다. 그러나 본래적 불안의 시간성은 현존재를 이러한 비본래적 존재에서 벗어나도록 한다. 본래적 시간성은 현존재가 전체로 온전히 존재할 수 있는 가능성 앞으로 오도록 해준다. 현존재는 비본래성과 본래성에 대한 선택을 할 수 있는 자유를 얻는다. 그리고 다시 본래적 자기 자신의 삶을 살 수 있는 선택을 할 수 있게 된다. 이렇게 비본래적 시간성에서 본래적 시간성으로의 전환이라는 점에서 하이데거의 시간성은 키르케고르의 시간성과 유사점을 가진다.

그런데 왜 불안이 인간 규정의 중심에 서게 되는가? 한마디로 인간은 무화의 존재자이기 때문이다. 근원적으로 인간은 '존재하는 것'이 아니라 '존재하지 않게 되는 것'으로서 비존재자다. 우리 인간은 그 자체로 아무것도 아니고 어떤 것으로 결정되어 있지 않기 때문에 자유롭게 존재할 수 있다. 이렇게 혹은 저렇게 어떤 것이든 선택할 수 있다. 이런 자유의지의 선택 가능성은 인간의 감성인 불안 때문에 드러난다. 그런데 대개 현존재는 이런 인간의 '원리'를 알지 못한다. 일상적으로 인간은 항상 불변의 원리를 이해하고 적용하는 합리적 존재자인 줄 알고 그렇게 살아가려고 노력한다. 따라서 아무 이유 없이 일어나는 불안감을 이해하지 못한다. 그런데 이렇게 이성으로 이해할 수 없는 불안이 인간은 근원적으로 합리적 존재가 아님을 보여준다. 그리고 때때로 인간은 불안 속에서 스스로 무화되는 존재임을 깨닫게 된다. 다시 말해서 무에서 일어나는 불안과 불안에서 초래한 의지로 인간은 참된 자신의 본질인 무를 선택하게 된다. 이렇게 스스로 무적인 존재임을 깨닫고 영원불변의 원리가 아니라 사라지는 존재의 가치를 선택하는 것이 우리의 삶이다.

이처럼 우리 인간이 어떤 존재인지 보여주는 것은 다름 아닌 죽음에 대한 불안이며 이것이 곧 삶의 변화를 이끈다. 그리하여 우리는 각각 선악과를 먹은 아담이며, 구두쇠 스크루지다. 그리고 햄릿처럼 매번 삶과 죽음 사이에서 불안으로 흔들리다가 마침내 결단하여 자유로운 인간이 된다.

참고문헌

표재명, 『키에르케고르 연구』, 지성의 샘, 1995.

Aristoteles, Nikomachische Ethik, Hamburg, 1995; 『니코마코스 윤리학』, 강상진·김재홍·이창우 옮김, 길, 2011.

Heidegger, Sein und Zeit, Tuebingen, 1967; 『존재와 시간』, 이기상 옮김, 까치, 2017.

Kant, Kritik der praktischen Vernunft, Hamburg, 1956; 『실천이성비판』, 백종현 옮김, 아카넷, 2006.

Kierkegaard, Der Begriff Angst, Marix Verlag, 2005; 『불안의 개념』, 임춘갑 옮김, 도서출판 치우, 2011.

Shakespeare, The Tragedy of Hamlet, Prince of Denmark Act III, Scene 1, 1749.

1 Shakespeare, The Tragedy of Hamlet, Prince of Denmark Act III, Scene 1, 1749. https://www.opensourceshakespeare.org/views/plays/play_view.php?WorkID=hamlet&Scope=entire&pleasewait=1&msg=pl#a3,s1 [2020.06.30.].

2 Aristoteles, Nikomachische Ethik, Hamburg, 1995; 『니코마코스 윤리학』, 강상진·김재홍·이창우 옮김, 길, 2011, 1109b35, 1110a1~3, 1109b30~32, 1110b25~29, 1110b25~29, 1111a7~9 참조.

3 반면, 자유의지에 의한(hekousiois) 행위는 칭찬이나 비난이 가해질 수 있다.

4 아리스토텔레스에 따르면 영혼은 로고스를 가지는데, 이 로고스는 지적 탁월성과 성격적 탁월성으로 나누어진다. 이 중에서 인간의 행위와 관련되는 지적 탁월성은 실천적 지혜다(Aristoteles: 1138b19-1145a14 참조).

5 Kant, Kritik der praktischen Vernunft, Hamburg, 1956; 『실천이성비판』, 백종현 옮김, A155=V87, A156=V87.

6 Kierkegaard, Der Begriff Angst, Marix Verlag, 2005, 108쪽 참조; 『불안의 개념』, 임춘갑 옮김, 도서출판 치우, 2011.

7 표재명, 『키에르케고르 연구』, 지성의 샘, 1995, 101쪽 참조.

8 Heidegger, Sein und Zeit, Tuebingen, 1967, 188쪽; 『존재와 시간』, 이기상 옮김, 까치, 2017.

03
행복, 천 개의 색 혹은 만 개의 길

이하준

"한 마리의 제비가 봄을 만드는 것도 아니며, 좋은 날 하루가 봄을 만든 것도 아니다. 그렇듯이 행복한 하루나 짧은 시간이 지극히 복되고 행복한 사람을 만드는 것도 아니다."

-아리스토텔레스, 『니코마코스 윤리학』

"자유에 대한 욕망은 문명의 특정한 형태나 요구에 저항하거나 문명 전체에 저항한다."

-프로이트, 『문명 속의 불만』

1. '행복' 앞에서

와우, 행복? 행복에 관한 천 개의 시가 있고, 행복감을 표현하는 만 개의 노래가 있다. 서점에 가면 '행복론' 천지이고, 미디어와 친구나 동료들은 "행복하니?" 하고 말을 건네며, "행복해야 해"라고 하며 어깨를 두드린다. 서점에는 이루 셀 수 없이 많은 행복 관련 서적이 자신을 데려가 달라는 눈빛을 날린다. 차를 타고 어떤 도시를 가다 보면 '무슨 무슨 행복 도시'라는 문구가 요란을 떤다. UN에서는 어제도 그랬듯이 『세계행복보고서』를 낸다. 나이가 적든 많든 어떤 친구들은 이렇게 말하기도 한다. "야, 완전 행복 노이로제. 세상을 지배하는 행복 이데올로기 때문에 행복하지 못하다". 이 말에는 노이로제 증상이 '행복산업'의 폐해라는 생각이 들어 있다. 또 다른 의미로는 '현대자본주의의 문제를 가리는 최면제로서 행복(담론)이 조직적으로 유포된다면 이데올로기와 다를 게 없다'라는 생각이 깔려 있다. 여러분의 생각은 어떤가?

행복과 관련된 질문을 개인 차원에서 던진다면 사람들은 은연중에 약간의 긴장과 두려움을 가질 수 있다. 그만큼 매일 마시는 물이나 공기처럼 있는 듯하면서도 없는 듯하다고 생각하거나 "나는 정말 행복해"라고 말할 만큼 구체적이고 직접적인 행복감을 지속해서 느끼지 못하기 때문일 것이다. 그럼에도 불구하고 생의 한가운데를 지나가면서 우리는 행복에 대한 질문을 던져야 한다. 이러한 질문이 우리에게 행복을 보장해주지는 못하지만, 우리 생의 풍려함과 우아미를 더하는 데 얼마간의 도움이 될 수 있을 것이다. "당신은 행복한가요? 무엇이 당신을 행복하게 혹은 불행하게 만드나요? 당신이 행복하다거나 불행하다고 느낄 때 구체적으로 당신에게 어떤 일이 일어날 때인가요? 지금까지 살면서 가장 행복했던 순간은 언제인가요? 그런 적이 있다면, 당신은 행복의 조건이 무엇이라고 생각하나요? 그 행복의 조건은 모든 사람에게 동일하며 유효하다고 생각하나요? 행복은 지극히 사적이며 심리적인 문제인가요? 각종 행복론에서 추천하는 '행복하기 전략'에 대해 당신은 어떤 생각을 갖고 있나요? 지금 당신은 당신의 행복추구권을 충분히 행사하고 있나요? 나의 행복이 다른 사람에게 불행을 가져온다면 나의 행복을 줄일 생각이 있나요? 모든 사람이 행복할 수 있는 사회가 가능할까요? 가능하지 못하더라도 개선의 여지는 없을까요?" 마지막으로 묻겠다. "행복이 당신 삶의 궁극적 목적인가요? 당신은 정말 행복해질 수 있다고 믿나요?"

사상사에서 위에서 던진 질문들에 대해 가장 심각하게 생각했던 두 사람이 있었다. 한 사람은 우리가 수없이 들어봤던 이름, 아리스토텔레스(Aristoteles)다. 그의 행복론은 조금은 알려지기도 했다. 또 다른 한 사람은 그 유명한 지그문트 프로이트(Sigmund Freud, 이하 프로이트)인데, 그의 행복론은 많이 알려져 있지 않다. 두 사람은 삶의 궁극적 목적이 '행복'에 있다는 것에 의견을 같이한다. 하지만 행복의 문제를 다루는 데 관점과 각론에서 많은 차이를 보여준다. 의도적인 단순화와 과장 용법을 사용해서 말하면, 그들은 극과 극에 서 있다고 볼 수 있다. 자, 이제 두 인물이 전개하는 행복론의 전체 그림을 감상해보자.

2. 삶의 목적이 정녕 행복이란 말인가?

지금은 군대 생활을 하는 아들이 유치원을 다니던 시절에 수박을 먹다가 뜬금없이 아들에게 물었다.

"준아, 요즘 재미있어? 근데 너는 나중에 크면 무엇이 되고 싫어?"

아들이 대답했다.

"아빠, 난 외계인이 될 거야."

예상 밖의 대답에 잠시 머리가 작동하지 않았다. 그리고 좀 있다가 웃으며 말했다.

"와, 준이가 정말 놀라운 생각을 하는구나. 너의 가공할 만한 상상력이 부럽다. 넌 멋진 내 아들이야."

오십 중반이 되어서야 아들의 꿈을 이해하기 시작했으며, 때로는 '나는 혹시 외계에서 오지 않았을까?'라는 생각을 한다. 여러분도 들어봤을 막스 베버의 시각에서 보면, 이런 종류의 생각은 이상과 현실의 간극을 심하게 인식하는 지식인에게 나타나는 회피심리라고 하지만 말이다. 이제 여러분에게 물을 차례다.

"여러분의 삶의 목적은 무엇인가? 좋은 회사에 취업하는 것? 가고 싶은 모든 나라를 여행해보는 것? 좋은 사람을 만나 가정을 이루면서 소소한 행복을 누리는 것? 아니면 화려한 싱글로 자유의 삶을 사는 것?"

사람마다 삶의 목적이 모두 다르다고 말할 수 있는가? 정말로? 어떤 사람은 이렇게 말할지도 모른다.

"아니, 사람마다 성향과 성격이 다르고 자라온 환경이나 처지가 각각 다른데 어떻게 삶의 목적이 같을 수 있습니까? 내 말이 틀렸나요?"

사람마다 희망사항, 꿈은 당연히 다를 수 있다. 게다가 계급과 계층, 경제적 여건에 따라 사회적 목표설정, 최고치의 자기실현 욕구가 다를 수 있다. 생애주기에 따라서도 삶의 목적이 개인마다 다를 수 있다. 너무나 자명한 말이라서 그 누구도 반론을 제기할 필요성을 못 느낀다.

그런데 우리는 질문을 던져봐야 한다.

"과연 그런가?"

축구 마니아에게 묻는다.

"왜 당신은 가족이나 친구들과 주말을 보내지 않고 눈이 오나 비가 오나 토요일 오후 2시부터는 빼먹지 않고 항상 축구를 하는가?"

그는 대답한다.

"축구는 내가 가장 좋아하는 스포츠다. 나는 축구를 할 때가 가장 즐겁다. 소소한 행복이랄까?"

위에서 질문했던 삶의 목적에 대해 예상되는 대답들의 기준은 명료하다. 사람들은 그것을 하는 동안이나 성취했을 때 행복감을 느낀다. 단위 행동과 단위 활동에서 사람들이 추구하는 것이 재미, 기쁨, 성취감, 보복, 보은이든 그 무엇이든 행복감을 느끼기를 원한다. 심지어 속임수, 거짓말을 할 때나 정신분열적 행동을 할 때조차 희열이라는 감정 형식의 행복감을 느끼는 사람들도 많이 있다.

다리가 가늘고 눈은 작으며 화려한 옷을 입고 반지를 끼고 다니던 아리스토텔레스, 머리를 항상 짧게 깎고 다니고 말을 할 때 종종 경련을 일으키기도 했던 아리스토텔레스, 자신의 학교 리케이온을 세웠고 한때 알렉산더 대왕의 스승 노릇을 했던 아리스토텔레스는 『니코마코스 윤리학』에서 행위에는 각각의 목적이 있다고 말한다.[1] 그는 의술의 목적은 건강, 병법은 전쟁 승리, 건축술은 집이라고 했다. 그렇다면 인간이 살아가면서 하는 행동 하나하나의 궁극적 목적은 무엇인가? 아리스토텔레스는 이 문제를 풀기 위해 좋음과 행위 목적 사이의 관계를 검토한다. 그는 "만일 행위 때문에 성취할 수 있는 모든 것의 목적이 하나 있다면 이것이 행위에 의해 성취될 수 있는 좋음"이라고 말한다. 반복해서 그는 『정치학』에서 "모든 기예와 탐구, 또 마찬가지로 모든 행위와 선택은 어떤 좋음을 목표"로 한다고 다시 강조한다. 그러면서 그는 "모든 좋음 중 최상의 것"이 에우다이모니아(eudaimonia)[2]이며, 행복이야말로 "가장 좋고 가장 고귀하고 가장 즐거운 것"이라고 말한다. 이렇듯이 아리스토텔레스에게 인간 삶의 궁극목적은 행복이다.

인간 삶의 목적에 관해 프로이트는 어떻게 생각할까? 프로이트는 자기 생각을 밝히기 전에 '삶의 목적이 무엇인가?'라는 물음에 하나의 올바른 답을 찾는 것이 결코 쉬운 일이 아님을 술회한다.

> 인생의 목적이 무엇인가 하는 문제는 수없이 제기되었지만, 아직도 만족스러운 대답을 얻지 못했고 그런 대답을 허용하지도 않았다.[3]

하지만 프로이트는 문명이 가하는 인간의 욕망에 대한 억압과 그것으로 인한 인간의 불행 문제를 검토하기 위해 불가피하게 '행복'에 대해 언급하며 그것을 삶의 목적과 관련시킨다. '행복이란 무엇인가?', 행복의 조건에 대한 문제에서 아리스토텔레스와 완전히 다르며, 특정 문제에 대해서는 완전히 반대의 관점에 서 있는 프로이트. '삶의 목적이 무엇인가?'에 대한 프로이트의 대답은 아리스토텔레스만큼이나 명확하다. 바로 '행복'이라는 것이다.

> 인간이 자신의 행동을 통해 보여주는 인생의 목적과 의도는 무엇인가? 인간은 인생에서 무엇을 요구하고 무엇을 성취하기를 바라는가? 이 의문에 대한 대답은 뻔하다. 인간은 행복을 얻으려고 애쓴다. 인간은 행복해지기를 원하고, 그 행복을 유지하고 싶어 한다.[4]

3. 행복이란 무엇일까?

행복의 본성에 관한 아리스토텔레스의 설명은 다소 장황하다. 특히 프로이트와 비교하면 더더욱 그렇다. 그러나 여느 철학을 그렇게 할 수 있듯이 몇 문장으로 간단히 요약할 수도 있다. 먼저 행복의 내적 성격에 대한 그의 주장들을 살펴보자. 앞서 말한 바와 같이 아리스토텔레스에게 행복은 좋음 중에서 최상의 좋음, 곧 최고선이다. 최고선으로서의 행복은 단적으로 완전한 것이기도 하다. 왜냐하면 "언제나 그 자체로 선택될 뿐 결코 다른 것 때문에 선택되는 일이 없기" 때문이다. 이런 의미에서 행복은 그 자체로 자기충족적(self-sufficient)인 것이기도 하다. 행복은 최고선, 완전한 것, 자족성이라는 내적 특성만 있는 것이 아니다. 아리스토텔레스는 행복을 "완전한 탁월성(덕)에 따른 영혼의 어떤 활동"으로 규정한다. 탁월성이 무엇인지를 먼저 알아야 한다. 아리스토텔레스나 당시의 아테네인이 '탁월성'이라는 개념을 사용했을 때, 그 개념은 매우 포괄적이었다. 아리스토텔레스는 우리 몸의 눈, 손, 발의 기능을 예를 들어 기능(ergon)의 탁월성을 설명한다. 그렇다면 수많은 종류의 탁월성이 있지 않을까? 그렇다. 그래서 그는 이렇게 말한다. "만약 탁월성이 여럿이라면 그중 최상이며 가장 완전한 탁월성에 따른 영원의 활동"이며 "좋음은 항상 완전한 삶 안에 있다"라고. 아리스토텔레스의 관점에서 보면 탁월성이 없으면 행복할 수 없고, 영혼이 없어도 행복할 수 없다. 따라서 그에게 동물은 행복을 모른다. 자유인이 아니며 자연적 본성상 지배받아야 하는 노예도 행복을 모른다. 그렇다면 어린아이는 정신적 활동 능력이 없으므로 행복 자체를 모른다.

행복의 또 다른 내적 성격은 활동(praxis)이다. 활동의 결과가 행복은 아니다. 아리스토텔레스가 말하는 활동은 노동에 종사하기 위해, 노예로 살기에 적합한 사람들이 해야 하는 생산활동은 활동이 아니다. 또한 활발한 사회적 활동, 아리스토텔레스적 의미의 정치적 삶을 의미하지 않는다. 그가 말하는 활동이란 "관조와 생각들"의 활동이다. 아리스토텔레스는 『정치학』 7권 3장의 정치적 삶과 철학적 삶을 논하는 자리에서 다른 어떤 활동보다 "그 자체를 목적으로 하는 관조와 생각들"이 훨씬 활동적이라고 강변한다. 물론 관조나 생각들은 환상, 몽상, 잡념, 허튼 생각들이 아님은 자명하다.

프로이트의 관점에서 아리스토텔레스의 '행복이란 무엇인가?'에 대한 주장들은 한마디로 추상적이며 따분하기 그지없다. 현대인의 관점에서 보면 프로이트의 생각들에서 자신과의 근친성을 확인할 수 있다. 그렇다면 그는 행복을 어떻게 정의하고, 그 내적 특성이 무엇이라고 말할까? 프로이트가 말하는 행복은 매우 간명하다. 그는 행복을 "강렬한 쾌감과 경험에서 오는 만족감"으로 규정한다. 강렬한 쾌감의 소재, 재료, 강도, 시간, 유발 환경이 제각기 다르듯이 프로이트에게 행복은 지극히 사적이고 심리적인 문제다. 심리적 만족감으로서의 행복을 가능하게 하는 조건은 아리스토텔레스처럼 관조(지적 숙고)의 활동이 아니라 '쾌락원칙'의 지속적인 실현에 있다. 프로이트식으로 표현하면 그에게 행복이란 '개인 리비도의 경제학'인 셈이다. 이런 맥락에서 프로이트는 아리스토텔레스가 말하는 자족성이라는 행복 개념을 거부한다. 왜냐하면 행복은 항상 무엇인가가 주어진 상태에서 조건적으로 나타나는 일회적인 심리 사건이기 때문이다. 프로이트가 아리스토텔레스를 만난다면 어떤 말을 할까? 생각해보라. 아마도 이런 말을 하지 않을까.

"어린아이, 노예, 동물이 행복을 모른다고? 아니 그들은 심리적 생활을 하지 않는다는 말인가? 감정 없는 행복? 인간이 로봇이라고?"

4. 우리는 어떻게 행복할 수 있는가?

행복의 가능성 문제에 관한 한 아리스토텔레스와 프로이트는 동지가 아닌 적의 관계다. 간단히 말하면, 아리스토텔레스는 우리의 노력 여하에 따라 얼마든지 행복해질 수 있다고 말한다. 하지만 프로이트는 아리스토텔레스를 비웃으며 "인간은 행복을 꿈꾸지만 결코 행복할 수 없다"라고 말한다. 아리스토텔레스가 완전한 행복을 꿈꾸는 자라면, 프로이트는 행복하기 위해 울고 있는 어린아이인 인류에게 몇 분짜리 효용의 치료제를 주는 의사 같은 존재다. 프로이트는 행복을 꿈꾸는 환자에게 처방제의 효능 시간을 냉정하게 알려주는 의사다.

(1) 아리스토텔레스: "그대는 행복할 수 있어. 그대가 노력한다면"

앞서 살펴보았듯이 아리스토텔레스는 행복을 '가장 좋고 가장 고귀하고 가장 즐거운 것'이며 그런 의미에서 '최고선'이라고 규정했다. 그래서 그는 모든 사람이 그러한 행복을 위해 살 것이라고 생각하는 것은 너무나 당연한 결론이라고 말한다. 동시에 그는 과연 모든 사람이 정말 행복을 목적으로 살고 있으며 살려고 하는지 의문을 제기한다.

> 모든 사람이 잘 삶과 행복을 목표로 (행위)를 한다는 것은 분명하다. 그런데 어떤 사람들은 이것들을 할 수 있는 능력이 있으나, 어떤 사람들은 어떤 운이나 본성 때문에 할 수 없을 것이다. 반면에 다른 사람들은 그 능력을 갖추고 있음에도 불구하고 애초부터 올바르지 않게 행복을 추구한다.[5]

어떤 사람들이 행복을 목표로 행위를 할 수 있고 그것을 위해 분투하는가? 행복 강박, 행복 전도사를 자임하는 사람들이 아니다. 헤르만 헤세(Hermann Hesse, 이하 헤세)의 시가 이를 잘 말해준다. 행복을 주제로 한 그의 시 한 구절은 이렇다.

행복을 추구하고 있는 한
행복할 만큼 성숙해 있지 않다.
가장 사랑하는 것들이 모두 네 것일지라도.

잃어버린 것을 애석해하고
목표를 가지고 초조해하는 한
평화가 어떤 것인지 너는 모른다.

모든 소망을 단념하고
목표와 욕망도 잊어버리고.
행복을 입 밖에 내지 않을 때
행위의 물결이 네 마음에 닿지 않고
너의 영혼은 비로소 쉬게 된다.

헤세의 시를 아리스토텔레스가 본다면 썩 마음에 들어하지 않을 것이다. 지나치게 수동적이기 때문이다. 아리스토텔레스는 행복의 성취에 대해 놀라울 정도로 분명한 메시지를 제시한다. 행복할 수 있는 사람은 행복할 능력을 갖춘 사람이다. 그러한 능력을 갖춘 사람은 어떤 사람인가? 그는 그와 같은 사람을 탁월성을 완전히 발현한 사람, 훌륭한 사람, 오락과 유흥이 아닌 여가의 삶을 살아가는 사람 등으로 다양하게 표현한다. 문맥에 따라 다르게 표현하든 행복할 능력이 있는 사람이 되느냐 그렇지 못하냐는 본성, 습관, 이성을 어떻게 잘 사용하는가에 달려 있다. 그는 『정치학』의 '행복에 대한 논의 재정리' 편에서 행복할 능력은 동물과 같은 공격적인 본성이 아니라 인간의 본성, 인간의 영혼과 신체를 가져야 한다고 말한다. 그러나 본성이 좋다 하더라도 습관이 중요하다. 왜냐하면, 습관은 "본성을 나쁜 방향으로 혹은 좋은 방향으로 움직이는 이중적 경향성"을 갖고 있기 때문이다. 아리스토텔레스가 습관의 중요성을 언급했지만, 그렇다고 해서 습관 만능론자들의 시조는 결코 아니다.

그가 정작 말하고자 하는 바는 이성 능력이다. 이성 능력은 이론이성과 실천이성 능력을 뜻한다. 이론이성은 지적인 덕, 관조 활동을 하는 이성이며 실천이성은 정치적 삶에서 실천적 지혜(phronesis)를 발휘하는 이성이다. 인간이 행복하려면 이성 능력을 갖추고 이성을 잘 발휘해야 한다. 그는 올바른 이성의 명령에 따라 행위하는 것을 '성격적 탁월성'이라고 지칭하며, 그것을 품성 상태와 같은 의미로 사용한다. 품성 상태는 행위와 감정 관계를 잘 조절하고 옳은 태도를 취하게 하는 탁월성을 말한다. 이것이 다름 아닌 '중용(mesotes)의 태도'다. 중용은 산술적 비례, 기계적 중간을 의미하는 것이 아니다. 중용이란 프로네시스, 즉 실천적 지혜를 발휘하는 것이며, 그럴 때 행복이 있다고 말한다. 돈과 관련해 생각해보자. 필요 이상으로 지나치게 돈을 많이 쓰면 낭비하는 것이고, 필요함에도 불구하고 돈을 쓰지 않는 것은 인색한 것이다. 아리스토텔레스는 이런 경우는 중용이 아니며 자유인의 태도도 아니고 행복할 수도 없다고 생각했다.

그런데 실천적 지혜만 발휘하면 우리는 행복할까? 그렇지는 않다. 이론이성과 관련된 영원의 활동을 지속해서 해야 한다. 왜냐하면 행복이란 '어떤 상태'를 말하거나 일회적, 불규칙한 감정의 희열이 아니기 때문이다. 아리스토텔레스는 인간의 삶을 세 가지 유형으로 구분하는데, 향락적인 삶이나 정치적인 삶에는 '진정한 행복'이 없다. 쾌감의 원리에 따라 다양한 감각적 즐거움을 추구하거나 명예를 좇아 사는 삶이 아니라 지성적 활동으로서의 관조적 삶에 행복이 있다는 것이다. 관조(contemplation)란 숙고, 사색, 지적 활동, 성찰 등 포괄적인 의미 층위를 갖는 말이다. 인문 교양 책도 안 읽고, 음악을 들어도 대중적인 음악만 듣는 사람은 관조와 무관한 사람이다. 오락, 게임, 사교모임, 투기, 술에 빠져 사는 사람, 곧 디아고게(diagoge)의 삶을 사는 사람을 아리스토텔레스 관점에서 보면 "짐승의 삶을 선택"한 사람이다. 아쉬운 점은 관조를 위해서는 여가가 필요하다는 것이다. 여가는 노예적 생산활동을 하지 않는 자유인의 삶을 가리킨다. 그러니까 관조는 자유인 중에서도 자유인만이 할 수 있다. 그런 의미에서 행복이란 자유인 중에서 고귀한 품성을 가진 훌륭한 사람의 몫이다. 오늘날의 관점에서 넓게 해석하면, 지식노동, 육체노동과 상관없이 절제된 감정생활과 이론이성을 사용하는 사색적 삶을 사는 사람이 행복의 열쇠를 갖고 있다고 할 수 있다.

그렇다면, 인간의 본성, 좋은 습관, 실천적 지혜, 관조적 삶을 갖춘다면 행복은 영원할까? 아리스토텔레스는 "그렇지 않다"라고 말한다. "행복은 짧은 기간에 이루어지는 것"이 아니며, 위에서 말한 것들을 지속적으로 활동할 때 행복할 수 있다. 이성적 삶을 살다가 향락적 삶을 살게 된다면 그는 행복하지 않다는 이야기다. 멋진 문장가이기도 한 아리스토텔레스가 참 멋진 표현을 통해 이를 표현했다. "한 마리의 제비가 봄을 만드는 것도 아니며, 좋은 날 하루가 봄을 만드는 것도 아니다." 행복의 쟁취란 탁월한 영원, 곧 이성 부분을 가진 영원의 중단없는 활동에 있다는 것이다. 쉽지 않지만 노력하면 행복을 얻을 수 있다는 것이다. 아리스토텔레스는 우리에게 한숨을 선물하면서 동시에 희망을 준다. 노력하면 행복을 쟁취할 수 있다는 희망! 그

오귀스트 르누아르(Pierre Auguste Renoir), 〈책 읽는 소녀(The Reader)〉, 1876. PUBLIC DOMAIN

런데 과연 사람이 떡을 먹지 않고 영혼의 이슬만 먹고 살 수 있을까? 아리스토텔레스 자신도 우리가 폴리스에 살고 있으며 현실이라는 땅을 밟고 살 수밖에 없다는 것을 잘 알고 있다. 그도 인생의 풍랑을 맞고 살지 않았던가? 이런 연유로 아리스토텔레스는 말한다. 행복은 좋은 폴리스가 아닌 상태에서 찾기 어렵다는 것을 말이다.

여기에 주목해야 한다. 교과서 철학은 그를 실존론적 행복론자로 몰아가기 일색이다. 하지만 그건 오해다. 『정치학』 7권 1장 '행복'은 정치적 행복을 다룬다고 볼 수 있는데, 그는 "행복한 폴리스가 최선의 폴리스이고 고귀하게 행하는 폴리스"라고 선언한다. 게다가 좋은 폴리스는 행복의 문제를 우연이나 운에 맡겨서는 안 된다고 말한다. 폴리스가 해야 할 일은 폴리스에 사는 한 사람 한 사람을 행복하게 하는 시스템[6]과 덕의 활동을 하도록 이끌어야 한다는 것이다. 폴리스 시민으로서 살아가는 우리의 실존적 삶의 영역과 사회계급은 엄연히 다르다. 이 점을 고려해 아리스토텔레스는 우리가 좀 더 행복할 수 있는 사회적 조건에 대해 언급한다. 그가 말하는 사회적 조건은 건강, 재능, 좋은 친구, 부, 좋은 가문, 권력 등이다. 엄밀히 말해서 이것은 자연적 우연성과 사회적 우연성의 산물이지만, 이와 같은 조건들의 적정선을 확보하기 위해 분투하는 것 역시 행복을 증가하는 한 요소임은 부정할 수 없다. 이와 관련해 아리스토텔레스가 말하고자 하는 바는 행복의 문제는 단순히 영원의 활동에 국한된 것이 아니라 폴리스의 정치사회적 조건과 개인의 계급성과도 밀접한 관련이 있다는 점이다. 결론적으로 우리가 행복하기 위해서는 이론이성과 실천이성의 탁월한 구현, 시민의 행복을 위한 폴리스의 건설, 행복을 위한 개인의 사회적 분투의 조화가 필요하며 꾸준히 노력한다면 충분히 가능하다는 것이다.

(2) 프로이트: "우리는 행복할 수 없어. 그 생각을 그냥 잊어"

프로이트는 '인간은 행복할 수 없다'라는 상상할 수 없을 만큼의 강력한 테제를 신의 계획이라는 개념에 빗대 서술한다.

> 인간을 '행복'하게 하려는 의도는 '천지창조'의 계획에 포함되어 있지 않다고 말하고 싶을 정도다. 엄격한 의미의 행복은 극도로 억제되어 있던 욕구가 (되도록이면 갑자기) 충족되는 것에서 오고, 이런 일은 그 성격상 어쩌다 일어나는 일시적 현상으로만 가능하다. 쾌락원칙이 간절히 바라는 상황도 오래 지속되면 강렬한 쾌감이 아니라 가벼운 만족감을 낳을 뿐이다. 인간은 오직 대조(對照)에서만 강렬한 즐거움을 얻을 수 있고, 상태에서는 거의 즐거움을 얻지 못하게 되어 있다. 따라서 우리가 행복해질 가능성은 우리 자신의 그런 심리구조 때문에 이미 제한되어 있는 셈이다.[7]

위의 인용구에서 볼 수 있듯이 프로이트는 인간이 행복해질 수 없는 이유를 '인간의 심리구조'에서 찾는다. 그렇다면 인간 심리구조의 근본 특성은 무엇인가? 억압된 욕구의 갑작스러운 해방감, 그러한 충족의 우연성과 일시성, 행복감의 지속성 결여, 일상적 심리 경험이 아닌 강렬한 경험에서만 충족되는 행복감 등이다. 인간의 심리구조란 한마디로 '리비도의 경제학'이라 할 수 있다. 아리스토텔레스의 시각에서 볼 때, 프로이트의 리비도의 행복 경제학은 영혼의 활동을 하지 않으며 절제 없는 욕망의 소유자인 노예들의 심리구조다. 아리스토텔레스는 자유민을 위한 계급주의 철학에 기초해 행복론을 전개하다 보니 다르게 평가할 여지가 없는 셈이다.

그런데 프로이트는 여기서 멈추는 것이 아니라 '왜 인간은 불행할 수밖에 없는지'에 대한 다소 철학적인 논변을 제시한다.

> 게다가 불행을 경험하기는 훨씬 쉽다. 다음의 세 방향에서 오는 고통이 우리를 위협하고 있기 때문이다. 첫째는 우리 자신의 육체—이것은 결국 썩어 없어질 운명이고, 그나마도 고통과 불안이 경고 신호를 보내지 않으면 살아갈 수 없다. 둘째는 외부 세계—이것은 압도적이고 무자비한 파괴력으로 우리를 덮칠 수 있다. 셋째는 타인들과의 관계—우리에게 가장 고통스러운 것은 아마 타인들과의 관계에서 오는 고통일 것이다. 우리는 이 고통을 불필요한 사족으로 생각하는 경향이 있지만, 사실은 다른 원인에서 오는 고통 못지않게 숙명적으로 불가피한 고통이다.[8]

요약하면, 우리가 불행할 수밖에 없는 이유는 육체적 고통, 상상조차 할 수 없는 엄청난 자연적 재해, 나-타자, 나-시스템의 관계에서 야기되는 피할 수 없는 사회적 고통이다. 육신이 쇠락해가는 모습을 지켜보며 늙어감의 슬픔을 아는 자, 암의 통증과 사투를 벌이는 자만큼 육체의 고통을 체감하는 자는 없을 것이다. 최근 포스트보디(post-body)를 말하지만, 증강인간은 먼 미래의 사건이며 누구나 증강기술을 활용할 수도 없다. 외부 세계에서 오는 고통은 위 문맥에서 인류 전체에게 미치는 물리적인 고통을 의미한다. 지구 온난화 문제가 없었던 프로이트 당대에도 거대 홍수, 눈사태, 지진, 강풍으로 인한 감당할 수 없는 수준의 자연재해는 있었다. 문명이 발달했다고 해서 자연재해가 완전히 인간의 통제나 관리하에 있지 않다는 것은 누구나 아는 사실이다. 인간이 사는 한 외부 세계로부터 오는 고통은 사라지지 않는다. 단지 그로 인한 고통의 강도와 지속성 문제다. 오늘날의 관점에서 보면 외부 세계는 프로이트적 의미만이 아니라 외계인이나 바이러스 혹은 AI일 수 있다. 그런가 하면 인간이 상상할 수 없는 외부 존재일 수도 있다.

하지만 인간에게 주어질 수 있는 가장 강력한 고통은 사회적 관계에서 오는 고통이다. 사회적 관계란 단순히 친구 관계, 동료 관계, 교우 관계, 비즈니스 관계에서 오는 심리적 불행감, 고통스러운 불행의식만을 의미하지 않는다. 전기 프로이트만 보면 사회적 관계에서 오는 심리적 고통으로 해석할 수 있으나, '문명이 인간의 심리구조와 삶에 어떤 영향을 미쳤는지'를 문명비판가의 시각에서 분석한 후기 프로이트를 떠올리면 그가 말하는 사회적 고통은 나-사회 시스템, 나-문명의 논리와의 갈등과 억압구조에서 오는 고통을 말한다. 위 인용구에서 사회적 고통이 숙명적이며 다른 고통만큼, 아니 그 이상으로 고통을 수반한다는 이야기는 그 누구도 문명사회로부터 벗어나 '로빈슨 크루소'의 삶을 살 수 없기 때문이다. 혼자 사는 자연인을 다룬 방송물에 등장하는 사람은 하나같이 사회생활에서 오는 고통(사기, 배신, 부도, 회복 불능의 질병)을 줄이려 자연으로 들어갔으며 자연 속에서 치유되었다는 말을 빼놓지 않는다. 그러나 자연인으로 자연인이 종말을 맞이하는 것은 아니다. 프로이트의 논리대로라면 문명이 지속하는 한 위와 같은 자연인은 계속 양산될 수밖에 없다.

"인간은 행복할 수 없다. 비록 행복을 희망하고 추구하지만." 그렇다면 프로이트 자신은 어떠했을까? 이런 질문보다 우리가 던져야 할 질문은 그냥 체념을 넘어 '그가 인간의 행복 가능성에 대해 정말 침묵했는가?'다. 예상과 달리 그는 매우 친절하게 행복을 위한 제안을 했다.[9] 행복을 위한 그의 방법적 원리는 간단하다. 행복감을 증폭하고 불행감을 회피하는 것이다. 그렇다면 그는 구체적으로 어떤 방법을 제시했으며, 우리는 그것을 어떻게 평가할 수 있는가?

파블로 피카소(Pablo Picasso), 〈비극(The Tragedy)〉, 1903. PUBLIC DOMAIN

1) 화학 약물을 이용해 불쾌감을 제거하려는 방법(알코올, 대마초, 마약 등의 섭취): 중독 증상, 건강 이상
2) 본능적인 충동의 완전한 제거: 그것 자체가 욕망, 리비도와 자아-초자아 관계 해체 불가, 충동이 완전히 실현된 경우(완전한 행복감) 배제 불가
3) 명상 등을 통한 본능의 제어: 완전 제거 환상, 명상 대가들의 본능 제거 증명 가능성의 한계, 단순 건강을 위한 명상훈련자 다수
4) 본능을 승화시켜 고통을 줄이는 방법: 승화 가능자 소수, 과시적 목적의 연출된 승화, 직접성의 문화 확산
5) 예술, 상상력, 공상이나 환상을 통해 고통을 줄여나가는 방법: 다수 예술가의 생활고로 인한 고통, 예술시장의 자본주의 논리, 고

통 감소의 전략이자 고통 상승의 원인(이중적 경향성 내재, 탈주의 일시성)

6) 사랑과 성애의 실현: 자본 능력, 개인 성향에 따른 사랑과 성애 기회의 접근성 차이와 향유의 불평등, 의존적 사랑의 병리, 섹스 중독, 데이트 폭력 등의 부정성 상존

아리스토텔레스가 말하는 영혼의 활동으로서 관조와 정반대로 프로이트는 자신이 제시한 방법 중에서 사랑이 현재의 고통을 잊고 쾌락원칙을 가장 잘 느끼고 고통을 줄이는 가장 강력한 방법이라고 주장한다. 자, 여러분의 생각은 어떠한가? 인간은 행복할 수 없지만, 사랑이 일시적이나마 인간에게 최고의 행복감을 제공하는 최적의 것이라고 생각하는가? 어떤 사람들은 종교에서 영원한 행복을 찾으려고 한다. 프로이트는 '영원한 행복'을 약속하는 모든 종교적 약속은 지켜질 수 없고, 그것 자체가 환상의 산물이라고 본다. 또한 그것을 믿는 사람은 이성을 제대로 작동시키지 못하는 유년기의 심리상태에서 벗어나지 못한 사람으로 간주한다. 우리가 잊지 말아야 할 것은 비록 프로이트가 행복의 처방책을 제시하지만, 그러한 처방책 역시 일시적이며 임의적일 뿐이라는 것이다. 그는 우리에게 이렇게 말하는 듯하다. "잠시 고통을 잊는 것을 행복이라고 착각하는 인간. 그것도 너희들이 행복할 수 없는 이유이지"라고.

5. 아리스토텔레스, 프로이트 그리고 나의 행복

아리스토텔레스와 프로이트가 행복에 대해 어떻게 생각하는지를 알아봤다. 행복에 대한 우리의 생각을 만들어가기 전에 상반된 입장을

취하는 두 인물에게 물음을 던져보자. 먼저 프로이트에게 묻고 싶다. 육체적 고통, 자연적 고통, 사회적 고통이 문명의 발달로 통제 가능하다면 우리는 정말 행복할 수 있는가? 그의 논증대로라면 행복해야 한다. 그런데 그가 말하는 인간의 또 다른 불행의 원인은 심리구조의 변화 없이 위에서 말하는 세 가지 고통이 해결된다고 해서 행복해질 수 없는 경우다. 결국 그가 말한 불행의 영원성 논제는 논리적·내적 긴장을 해결하지 못한다. 또 묻고 싶은 것은 "인간의 복잡한 감정 체계가 종국에는 행불행의 감정으로 단순하게 환원될 수 있는가?"다. 현대인의 감정생활은 단순감정 형식들의 조합이 아니라 단순감정, 양가감정과 복합감정이 풀리지 않는 실타래처럼 꼬여 있다. 이러한 사회는 거대사회에서의 사회적 상호작용의 복잡성에서 기인한다고 볼 수 있다. 프로이트가 제안한 방식은 고통에서 일시적으로 벗어날 수는 있으나 행복의 일시성으로 그 이후에는 오히려 더 큰 불행감을 갖게 될 수 있다. 이 문제에 대해 그는 침묵한다.

아리스토텔레스는 우리에게 무엇을 던져주는가? 행복을 위한 탁월한 영혼의 활동을 할 수 있는 사람, '여가' 곧 생산활동으로부터 자유로운 자유인이다. 현대적 의미의 노동 사회 혹은 노동 없는 사회에서는 누구나 노동자일 수 있으면서 동시에 누구나 노동을 하지 못할 수도 있다. 이것이 의미하는 바는 노동이라는 측면에서 그가 생각하는 의미의 자유인은 현대사회에 존재할 수 없다는 점이며, 이는 누구도 행복할 수 없다는 점을 시사한다. 향락적 삶, 정치적 삶에서의 행복을 지나치게 폄훼하는 것은 일종의 정신적 귀족주의라고 할 수 있다. 그런데 그러한 정신적 귀족주의가 행복의 열쇠라고 주장하면서 동시에 행복의 가문, 부, 권력 등의 행복의 외적 조건을 행복의 한 요소로 간주하는 것은 모호한 절충주의가 아닐까? 아리스토텔레스가 통속적 의미에서 행복의 조건을 인정하는 한, 이미 스스로 관조를 통한 지속적 행복의 가능성을 스스로 제한하는 것이다. 실천적 지혜를 발휘하는 중용이 행복의 한 조건일 수 있으나 중용은 '많지도 않고 적지도 않은'이라는 식의 추상적 규정에 의존한다. 중용을 강조하지만, 중용의 판단에서 내리는 자의적 해석을 완전히 배제할 수 없다. 또 이론적 이성의 활동으로서, 관조와 실천이성의 활동으로서 중용의 태도 사이의 조화를 행복의 조건으로 간주하지만, 두 이성 간의 충돌 가능성에 대해서도 그는 침묵한다.

아리스토텔레스, 프로이트가 쓴 행복론처럼 우리도 우리의 행복론을 써야 한다. 나이와 관계없이 우리는 살아있고, 두 인물의 입을 빌리지 않아도 행복이 인생의 궁극적 목적임은 자명하기 때문이다. 가장 먼저 생각해야 할 것은 나의 행복 조건을 명확하게 하는 것이다. 그래야만 나의 행복을 위해 분투할 수 있다. 이것을 아리스토텔레스식으로 표현하면 행복해질 수 있는 능력을 키우는 것이다. 주지하다시피 이것은 우리가 흔히 듣는 자기 배려로, 나를 위한 소비 능력의 향상을 의미하지 않는다. 나의 행복을 위해서는 이것만으로 불충분하다.

프로이트식으로 사적이고 심리적인 방식만으로도 나의 행복을 쟁취할 수 없다. 상상할 수 없을 정도의 행운이 따르지 않는다면 말이다. 행복의 의미는 폴리스를 전제할 때만 의미가 있으므로 우리의 행복을 한국 사회라는 폴리스와의 관계에서 생각해봐야 한다. 행복의 실현 조건에 대한 주·객관적 인식을 할 때, 나의 행복만이 아니라 타자의 행복에 대해서도 인식할 수 있기 때문이다. 이것은 행복의 외적 조건에 의해 개인의 행복이 결정되는 우연성을 방지하기 위함이며, 행복한 폴리스가 되기 위한 인식론적 전제다. 공리주의나 마르크스적 사회주의 역시 생각은 다르지만, 개인의 행복을 위한 사회적 조건에 대한 사상이라고 볼 수 있다. 생각할 수 있는 능력이 있는 사람이라면 이미 짐작하듯 좋은 폴리스 없이 나의 행복은 제한적이 될 수밖에 없다. 자유와 정치체제의 관계에 대한 헤겔의 메타포식 방식으로 표현하면, 한 사람만 행복한 폴리스, 여러 사람이 행복한 폴리스, 만인이 행복한 폴리스가 있다. 결국 우리가 행복하고자 한다면 프로이트 방식의 사적 방식만도, 아리스토텔레스가 말하는 최고의 방식으로서 관조만도 아닌 것이 명백하다.

실존적 자아의 관점에서 나는 나의 행복을 위해 무엇을 해야 하는지 생각해보자. 헤세의 시에서도 암시했듯이 우리가 행복을 말하는 이상 '행복 강박'과 '행복 산업'이 유포하는 '행복 이데올로기'와 과감히 결별해야 한다. 이것을 위한 작은 실천은 흔하디흔한 행복론 책을 멀리하는 것이며, 행복에 관한 격언들과 거리를 두는 것이다. 타자의 행복을 부러워하고 시샘하는 것은 의미가 없다. 나는 나이며 그들의 방식이 나의 행복을 보장할 수 없다는 것은 너무도 분명하기 때문이다. 질투는 나의 힘이 아니라 행복을 위한 에너지 낭비일 뿐이다. 우리의 진정한 행복 찾기를 위해 빼놓지 않고 말해야 한다면, 소극적이고 체념에 빠진 자기 위안식 소확행 노래도 그만 불러야 한다는 점이다. 소수자를 위한 자본주의의 자기변호 논리를 다수가 인식해야 한다. 또한 쉽지 않더라도 프로이트가 우리에게 알려준 '인간은 행복할 수 없다'라는 사실들을 받아들이며, 동시에 프로이트 방식이 아닌 나만의 방식을 만들어가야 한다. 그럼 어떻게 하면 될까? 나의 행복에 대한 숙고의 시간이 필요하고, 나의 행복을 위한 지속적인 노력이 필요하다. '어떻게'는 아무도 가르쳐주지 않는다. 칸트가 말하듯 7+5=12이지만 나의 행복은 산수가 아니다. '이스털린 역설(Easterlin Paradox)'[10]이 도대체 나에게 무슨 의미냐부터 시작하든 하지 않든 그것은 선택의 문제다.

참고문헌

아리스토텔레스, 『니코마코스 윤리학』, 강상진 외 옮김, 길, 2018.

______, 『정치학』, 김재홍 옮김, 길, 2018.

프로이트, 『문명 속의 불만』, 김석희 옮김, 열린책들, 2013.

1 아리스토텔레스는 알렉산더 대왕의 유년기에 『호메로스』 등의 고전을 가르쳤다. 그의 불행은 대제국을 완성한 알렉산더 대왕의 죽음과 함께 찾아왔다. 그는 소크라테스의 죄목 중에 하나였던 불경죄로 고발당했다. 마케도니아 출신의 귀화한 정착민이던 그는 시민권이 없었으며, 결국 아테네를 떠나게 된다. 그가 아테네를 떠나면서 한 말은 매우 의미심장하다. 그는 아테네인이 철학에 두 번씩이나 죄를 짓지 않도록 하기 위해 스스로 아테네를 떠났다고 말했다. 그는 어머니의 고향 칼키스에 정착한 다음 해에 사망한다. 63세의 적지 않은 삶을 산 그의 사인은 위장병이었다.

2 에우다이모니아(eudaimonia)는 '행복'으로 번역해 사용되지만, 아리스토텔레스는 『니코마코스 윤리학』에서 에우다이모니아를 '잘사는 것(eu zēn)', '잘 행위하는 것(eu prattein)'으로 규정한다. 이 이야기는 그가 활동 결과로서의 행복이나 상태로서의 행복보다 '활동' 혹은 '활동을 하는 과정에서의 행복'을 염두에 두고 있다고 해석하는 것이 타당하다는 것을 함축한다. 영어권에서는 에우다이모니아를 '행복(happiness)'이나 '잘사는 것(well-being)'으로 혼용해 사용한다.

3 프로이트, 『문명 속의 불만』, 김석희 옮김, 열린책들, 247쪽.

4 프로이트, 『문명 속의 불만』, 248쪽.

5 아리스토텔레스, 『정치학』, 김재홍 옮김, 길, 7권 13장 1332a.

6 오해의 소지가 있을 수 있는데 아리스토텔레스는 『정치학』에서 좋은 폴리스를 운영하기 위해 법과 교육제도, 교육내용만이 아니라 인구수, 성곽 건축, 구체적 도시설계 등 폴리스의 모든 항목에 대해 논한다. 그의 논의의 목적은 좋은 폴리스의 건설이며, 그것을 통해 시민이 행복한 폴리스, 훌륭한 폴리스의 건설이다.

7 프로이트, 『문명 속의 불만』, 248쪽.

8 프로이트, 『문명 속의 불만』, 249쪽.

9 프로이트는 『문명 속의 불만』 250-259쪽에 걸쳐 본문에서 언급한 고통 방지와 고통 절감 방법에 대해 친절하게 소개하고 있다.

10 이스털린 역설은 미국의 경제학자 리처드 이스털린의 이름에서 연유한다. 그는 1974년 "국내총생산이 상승해도 평균적 행복감이 거의 상승하지 않았다"라는 연구 결과를 발표했다. 이스털린의 주장은 다른 연구자들에게서도 거듭 확인되었다. 로널드 잉글하트는 20여 년 동안의 나라별 조사 연구를 통해 1인당 국내총생산과 삶의 만족도 사이에 상관관계가 없다는 것을 밝혀냈다. 그가 1990년 자신의 연구 결과를 발표할 당시에는 1만 5천

달러가 기준선이었다. 그 이상의 경우 수입은 더 이상 인간의 행복에 아무런 영향을 미치지 못하며 사랑, 명예, 지적 활동, 심미적 경험 등의 가치추구에서 행복감을 느끼는 것으로 나타났다.

#우리

04
문제는 나나 너나 결국 우리라는 것

한우섭

"아! 정말 웃기는군. 석쇠도 필요 없어. 지옥은 바로 타인들이야."

-사르트르, 『닫힌 방』

"타자는 나와 더불어 공동의 존재에 참여하고 있는 다른 자아 자체가 결코 아니라는 사실이다. 타자와의 관계는 공동체와의 전원적이고 조화로운 관계도 아니며 우리가 타자의 입장에서 봄으로써 우리 자신이 그와 유사하다고 인식하도록 하는 공감도 아니다. 타자와의 관계는 우리에 대해 외재적이다. 타자와의 관계는 하나의 신비와의 관계다."

- 레비나스, 『시간과 타자』

1. '우리'를 (불)가능하게 하는 것: '나'와 '너'

말도 많고 탈도 많은 세상이다. 뉴스를 보다 보면 간혹 '내가 사는 세상이 제대로 굴러가고 있는 세상인가?' 하는 생각이 들기도 한다. 자식을 둔 입장에서 상상조차 해보지 못한 유아 학대 사건들, 집단의 힘을 만끽하며 힘없는 개인을 따돌리고 괴롭힘으로써 한 자아를 파괴하는 행동들, 실종 인물이 토막 난 시체로 발견되었다는 소식들, 인종·종교·피부색이 다르다는 이유로 어이없이 죽어간 사람들의 이야기며 이성의 성(性)을 유린하고 상품화하는, 심지어 그것을 미끼로 협박과 폭행을 지속하는 인간의 이야기들은 '인간'이라는 우리의 정체성에 회의감을 갖게 하는 사건들임에 틀림없다. 그러나 다행스럽게도 우리가 '인간'이라는 사실에 자긍심을 가질 수 있는 사건들 또한 심심치 않게 접할 수 있다. 사회의 부조리를 바로잡기 위해 자발적으로 연대하는 시민, 폐지 줍는 어르신의 리어카를 말없이 밀어드리는 학생, 한여름의 무더위 속에서 시민을 위해 기꺼이 방호복을 입는 의료인들, 타인을 위해 자신의 재산, 시간, 나아가 생명까지도 기꺼이 희생했던 과거와 현재의 수많은 의인. 이런 생각을 하다 보면 인간이라는 존재는 참으로 아이러니하다는 생각을 떨칠 수 없다. 아닌 말로, 이 우주 전체 속에서 인간만큼 선의와 악의를 동시에 가지고 있는 모순적 존재들이 또 있을까?

얼마 전 운전 중 한 라디오 프로그램에서 어느 신도시의 아파트 단지에서 벌어진 주민 측과 택배 업체 측의 갈등 소식을 접한 바 있다. 내용은 차 없는 아파트라는 건축 이념으로 건설된 아파트 단지에 택배 차량이 진입할 수 없어 택배 기사분들이 배송할 물건을 아파트 외부에 모아두게 되었고, 집까지 물건을 배송받지 못하는 주민이 이에 항의하며 갈등이 발생한다는 내용이었다. 뉴스를 접하며 '아~! 이런 이기적인 사람들 같으니라고!' 하고 생각하는 찰나, 도로에서 벗어나기 위해 내 차 앞으로 끼어드는 운전자를 보며 '왜 하필 하고많은 차 중에서 내 앞에?'라며 투덜거린 적이 있다. 생각해보면 앞서 이야기한 인간의 모순이 나라는 인물을 통해 드러나는 상황이었지 않나 하는 생각이 든다. 타인의 갈등을 바라보며 타인을 위해 선행, 아니 선행까지는 아니어도 적어도 양보와 배려를 하는 것이 당연하다고 생각하는 나와 당장 나의 시간을 잡아먹는(그래봤자 10여 초 정도일 뿐인 시간이지만) 타인에 대해 반발심을 갖는 나의 모습이 겹치는 사건이었으니 말이다. 만일, 우리가 일상생활에서 이러한 각자의 모순을 곳곳에서 마주한다면, 이는 우리의 구체적인 삶 속에서의 갈등 대부분이 '우리'라는 범주 안에서의 갈등이라는 것을 드러낸다. 너무 당연한 말 아니냐고? 그런데 생각해보자. '우리'란 기본적으로 '나'의 복수형 표현이다. 이는 '우리'가 "자기의 일부를 구성하는 개인적 정체인 동시에, 두 사람 이상의 관련 공통성을 통해 형성할 수 있는 집단적 정체"[1]라는 것을 의미하는데, 나를 '우리'라는 공동체에 동질화시키면서 우리를 나와 동질적인 것으로 파악하는 상황과 우리 속에서 '나'와 '너'를 분리하며 갈등을 만드는 태도는 어찌 보면 매우 모순되는 상황이 아닐 수 없다. 이뿐이랴! 사실 '우리'라는 개념 자체도 분명하지 않다. 위안부 문제와 관련하여 일본인은 '우리'가 아닌 '너희'이지만, 혹시라도 있을지 모를 외계인의 존재와 관련하여 일본인은 '우리' 속으로 편입될 수 있다는 사실을 생각해보면 '우리'라는 개념은 꽤 상대적이라는 생각이 들기도 한다. 따라서 과연 어디까지가 '우리'인지, 더욱 근본적으로는 '나'의 복수적 표현인 '우리'라는 것이 가능하기는 한 것인지 고민이 되기도 한다. 결국 '나'와 '너'의 화합을 지향하는 '우리'라는 개념은 실상 '나'와 '너'의 갈등을 감추는 장막이거나 '나'와 '너' 사이의 갈등에 지친 '나'와 '너'가 추구하고자 하는 하나의 이상향

일지도 모를 일이다.

그럼에도 불구하고 우리는 '우리'인 채로 살아가며, 또한 '우리'라는 공동존재에 대한 지향을 버릴 수 없다. 실상은 수많은 '나'와 수많은 '너'가 함께 살아가는 것이 곧 우리가 사는 세계이기 때문이다. 따라서 문제는 결국 '우리'를 '나'의 관점으로 파악할 것인지, 아니면 '너'의 관점으로부터 파악할 것인지를 따져 묻는 일이 된다.

2. '우리' 속의 문제의식: '나'의 주체성과 '너'의 타자성

이런 관점에서 수많은 '~주의'로 표현되는 철학적·사회학적 논의들은 '우리'를 바라보는 관점이 얼마나 다양할 수 있는지를 증명하는 것 같다. 일례로, '자유주의(liberalism)', '개인주의(individualism)', '아나키즘(anarchism)' 등의 용어는 그 세부적인 주장들이 어떠하건 결국 세계 속에서의 '나'의 주체성과 독자성에 기반하여 주장될 수 있는 사상적 흐름이라고 할 수 있으며, 이와 반대로 '공동체주의(communitarianism)', '집단주의(groupism)', '지역주의(regionalism)', '국가주의(statism)', '민족주의(ethnism)', 나아가 '전체주의(totalitarism)', '사회주의(socialism)', '공산주의(communism)' 등의 이데올로기는 기본적으로 '너'라는 타자성에 대한 인정으로부터 가능한 논의들이라는 사실을 부정할 수 없다. 만약 우리가 전자의 세계관을 중시한다면 '우리'란 '나'의 확장형, 적어도 '나'로부터 파생하는 부차적 논의가 될 것이고, 후자의 관점으로 세계를 이해한다면 '나'는 '우리'의 존재와 지속을 위해 요구되는 한 부분, 즉 '나'는 '너희'에 대한 2차적 논의가 될 가능성이 높다. 이런 관점에서 수많은 '~주의'가 드러내는 인간 세상의 수많은 정치·경제적 논의들의 밑바탕에는 '나'와 '너'에 대한 인식론적 태도, 혹은 '나에 대한 우리' 혹은 '우리에 대한 나'의 규정이 요구된다.

그런데 상식선에서 '나'가 '너'에 대해, 그래서 '우리'에 대해 부차적으로 생각된다는 것이 가능할까? 인간이 태생적으로 이기적 속성을 갖는다는 주장은 동서고금을 막론하고 매우 유구하고 전통적인 주장 아니던가? 순자(荀子)가 말하는 인간의 본성은 비록 그것이 절대적 악은 아니라 할지라도 기본적으로 자신의 안위를 먼저 생각한다는 점에서 그러하며, 서구의 기독교적 전통이 이야기하는 인간의 본성 또한 이브가 선악과를 따먹었던 그 순간 이미 다른 어떤 것보다 자신을 먼저 생각하는 이기적 욕망을 드러내지 않던가? 특히나 '경제'라는 브레이크 없는 기관차가 전 세계를 휩쓸고 있는 이때, 그 기관차로부터 낙오되지 않기 위해 자신을 '호모 이코노미쿠스(homo economicus)'로 진화(?)시킨 현대인에게 '나'를 위한 이윤의 추구란 이미 '권리'가 아닌 '의무'가 되어버린 것이 사실이고, 따라서 '너'에 앞서 '나'를 먼저 고려하는 태도는 유구한 전통을 넘어서 이미 절대불변의 법칙이 되지 않았던가? 그러나 동시에 인간의 그러한 자기충족적 욕망은 그 고유한 특성으로 인해 세계를 유지하는 동력이 되지 못한다는 것 또한 사실이다. 만일 인간의 이기심을 본성으로 규정하고 그것이 본성이기에 그 발현을 당연한 것으로 규정한다면 우리 사회는 일찍이 홉스(Thomas Hobbes)가 말한 '만인의 만인에 대한 투쟁' 상태가 되어 무질서와 혼란 상태를 벗어나지 못했을 것이다. 우리가 사는 사회는 이러한 무질서와 혼란에서 벗어나기 위해 '나'와 함께 세계를 살아가는 '너'를 배려하게 만들며, 이러한 배려를 실천하기 위해 인류는 전통, 문화, 도덕, 윤리 혹은 법이라는 유·무형적인 수단을 구축한다. 결국 '나'와 '너', 그리고 '우리'에 대한 논의는 다음과 같은 문제의식으로 귀결되는 것 같다. 첫째, 인간에게 있어 세계 파악은 '나'로부터 시작될 수밖에 없는 필연성을 갖는다. 둘째, 그럼에도 불구하고 사회를 구성하며 살아가는 인간은 '너'의 존재를 인정하고, '너'를 '나'와 같은 존재로 규정해야 한다. 만일 '너'의 존재가 인식론적으로든, 존재론적으로든, 또한 윤리적으로든 '나'의 위계에 도달하지 못한다면, 세계는 '나'를 기준으로 질서 잡히는 상황을 벗어날 수 없고, 이는 '나'와 '너'에 대한 지배와 피지배의 구도를 형성하며, 평등한 상황에서의 '우리'라는 개념을 불가능하게 한다. 이는 결국 '나'와 '너'의 정체성에 대한 문제가 '타자(l'autre)' 혹은 '타자성(altérité)'에 대한 인정의 문제로 귀결됨을 의미한다.

3. '나'와 '너'에 대한 역사와 현상학 속의 '타자'의 등장

'우리'에 대한 '나'와 '너'의 문제가 결국 '타자'와 '타자성'에 대한 논의로 귀결된다면, 이는 곧바로 그것들을 어떻게 규정하느냐는 문제로 연결된다. 서구 철학의 특성을 인간중심주의와 그것을 가능하게 하는 주체성의 철학[2]으로 규정한다면, 이는 다음과 같이 정리될 수 있다. ① 세계 속에서 확실한 것은 '나'라는 '자아'에 대한 인식뿐이며, 따라서 나의 내적 직관의 범주에 속하지 않는 '타자'인 '너'의 주체성은 '나'에게 있어 확실한 사실일 수 없으며, 따라서 '너'는 다른 사물과 다를 것이 없는 존재다. ② '너'인 타자는 다른 일반 사물들과는 다른 양상으로 존재하나, '나'라는 주체는 '너'라는 타자의 주체성을 보증할 방법이 없다. 따라서 '너'는 '나'와 유사하게 존재하기는 하나 사물성을 온전히 벗어날 수 없는 '너'는 기껏해야 '나'의 유사존재일 뿐이다.

타자에 대한 파악을 주체(자아)에 대한 성찰로부터 출발하는 이와 같은 태도는 이성과 주체를 중시하는 서구 철학 전체에 걸쳐 있다. 고대 그리스 철학에서 주체(자아)라는 개념은 분명하게 등장하지 않지만, 영혼에 대한 고대 그리스 철학의 자연주의적 관점으로부터 인식 주체적 관점으로의 이동은 그들이 인간을 '영혼을 소유한 자로서 진리를 인식해야 하는 존재'로 규정하려 한다는 점에서 이미 자아의 주체적 상황을 예비하고 있었다는 것을 보여준다. 고대 그리스에서와 마찬가지로 중세에도 주체로서의 자아라는 개념을 발견하기가 쉽지 않다. 중세에 있어 현대적 의미에서의 주체 개념을 대체하는 개념은 '실체(substance)'라고 할 수 있으며, 이는 아리스토텔레스(Aristoteles)가 말한 'ουσία', 즉 '밑에 있다'를 의미하는 라틴어 substare로부터 파생하는 '밑에 있는 것'을 의미한다. 이때 '밑에 있는 것'이란 변화와 운동의 '밑에' 있는 것을 의미하며, 따라서 실체란 변화와 운동의 밑에서 존재하며, 스스로는 변화하거나 운동하지 않은 채 자신을 기반으로 존재하는 변화와 운동을 추동하는 계기 혹은 기체라는 의미를 갖게 된다. 그러므로 중세에 있어서 주체란 변화하지 않는 기체로서의 '신'으로 상정되며, 따라서 그것은 개별적 존재인 자아에 극단적으로 대립하는 개념이라고 할 수 있다. 따라서 중세에 있어 자아에 대한 인식이란 주체로서의 위치에 있다기보다 신으로부터 구원받아야 하는 객체의 위치에 놓이게 된다. 하이데거(Martin Heidegger)는 이러한 중세의 모습을 다음과 같이 묘사한다.

> 기독교의 교의는 존재자란 그것이 무엇인지에 대한 하나의 인식을 전하려고 하는 것이 아니며, 그것의 진리는 어디까지나 구원을 위한 진리였다. 개개 불상의 영혼의 구원을 확보하는 것이 중요한 것이다. 모든 지식은 구원의 질서에 관계되어 있으며 구원의 확보와 촉진에 기여한다. 모든 역사는 창조, 아담과 이브의 타

락, 구원, 최후의 심판이라는 구원사가 된다. 이것에 의해서 인식할 만한 가치가 있는 것을 규정하고 전하는 유일한 방식이 전해진다.[3]

비록 중세의 주체가 '신'으로 상정되고, 인간의 지위가 신의 의지와 기획에 봉사하는 객체로 머무는 상황이라는 주장이 타당하다고 하더라도 과연 '구원'이라는 목적 속에서 인간이 단지 구원의 '대상'에 머문다는 관점이 개별적 자아의 주체적 입장을 도외시하기만 하는 구도일 수 있을까? 혹시 하이데거가 말하는(하이데거라고 쓰고, 서구 철학자 대다수가 그렇게 이야기한다고 읽을 수 있는) 중세의 구도란 중세 전체를 '신'이라는 키워드를 통해 정합적으로 설명하고자 했던 동일성의 철학[4]의 미시적 관점일 뿐은 아닐까? 사실 우리가 '구원'을 반드시 신의 주체적 행위로만 바라볼 필요는 없을 것이다. 구원이란 결국 구원을 열망하는 개별적 주체들의 욕망이기도 하며, 인간은 그 욕망을 실현하기 위해 자신의 삶을 컨트롤한다는 측면에서 구원의 대상인 동시에 구원 행위의 주체이기도 한 특수한 위치에 놓이기 때문이다. 어쩌면 니체(Friedrich W. Nietzsche)가 "신은 죽었다"라고 이야기하는 것, 즉 삶을 비극적인 것으로 바라보고 있음에도 불구하고 비극적 삶을 긍정하는 구원의 길을 택하는 인간을 강조하는 것은 바로 인간이 구원의 대상이자 주체라는 이 '비극적 진리'를 이야기하는 것이 아닐까? 더불어 중세의 구원관에 대한 인간의 입장을 이렇게 바라볼 수 있을 때, 우리는 중세를 넘어 근대로 진입하는 자아-주체적 철학의 흐름을 더욱 자연스럽게 받아들일 수 있게 된다. 다시 말해, 중세 철학 속에서 인간이 객체로만 놓여 있었다는 시선을 자아-주체적 세계관이 힘을 얻게 되는 근대 철학과 병치시킨다면 객체로서의 중세적 인간과 주체로서의 근대적 인간 사이에는 필연적으로 단절의 층이 발생할 수밖에 없다. 그러나 우리가 중세적 인간의 주체성을 '구원'에 대한 욕망으로 설명할 수 있다면, 중세적 인간의 객체성과 근대적 인간관의 주체성은 단절이 아닌 연속으로 설명할 수 있는 계기가 된다. 물론, 역사적 흐름의 동기를 어떻게 바라보느냐에 따라, 그리고 진보의 원인을 어떻게 바라보느냐에 따라 역사적 진보란 '도약'과 '창발'적 사건으로 이루어진다는 시선이 가능할 수도 있지만, 모든 사건은 인과론적으로 구성된다는 것이 보편적 진리일 수 있다면, 그리고 철학의 목적이 보편적 진리의 추구라고 '아직은' 주장될 수 있다면, 중세와 근대의 전환을 단절로 보는 것과 연속으로 보는 것 중 어떤 관점이 '우리'에 대한 이야기의 설득력을 높일 수 있을까?

이에 비해 근대적 자아는 주체적 관점이 좀 더 명확하다. 근대적 자아의 등장은 자아의 사유하는 힘, 그리고 사유하는 힘을 통해 가능한 초월론적 성격을 통해 세계를 자신의 대상으로 삼는 자아-주체를 가능하게 했다. 세계란 내가 사유하는 바대로 존재하는 것이라는 점에서 이제 세계를 사유하는 '나'는 세계의 기준이 되고, 따라서 타인이란 (앞서 잠시 이야기한 바와 같이) 나의 사유 외부에 존재하기에 나의 자아와 같은 방식으로 존재한다고 확언할 수 없는 사물 혹은 사물과 같은 것이 된다. 그리고 이는 타자가 존재론적으로나 인식론적으로나 나와 같은 위계적 질서에 놓일 수 없는, 일종의 '하등한 존재'일 수밖에 없는 상황으로 귀결된다.

결론적으로 서구 철학에서 '나'의 주체적 입장을 강조하는 '자아-주체적 세계관'은 필연적으로 타인을 타자화·사물화하는 타인 배제적 사유로 귀결될 수밖에 없게 된다. 따라서 '너', 즉 '타인'이라는 존재는 현상적으로는 나와 더불어 존재하나, 그것이 사물적 범주에서 벗어난다는 것을 확언할 수 없기에 독자적인 사유의 필요성을 갖지 않는 부차적인 개념으로 머물 수밖에 없었다는 것이 곧 철학의 흐름 속에 놓인 '너'의 운명이었다고 할 수 있다.

(1) 현상학의 등장과 '타자' 개념에 대한 주목

그런데 '나'와 더불어 "현상"적으로만 그 존재의 정당성을 보증받던 '너', 즉 타자의 이러한 비극적 운명은 아이러니하게도 동일한 용어를 사용하는 '현상학(phénoménologie)'이라는 사조의 등장과 더불어 철학의 중심 주제로 자리 잡게 된다.

후설로부터 시작되는 현대적 의미의 현상학은 영·미의 분석철학과 더불어 가히 현대 철학을 이끈 양대 산맥 중 하나라고 평가된다. 현상학이란 말 그대로 '현상(phénomène)'을 통해 인식의 조건 및 구조, 가능성을 밝히려는 하나의 철학적 운동(흐름)으로, 이때 '현상'이라는 개념은 그 의미적 측면에서 우리의 일상적 용법과 크게 다르지 않지만, 일상생활에서의 현상의 의미가 '어떤 것이 나타나 보이는 현재의 상태', '인간이 지각할 수 있는 사물의 모양과 상태' 등과 같은 외부 대상에 대한 감각적 경험에 국한된다면, 현상학이 목적으로 삼는 '현상'이란 그것을 가능하게 하는 제반 구조, 즉 경험을 가능하게 하는 '대상-질료-의식'[5]이 상관적으로 펼친 구조 혹은 '장(champ)'을 의미한다고 할 수 있다. 예를 들어, 나무의 경우 현상학 이전의 서구 철학에서 나무의 현상이란 나무가 지금 내 눈에 보이는 모양새를 의미하는 데 국한된다면, 현상학에서의 나무의 현상이란 나무가 지금, 그렇게, 왜 보이는가? 내가 지금 보고 있는 저 나무가 왜 저런 모양으로 있으며, 내가 그것을 어떻게 바라보고 있는가? 다시 말해, 지금 내게 보이는 저 나무가 내게 어떤 의미로 다가오는가를 내 앞에 펼치는 하나의 사건이 '현상'이라고 칭해진다. 현상학 이전의 철학과 비교하여 이러한 현상의 개념이 특이성을 갖는 것은 그 '현상'을 이루는 것이 대상적인 것만도, 그렇다고 의식적인 것만도 아니라는 사실이다. 현상학적 '현상'은 대상과 의식이 하나의 통일적 구조를 이루게 될 때 가능한 것으로, 이는 대상의 파악에 있어 '이성'의 기능을 강조하면서 인식론적으로는 합리론, 존재론적으로는 관념론으로 나아가는 주지주의적 입장의 맹목성, 그리고 이와는 반대로 대상의 실재성과 그에 대한 경험의 기능만을 강조하여 경험론과 실재론으로 흐르는 객관주의적 입장의 편협성을 동시에 극복하는 효용성을 갖게 된다. 이런 관점에서 우리는 현상학을 '의미의 철학'이라고 부를 수 있다. 왜냐하면 대상과 의식의 상관적 관계를 통해 현상을 인식한다는 말은 곧 동일한 대상에 대한 서로 다른 현상의 구조에 따라 대상에 대한 의미가 달라질 수 있다는 것이기 때문이다. 예를 들어, 지금 카페에서 이 글을 쓰고 있는 필자가 노트북 화면에서 눈을 떼고 고개를 들면, 통유리를 통해 아파트를 배경으로 하는 비 오는 풍경이 바라보인다 치자. 내가 맞이하고 있는 이 현상, 즉 카페의 분위기, 음악 소리, 비 오는 거리, 아파트의 모습 등은 내가 아닌 다른 사람이 이 자리에 앉아 있다 하더라도 동일한 모습, 즉 동일한 현상이다. 그러나 이 객관적 풍경은 어떤 의식이 어떤 상태로 그것을 바라보느냐에 따라 그 의미가 달라진다. 평상시 공부나 글 쓰기는 집이나 도서관에서 해야 한다고 철석같이 믿고 있던 내게 아이스 아메리카노를 옆에 두고 음악을 들으며 카페에서 노트북으로 글을 쓰고 있는 지금 이 현상이 마치 내가 '차가운 도시 남자'가 된 듯한 기분을 들게 한다면, 지금 이 현상은 내게 '도시적'이라는 의미를 전해준다. 그러나 옆 좌석에 앉아 나와 동일한 풍경을 바라보며 "도대체 이 비는 언제쯤 그친다니?"라고 친구에게 말하고 있는 저 아주머니에게 이 현상은 '여름철 장마의 지긋지긋함'이라는 의미로 전달되고 있다. 그뿐이겠는가? 취업을 준비하는 듯한 학생에게는 '답답함'으로, 애인인 듯한 맞은편의 커플에게는 '사랑스러움'이라는 의미의 현상이 될 수 있다. 즉 현상학의 철학적 의미는 대상과 의식의 관계(의식은 ~에 대한 의식, 지향성의 원리)에 따라 달라질 수 있는 의미가 존재한다는 것, 그러나 그 상이한 의미를 가능하게 하는 의미의 구조가 존재하며, 그 구조는 '환원(réduction)'과 '현상학적 판단 중지(épochè)', '본질직관' 등의 현상학적 방법을 통해 밝혀진다는 점일 것이다.

그렇다면 왜 현상학의 등장이 '타자'라는 개념을 철학의 중심 테마가 될 수 있도록 하는 동기가 되었을까? 그것은 후설 초기 현상학의 초월론적[6] 자아가 갖는 유아론(solipsisme)적 자아의 특성에 대한 비판에 기인한다. 복잡다단한 비판들이 존재하지만, 그 비판들을 간단히 요약하면, 현상학이 아무리 대상과 의식의 상관구조를 통해 이성과 감성의 상관적이며 통일적 관계를 인식의 형식으로 제시한다 하더라도 그의 현상학 속에서 세계의 내용과 의미는 그것을 '직관'할 수 있기 위해 필요로 하는 순수한 초월론적 자아가 요구되고, 이는 그의 자아적 주체가 여전히 데카르트적 자아-주체, 즉 유아론적이며 고립적인 의식이 아니냐는 것으로 요약된다.

후설에게 있어 현상의 의미는 경험적 직관과 본질에 대한 직관으로부터 형성되는데, 경험적 직관이라는 것이 개별적인 대상이 의식에 주어지는 형식과 내용에 관계한다면, 본질에 대한 직관이란 보편적 본질이 의식에 주어지는 형식과 내용에 관계함으로써 '의미'를 구성한다. 예를 들어, 나무를 인식한다면 나무라는 대상은 그것을 인식하는 의식의 대상으로 이미 존재하고 있다. 그러나 그 동일한 나무가 각자에게 다른 의미로 전달되는 것은 대상인 나무를 지향하는 의식과 대상의 '지향적 구조'가 '다양'하기 때문이다. 예를 들어 나무를 인식할 때, 목공업자가 나무를 인식하는 목공업자의 '의식-대상(나무)'의 구조와 화가가 나무를 바라보는 화가의 '의식-대상(나무)'의 관계 구조, 어른의 '의식-대상'의 구조와 아이의 '의식-대상'의 구조는 각기 다를 것이 자명하다. 동일한 대상에 대한 서로 다른 의미란 바로 이 다양한 '의식-대상'의 구조에 기인하며, 따라서 대상을 인식하는 구조란 의식과 대상의 현재 '지향적 구조'가 어떠하냐에 따라 달라질 수밖에 없다. 그런데 경험에 대한 직관을 통해 드러나는 이러한 '지향적 구조'는 그 다양성, 다양한 의미에도 불구하고 어떤 보편성을 잃지 않는다. 예를 들어 꽃을 인식할 때, 우리는 지금 보고 있는 그 꽃과 관련된 것들'만'을 더 많이 의식하며, 이는 추상적 대상에 있어서도 마찬가지다. 사랑에 대해 인식할 때, 사랑과 관련된 개념들과 사건들을 의식할 뿐 사랑을 인식하면서 자동차 엔진오일을 생각하지는 않는다는 뜻이다. 이는 대상의 경험과 관련된 선이해가 존재함을 의미한다. 꽃이 무엇인지를 이해하기에 꽃에 관련된 것을 다양한 지향적 구조로 펼쳐낼 수 있으며, 사랑에 대한 이해가 있기에 사랑에 대한 다양한 지향적 구조가 가능할 수 있기 때문이다. 그렇다면 인식에 있어서 우리는 '인식 대상에 대한 선험적 내용이 이미 보편적이지 않는가?'라고 자문할 수 있다. 왜냐하면 내가 인식을 행함에 있어 '관련된 것'들을 추려낼 수 있다고 함은 이미 대상에 대한 보편적 특징을 알고 있음을 의미하기 때문이다. 후설은 바로 이 지점에서 자신에게 제기되는 현상학적 주체란 초월론적이며 유아론적인 자아-주체라는 비판을 피하고자 한다. 대상에 대한 보편적인 선험적 지식(유적 보편성)을 가지고 있다고 함은 그 선험적 지식을 구성하는 외부 주체들을 상정하는 것이기 때문이다. 단적인 예를 들자면, 꽃이나 사랑에 대한 나의 이해와 다른 이해가 있을 때, 나는 꽃과 사랑과 '관련된' 다양한 의미를 지향적으로 구조화할 수 있을 뿐이다. 만일 그것들과 관련된 다른 이해가 없다면, 내가 꽃에 대해, 그리고 사랑에 대해 어떤 식으로 이해를 하건 그것은 내가 이해하는 대로만의 의미를 갖게 되고, 따라서 '관련성'에 구애되지 않는다. 인식의 대상이 사회적 혹은 문화적 개념일 경우 이는 더욱 명확해진다. 대상이 사회적이거나 문화적일 경우 그것은 주관적인 범주로 환원될 수 없는 상호주관적 대상이 될 수밖에 없으며, 따라서 후설이 말하는 직관에는 필연적으로 '타자'의 개입이 요구된다. 이런 관점에서 현상학은 세계에 대한 '나'의 경험을 정당화할 수 있는, 세계에 대한 '타자'의 경험을 정당화해야 하는 과제를 떠안게 되며, 따라서 어떻게 나와 함께 세계를 구성하는 '타자'의 존재를 '나'와 같은 존재론적·인식론적 위상으로 승격시킬 수 있는가를 논하게 된다. 후설은 이를 그의 후기 저작 중 하나인 『데카르트적 성찰』에서 중점적으로 논의하는데, 이때 그에게 나와 더불어 세계를 구성하는 타자는 나와 같은 주관성을 갖는 '다른 자아(alter ego)'로서 세계는 이러한 다른 주관성과 나라는 주관성의 합작이며(상호주관성론), 이때 타자가 나와 같은 주관성을 담보받기 위해 타자는 내 의식의 지향적 대상으로서가 아니라(즉, 현상학의 원리 중 하나인 의식의 지향성에 의해 파악되는 것이 아니라) 이미 나의 의식에 포함되어 있는 하나의 의식적 지평, 나의 의식을 나의 의식이게 하는 의식의 선험적 요소로서 고려되기에 이른다.

(2) '우리'라는 전장: '나'와 '너'의 투쟁으로서의 사르트르의 타자론

근대 서구 철학 전반에 걸쳐 있던 유아론적 문제에 대해 현상학이 응답하는 독창적인 해석을 단적으로 표현할 수 있다면, 그것은 세계를 관념론 혹은 실재론이 지배하는 추상적 세계로 파악하는 것이 아니라 '생활세계(Lebenswelt)'라는 구체적 현상을 통해 이해하고자 함으로써 나의 자아와 같은 방식으로 존재의 정합성을 확인할 수 없는 타자의 자아를 하나의 인격적 현상으로 바라봐야 함을 주장했다는 것일 것이다. 이는 타자를 나와 함께 생활세계를 구성하는 하나의 '근원적' 계기로 인정한다는 것을 의미한다. 그러나 앞서 이야기한 바와 같이 후설에게서의 '자아'는 그것이 여전히 세계 이해의 기준이 된다는 점에서 자아의 유아론적 상황을 벗어나지 못한다는 비판을 받게 되었고, 따라서 이후의 현상학자들은 현상학이 유아론적 상황에 처한다는 오해를 피하기 위해, 혹은 자신들의 철학적 완성을 위해 더욱 적극적으로 타자에 대한 관심을 부각시키기에 이른다. 이때 우리는 후설 이후의 현상학적 흐름 속에서 나타나는 타자에 대한 대표적인 두 가지 상반된 태도를 목격할 수 있는데, 장 폴 사르트르(Jean P. Sartre, 이하 사르트르)와 에마뉘엘 레비나스(Emmanuel Levinas, 이하 레비나스)가 바로 그 당사자들이다.

사르트르에게 있어 타자는 한마디로 '나(Je, I)'와 세계에 대한 주도권을 놓고 투쟁하는 상대이며, 따라서 세계에 대한 '나'의 한계를 깨닫게 하는 존재임과 동시에 '나'를 세계에 참여케 하는 변증법적 동기라고 할 수 있다.

앞서 우리는 후설의 현상학에 내재하는 자아의 유아론적 한계를 이야기하며 이후의 현상학자들이 유아론적 자아라는 현상학적 자아의 한계를 돌파하는 방향으로 자신의 철학을 전개한다고 말한 바 있다. 이는 사르트르에게도 적용되는 것으로 사르트르는 타자의 존재를 정당화하기 위해 우선 '나'의 초월성을 제거하며, '나'가 결코 의식 내적 존재가 아님을 역설한다.

> 내가 책을 읽는 동안 책에 '대한' 의식이 있었고 소설의 주인공에 '대한' 의식이 있었다. 그러나 '나'는 이 의식에 거주하고 있지 않았다. 의식은 오직 대상에 대한 의식이었으며 그 자신에 관한 비정립적인 의식이었다. 이제 나는 비명제적으로 파악된 이 결과들을 명제의 대상으로 만들어 다음과 같이 선언할 수 있다. 비반

성된 의식 안에는 어떠한 '나'도 없었다고 말이다.[7]

> 나는 오직 반성 행위를 계기로 나타날 뿐이다. 이 경우 의식의 복잡한 구도는 다음과 같다. 반성된 의식으로 인도되는 반성에 대한 비반성된 행위가 있다. 이 행위에는 나가 없다. 반성된 의식은 반성하는 의식의 대상이 되는데 […] 이와 동시에 새로운 대상이 나타난다. 이 새로운 대상은 반성적 의식에 대한 확언의 계기이다. […] 반성적 행위의 이 초월적인 대상, 이것이 나이다.[8]

의식이 무엇에 '대한' 의식(지향성)이라는 것은 이미 후설의 현상학에서도 중점적으로 이야기된 바 있지만, 사르트르는 오히려 '지향성'이라는 익숙한 개념을 통해 '나'라는 의식의 초월성을 부정하는 것으로 후설이 처했던 비판을 피하고자 한다. 사르트르가 보기에 후설에게 '나'라는 의식이 유아론적 성격을 갖게 되는 것은 다양하게 현출하는 '나'라는 의식의 저변에서 그 의식의 다양한 현출을 '나의 의식'으로 통합하는 초월론적 의식에 대한 믿음을 버리지 못했기 때문이다. 이에 사르트르는 현실적인 차원에서 의식은 언제나 대상에 사로잡혀 '나'라는 의식을 잃어버리며, 단지 의식이 의식을 반성의 대상으로 삼는 일종의 인위적 상황 속에서만 초월론적 대상으로서의 '나'가 인식된다는 점을 이야기한다. 즉 사르트르에게 있어 의식은 대상에 대해 의식하는 동안 이전의 대상에 대한 정립을 잊으며 새로운 의식적 운동을 수행하는, 그래서 나아가 의식이 '나'라는 사실을 잊게 되는 '무화작용(néantisation)'이다. 따라서 사실 차원에서 '나'라는 대상에게 자신의 자리를 내어주면서 스스로의 존재를 망각한 채 존재하는 구도에 놓이게 되며, 이는 타인이 대상이 되는 상황에서도 마찬가지다. 즉 '나'에게 있어서의 타인이란 나의 의식을 사로잡은 채 나를 대자적 존재로 있게 하는 동기다. 여기서 '대자(l'être-pour-soi)'라 함은 문자적 의미로 '자기에 대한'을 의미한다. 사르트르에게 존재의 유형은 크게 '대자'와 '즉자(l'être-en-soi)'로 구분되는데, 이때 대자란 '자기에 대한 존재', 즉자란 '그것 자체인 존재'를 의미한다. 일반적 대상은 어떤 외부적 요인의 개입 없이 언제나 그 자체로 그렇게 존재하는데, 예를 들어 바위는 내가 있건 없건, 타자가 있건 없건, 그 바위가 어디에 놓여 있건 '바위 그 자체'라는 사실에 변함이 없다. 즉 사르트르에게 '즉자'란 자신에 대해 고민하며 자신의 존재를 문제 삼지 않고 있는 그대로 존재하는 것, 곧 일반적 사물-대상을 의미한다. 이에 반해 '자기에 대한 존재'인 대자란 즉자와 관계함과 동시에 자신에 대해 존재하는 이중적 존재 방식으로서의 '의식'을 의미한다. 현상학에서 의식이란 '~에 대한' 의식인 만큼 대자는 언제나 즉자에 사로잡혀 있으며 그러한 대상, 즉 즉자와의 관계에 따라 자신을 재정립하는 운동을 끊임없이 수행하는 작용이기 때문이다. 따라서 의식인 대자에게 있어 즉자인 사물-대상과 타인은 나를 대자적으로 존재하게 하는 것들이라는 측면에서 기본적으로 동일한 힘을 발휘한다. 그러나 타자는 즉자인 사물-대상과 다른 힘을 갖는데, 그것은 바로 타자가 나를 대상화(사물화, 객체화)한다는 점이다. 사르트르는 나의 주체성을 박탈하는 타자의 이러한 힘을 '시선'과 '수치심'이라는 사건을 통해 설명한다. 내가 세계에 대해 주체적일 수 있는 것은 사물-세계가 나에게 대상인 한, 그래서 언제든 나는 그것들을 지배할 수 있다는 전제하에서 가능한 것이다. 사르트르 철학의 실존주의적 성격을 강조할 때 흔히 그의 철학의 궁극적 지향점을 '자유'라고 이야기할 수 있는 것은 선택할 수 있는 자아의 이러한 주체적 능력에 주목하기 때문이다. 그런데 나는 나의 이 주체적 자유를 상실하는 상황을 맞이하는 경우가 있는데, 바로 타자가 나를 응시하는 상황, 즉 타자가 나를 응시의 대상으로 주시하는 상황이 그러하다. 이는 우리의 일상생활에서 흔하게 겪을 수 있는 경험이다. 집에서 편한 복장으로 잠을 자는 내가(심지어 아무것도 입지 않고 잠을 잘 수도 있다) 학교나 회사에 옷을 정갈하게 입고 가는 것은 다른 사람의 시선이 나를 주시하고 있기 때문이다. 내가 공중도덕을 지키는 것, 한밤중에 차가 없는 건널목에서 '차도 없는데 신호를 기다리지 말고 그냥 건널까, 말까?'를 고민하는 것 모두 '어쩌면 지금 내가 타자의 시선에 의해 보여지고 있을지도 모른다'라는 불안감이 존재하기 때문이다. 즉, 타자에 의해 내가 바라보인다는 것은 그 자체로 내가 타자의 대상이 됨을 의미한다. 그래서 사르트르에게 타자란 나를 '대타존재(l'être-pour-autrui)', 즉 다른 의식에 대한 대상적 존재가 되게 하는 제3의 존재 영역(제1, 제2의 존재 영역은 '즉자'와 '대자')이다.

이러한 타자의 시선은 자아인 내게 '수치심'이라는 감정을 유발한다. 왜냐하면 수치란 타자 앞에서만 느낄 수 있는 자기 자신에 대한 감정이기 때문이다. 타자로부터 유발되는 수치심을 통해 나의 자유가 제약을 받는다는 사실은 내가 세계의 주체적 자리에서 밀려나고 있음을 의미하며, 이러한 주체적 지위의 박탈은 주체로서의 내게 근원적인 수치심을 가져온다. 이러한 일련의 사건은 내가 타자의 시선을 경험하면서 타자를 나와 다른 주관성으로 직접 체험하고 있음을 의미한다. 이런 직접적 체험은 타자란 인식론적 차원에서 파악되는 것이 아니라(후설에게 가해진 비판과 같이 인식론적 파악은 그것의 주체인 자아의 유아론적 한계를 벗어나지 못한다) 사실적인 사건으로서의 시선을 통해 타자의 존재가 존재론적 차원에서 이미 나에 대해 사실적으로 자신의 주관성을 드러내고 있음을 의미한다. 즉, 사르트르에게 타자란 비반성적 차원에서 자신이 가진 지배하는 힘인 시선을 통해 자신의 주관성을 어필하는 사실적 존재다. 따라서 '나'와

'타자'는 세계라는 링에서 주관성을 확보하기 위해 투쟁하는 무투적 상황에 놓이게 된다. 사르트르가 "타자의 시선 속에서 나는 세계 한 복판에 응고된 것으로서, 위험에 처한 것으로서, 치유될 수 없는 것으로서 나를 '살아간다'"[9]라고 말하는 것은 자아와 타자 사이에 놓인 바로 이 존재론적 투쟁 상황을 의미한다.

한마디로 사르트르에게 있어 타자란 나의 주체성에 대한 위협으로 귀결된다. 따라서 인간은 타자를 지배하느냐, 타자에 의해 지배받느냐의 양자택일적 상황에서 벗어날 수 없는 운명에 처하게 되며, 이러한 인간의 운명은 '우리' 속의 '나'와 '너'의 본질을 투쟁으로 귀결시킨다. 후설적 자아의 고립적 특성은 세계 속에서 펼쳐지는 바로 이러한 투쟁의 직접성에 의해 극복되고 있다.

(3) '나'를 윤리적 차원으로 인도하는 '너'의 얼굴: 레비나스의 타자론

사르트르의 타자론은 이제 더 이상 타자를 초월론적 자아로부터 연역적으로 사유하는 것이 아니라 주체적 자리를 위한 투쟁의 사건으로 처리한다는 측면에서 타자 인식에 대한 새로운 차원을 전개한다. 그러나 사르트르의 이러한 타자 인식이 비록 타자를 사실적인 존재론적 사건으로 이해하며 타자의 실존성을 이야기한다고 하더라도 문제가 완전히 해결되지는 않는다. 왜냐하면 자아와 타자의 관계를 투쟁으로 규정할 경우 이는 자아와 타자의 이중의 관계, 즉 타자와 투쟁하며 자신을 확인하는 '나'와 투쟁의 대상으로서 타자를 객체화하려는 '나'라는 구도가 가능하기 때문이다. 즉 나는 타자에게 의존적임과 동시에(왜냐하면 나는 타자와의 투쟁을 통해 나로 존재하므로) 초월론적 자아-주체가 그러하듯 여전히 주체적 자아의 특성을 지니기도 한다(왜냐하면 이는 타자를 객체화하여 지배하려는 자아의 초월론적 속성을 의미하기에). 따라서 사르트르의 타자론은 여전히 모호하다. 그렇다면 자아와 타자의 관계를 규정함에 있어 초월론적 자아-주체가 지니는 유아론적 한계를 벗어남과 동시에 그 관계 구도를 이러한 이중 구도의 모호함에서 벗어나게 할 방안은 무엇일까? 남아 있는 해법은 자아-주체적 구도가 지니는 명확성을 갖기 위해 타자를 자아의 자리에 놓아두는 방식일 것이다. 그리고 실제로 레비나스가 말하는 타자론은 바로 그러한 구도로 진행된다.

레비나스라는 철학자를 이야기할 때, 우리는 그를 현상학자로 받아들이기에 앞서 윤리학자로 인식하고 있다는 인상을 받게 되는 경우가 많다. 이는 그가 그의 철학 전체를 아우르는 개념인 '타자'를 통해 서양 철학의 핵심 주제였던 '존재'가 지니는 익명성을 거부하고, 존재의 철학이 지니는 '동일성' 개념이 갖는 지배적·폭력적 구도에 저항한다는 측면에 기인한다. 그리고 레비나스의 이러한 저항은 세계를 지배하는 전체성에 저항하며, 타자로 대표되는 개별성과 개별적인 것들의 고유성에 대한 수호를 자신의 철학적 목적으로 삼고 있음을 알려준다. 유태인으로서 양차 세계대전을 겪으며 감당할 수 없는 상실감을 맛본 레비나스에게 세계대전이라는 서양 문명의 폐해는 환원 불가능한 고유성을 가지는 타자를 타자가 지니는 고유성의 측면에서 이해하지 않고, 타자를 주체의 의식의 관점으로 끌어들여 인식하고 규정해내는 서양 철학의 동일성 추구로부터 기인한다. 이때 나의 의식에서의 대표적인 타자인 '타인(너)' 또한 동일성의 철학적 구도하에서는 '너'의 특성을 가지고 존재하는 고유한 타자가 아닌 '나에 의해 파악되고 규정되는 너'가 되고, 따라서 나의 인식론적 관점의 지배하에 놓이는 타인은 그 종속적 관계에 따라 자신의 존재에 대한 정당성을 '나'에게 위임한다. 양차 세계대전은 이러한 '나'에 의한 '너'의 지배가 극단화된 결과라고 할 수 있다. 따라서 레비나스의 관점에서 서양이 이러한 동일성의 폐해를 극복하고 윤리적 책임을 회복하는 길이란 서양의 존재론적 구도를 전복하는 것, 즉 타자를 동일자의 관점으로 끌어당기는 구심적 운동으로부터 벗어나 개별적 주체로서의 타자를 동일자라는 핵으로부터 멀어지게 하는 흐름을 가능하게 하는 것, 다시 말해 타자의 고유성을 회복하는 윤리적 체계를 설립하는 것이라 할 수 있고, 서구 존재론에 대한 이러한 거부를 그는 '제1 철학으로서의 윤리학'이라는 이름으로 구체화한다.

그가 자신의 철학을 '윤리학'이라고 칭하는 것은 그 자신의 형이상학이 존재를 넘어서는 지점에서 시작되기 때문이다. 여기서 존재를 넘어선다는 의미는 존재론에 내재하는 존재의 익명성을 제거하고 존재의 익명성으로부터 주체를 정립하는 것이 타자의 고유성을 보장하는 자신의 윤리학의 출발점임을 강조하는 태도다. 그렇다면 그는 존재의 어떤 측면을 익명적이라고 칭하는가? 존재란 근본적으로 '어떤 것이 존재한다'라는 속사의 형태로 표현되는데, 이때 그 '존재한다'가 지시하는 성격은 그것이 서술하는 주어의 특성과 아무런 관련이 없다. 생각해보면 이는 매우 특이한 상황이다. 왜냐하면 우리가 무엇인가를 서술할 때, 속사의 자리에 오는 표현들은 예외 없이 주어에 어떤 특성들을 덧붙이는데, '존재하다'라는 표현은 단지 '어떤 것이 있다'라는 사실만을 나타낼 뿐 주어의 특성을 서술하며 그 주어를 한정하지 않기 때문이다. 따라서 존재란 존재 일반의 보편성이 있음만을 의미하며, 특정 존재자와 특정한 관계를 갖지 않고 '그저' 존재라는 사건을 드러낼 뿐이다. 레비나스가 존재에 대해 '익명적'이라고 칭하는 것은 존재의 이러한 비인격적인 '있음'의 성격을 의미한다. 따라서 존재의 양태 속에서 존재자 각각이 익명성의 폭력 속으로 빠져들지 않기 위해 존재자들은 각각의 다름을 통해 자신의 고유성을 보장받고, 그러한 보장 속에서 각각의 존재자를 각기 다르게 규정하는 태도가 요구된다. 이는 나와 다르게 존재하는 타자들의 주체성을 보장한다는 의미를 지니며, 이러한 타자의 주체성 보장, 즉 하나의 보편적 대상인 것처럼 지칭되고 있는 '존재'와 '다르게' 존재하는 존재자들의 존재를 고민하는 것이 곧 '존재 저편'을 다루는 학문인 형이상학, 혹은 레비나스적 의미에서의 '윤리학'이다. 따라서 레비나스가 말하는 '제1 철학으로서의 윤리학'은 곧 존재라는 개념 속에 은폐되어 있는 개별적 존재자들에 대한 폭력성을 고발하고, 익명적이고 전체적인 사건인 존재 속으로 포섭되어서는 안 되는 개별적 존재자들의 고유한 특성을 있는 그대로 드러나게 하는 현상을 직시하는 작업이라고 할 수 있을 것이다.

그렇다면 우리는 어떻게 존재의 익명성을 벗어나는 고유한 타자를 발견할 수 있는가를 물을 수 있다. 레비나스에게 있어 존재의 익명성을 벗어나며 타자의 고유성을 가장 극명하게 드러내는 사건은 타자성의 현현으로서 타자 얼굴의 출현이다. 타자의 얼굴에 대한 레비나스의 논의는 그의 철학을 윤리학으로 정초시키는 매우 중요한 논점이고, 따라서 매우 세밀하고 조밀한 논의가 요구되지만, 사실 이는 매우 힘겨운 작업인 것이 사실이다. 개인적인 관점에서 이는 레비나스 철학이 지니는 고유한 존재론적 구도에서 기인한다. 일상적인 차원에서 '나'와 '타자'에 대한 이해는 결국 '나'에 대한 '타자'라는 구도로 진행될 수밖에 없는데, 타자의 고유성을 보장하기 위한 레비나스의 논의 속에서는 이러한 구도가 유지될 수 없다. 왜냐하면 나에 의해 이루어지는 타자 인식이란 결국 '타자'라는 고유한 존재자의 정체를 나의 인식적 폭력 행위로 삭제하는 것이기 때문이다. 따라서 레비나스는 이를 '타자에 대한 나'라는 구도로 역전시킨다. 다시 말해, 모든 상황과 사건에 있어 인식과 윤리적 정당성의 기준이 '타자'가 되는 바, 이러한 구도 속에서의 '나'는 나의 관점을 바탕으로 타자를 이해하고 행동하는 주체가 아니라 타자에 대한 나의 책임을 완수하기 위해 행동하는 수동적 행위자가 된다. 즉 '타자'는 내 앞에서 나의 인식과 나의 윤리적 행위의 책임을 묻는 존재가 되고, 나는 타자가 내게 부여하는 책임을 완수하는 존재가 된다. 예를 들어, 여러분은 타자의 얼굴을 통해 무엇을 보는가? 기쁨, 슬픔, 애증, 분노 등을 볼 것이다. 그래서 타자의 얼굴은 '나'로 하여금 타자의 감정이나 정서를 알 수 있게 하며, 표정을 통해 타자가 내 앞에 주관성을 갖고 서 있음을 깨닫게 한다. 그런데 타자란 나라는 주체가 지배하는 힘의 종속 범위를 벗어난다. 어쩌면 힘을 통해 타자를 내 마음대로 할 수 있지 않느냐는 반문이 가능하다. 그러나 타자의 얼굴은 내게 현시되는 그 순간 나의 자유에 간섭한다. 타자의 슬픔을 드러내는 얼굴은 자아-주체로서 내 자유의 폭력성을 내게 직접적으로 드러낸다. '나'라는 주체는 그 슬픔을 무시할 수 있지만, 그렇다고 그 슬픔을 모를 수 없다. 타자의 얼굴을 통해 타자의 슬픔을 마주한 순간 나는 타자의 슬픔에서 벗어날 수 없다. 타자의 얼굴은 내가 무시한다고 무시할 수 없는, 애써 무시하는 중에도 은연중 나의 내면으로부터 피어오르는 목소리다. 그래서 타자는 나의 자유에 간섭한다. 아니, 나의 자유를 지배한다. 따라서 타자의 얼굴은 '나'라는 자아-주체의 행동 강령이요, 규범이다. 상황에 따라 타자의 얼굴이란 내가 지금 마주하는 타자를 포함해 나와 직접적으로 얼굴을 맞대고 있지는 않지만 나와 같은 세계에 거주하므로 나와 대면할 가능성을 지니는 제3의 타자 전체 또한 의미할 수 있다. 그래서 타자의 얼굴은 '나'에 대한 윤리적 기준이 된다. 이러한 윤리적 구도는 나와 타자 사이를 수평적 관계가 아닌 수직적 관계에 놓이게끔 한다. 타자란 나의 윤리적 정초를 가능하게 하는 존재라는 점에서 나의 윤리적 주체다. 그리고 바로 이 지점에서 우리는 서양 철학의 전통적 구도인 자아-주체와 타자의 구도가 역전되는 것을 목격하게 된다. 이제 주체는 '나'가 아니라 '타자'이며, 따라서 타자가 주체가 될 때, 개별적인 고유성을 갖는 타자에 의해 자아-주체 중심의 철학이 가지는 동일화의 구도는 와해된다.

4. '사이' 속에 놓인 '우리'

'우리'란 사이-주체적인 특성을 갖는 단어다. '우리'는 '나'가 아닐뿐더러 그렇다고 '너'도 아닌, 그러나 동시에 나이자 너이기도 한 모호한 개념이다. 그런데 이러한 '우리'에 대한 논의에 있어 언제나 '나'의 존재와 '너'의 존재 사이에 놓인 힘의 역학관계가 문제가 되었다. 이러한 역학관계는 앞서 살펴본 것과 같이 언제나 동일자와 타자에 대한 모순으로 나타나며, '타자를 어떤 차원에서 발견할 것인가?'라는 문제, 즉 타자의 정당성을 인식론적 차원 속에서 부여할 것이냐, 존재론적 차원에서 부여할 것이냐에 따라 달라지는 '나'와 '너'에 대한 문제로 귀결된다. 그런데 어쩌면 이러한 논의는 '나'와 '너'가 만드는 '우리'라는 개념에 내재된 '사이'라는 공간 속에서 의미 없는 것, 아니 의미가 없다기보다 '사이'라는 공간 속에서 이미 해결된 문제이지 않을까? 논의의 방향이 어떠하건, 나와 너를 어떻게 바라보건 나와 너의 사이, 즉 간격 속으로 이제껏 말한 논의들이 흡수되는 것 같다는 생각이 들기 때문이다. 예를 들어 사르트르가 말하는 타자론, 즉 자유의 쟁취를 위해 타자와 투쟁하며, 타자를 대상화(소유)해야 하거나 그 반대가 되는 상황은 의식의 '무화' 속에 펼쳐지는 그 간극(이 대상에 대한 의식에서 저 대상에 대한 의식으로의 전환) 속에 이미 '나'와 '너'를 이어지게 하는 가능성으로서의 사이-주체의 자리가 마련되어 있음을 의미하는 것은 아닐까? 마찬가지로 주체의 동일성(주체의 자기

성 구조)에서 벗어나기 위해, 타자의 고유성이 드러나기 위해서는 자아-주체의 자신에 대한 망각이 요구될 것인데, 바로 그 망각의 자리가 '우리'라는 주체를 위해 마련된 예약석이 아닐까? 우리말의 '사이'란 바로 나와 너로 이루어지는 우리의 관계가 바로 이 사이에 있다는 것을 의미하지는 않을까? '친구 사이', '연인 사이', '부부 사이', '선후배 사이' 등. 우리를 가능하게 하는 모든 관계의 자리는 바로 이 우리를 예비하는 나와 너의 공간이 있기 때문이 아닐까?

바로 그런 이유로 신나게 흥얼거리는 요즘 젊은이들의 노래는 매우 철학적인 것 같다. "너와! 나의! 연결! 고리! 이건! 우리! 안의! 소리!" 너와 내가 우리라는 연결고리로 결합해 있기 때문에 어쩌면 '나'와 '너'를 이야기할 때, 나 다음에 너라는 인식, 혹은 너 다음에 나라는 인식은 매우 추상적으로 규격화된 인식일 수 있다. 왜냐하면 이 연결고리 속에서 연결고리를 어느 쪽부터 바라보느냐에 따라 '다음'이라는 선후관계는 허상일 수 있기 때문이다. 어쩌면 나와 너의 역학관계란 존재하지 않을지도 모른다. 현실적으로는 '함께'만이 존재한다면 말이다.

참고문헌

사르트르, 『닫힌 방. 악마와 선한 신』, 지영래 옮김, 민음사, 2013.

______, La Transcendance de l'Ego; Esquisse d'une description phnomnologique, Paris, Vrin, 1992[1936]; 『자아의 초월성』, 현대유럽사상연구회 옮김, 민음사, 2018,

______, L'Être et le néant; Essai d'ontologie phénoménologique, Paris, Gallimard, 1943, Éd. Tel gallimard, 1994; 『존재와 무』, 정소성 옮김, 동서문화사, 2012.

조윤경, 「한국인의 나의식-우리의식과 개별성-관계성, 심리사회적 성숙도 및 대인관계문제와의 관계」, 『한국심리학회지: 상담 및 심리치료(Vol. 15)』, 2003.

하이데거, 『니체와 니힐리즘』, 박찬국 옮김, 철학과 현실사, 2000.

후설 외, 『데카르트적 성찰』, 이종훈 옮김, 한길사, 2002.

Levinas, Le temps et l'autre, Montpellier, Fata Morgana, 1980; 『시간과 타자』, 강영안 옮김, 문예출판사, 2001.

1 조윤경, 「한국인의 나의식-우리의식과 개별성-관계성, 심리사회적 성숙도 및 대인관계문제와의 관계」, 『한국심리학회지: 상담 및 심리치료(Vol. 15)』, 2003, 93쪽.

2 철학에서의 '주체'와 '주체성'에 대해서는 이 책의 '철학, 나를 찾는 항해'를 참고해도 좋다.

3 하이데거, 『니체와 니힐리즘』, 박찬국 옮김, 철학과 현실사, 2000, 187쪽.

4 '동일성의 철학'이란 보편적이고 필연적인 진리 구도를 확보하기 위해 정합성과 합리성을 극단으로 밀고 나아가 개별적이고 구체적인 세부 사항을 차이로 규정하여 타자화시킴으로써 일체의 예외성을 인정하지 않는 서양 철학의 한 태도를 의미한다.

5 후설의 현상학에서 이는 대상을 의미하는 '노에마(Noema/Noême)', (구체적·추상적) 대상을 가능하게 하는 질료적인 것으로서의 '휠레(Hyle)', 그리고 노에마와 휠레를 결합하여 대상에 대한 인식과 파악을 가능하게 하는 의식의 작용을 의미하는 '노에시스(Noesis/Noèse)'로 표현된다.

6 철학에서 '초월론적'이라는 용어는 철학자에 따라, 혹은 그 사용 시기에 따라 다양하게 사용되기는 하나 일반적으로 어떤 대상을 완전히 지배하는 상황이나 어떤 대상에 대해 지배적인 속성을 갖는 상태를 의미한다.

7 Jean-Paul Sartre, La Transcendance de l'Ego; Esquisse d'une description phnomnologique, Paris, Vrin, 1992, pp. 30-31. 『자아의 초월성』, 현대유럽사상연구회 옮김, 2018, 민음사, 46쪽.

8 『자아의 초월성』, 55쪽.

9 J-P. Sartre, L'Être et le néant; Essai d'ontologie phénoménologique, Paris, Gallimard, 1943, Éd. Tel gallimard, 1994, p. 307. 『존재와 무』, 정소성 옮김, 동서문화사, 2012, 455쪽.

05

판옵티콘 탈옥법

김분선

"현대 사회는 스펙터클의 사회가 아니라 감시의 사회다. 여러 가지 이미지의 허울 속에서 우리의 신체는 심층적인 공격대상이 된다."

- 미셸 푸코, 『감시와 처벌』

1. 여러분은 왜 이 책의 독자가 되었는가?

지금 이 책을 읽고 있는 여러분은 어떤 장소와 시간에 있는가? 또 어떤 이유에서 이 책을 읽고 있는가? 바라건대, 여러분이 이 책을 베스트셀러 진열대에서 발견하여 번쩍 집어 들었길 기대한다. 그런 가정하에 이런 질문을 던져본다.

"여러분은 다른 책이 아닌 바로 이 책을 왜 선택했는가? 만약 이 책을 교양을 쌓기 위한 목적에서 선택했다면 당신은 왜 교양 있는 인간이 되어야 하는가? 만약 이 책을 시험을 준비하기 위한 교재로 공부하려 하고 있다면 당신은 그 시험을 왜 그토록 열심히 준비하고 있는가?"

위의 질문에 대해 자신에게 대답했다면 다시 그 질문에 대해 메타적으로 재질문할 수 있을 것이다.

"이 책은 베스트셀러가 될 만한 충분한 자격과 가치가 있었을까? 여러분은 상업적 목적으로 구성한 베스트셀러라는 허상에 기대어 이 책을 선택하고 거짓된 양식을 읽고 있는 것은 아닐까? 만약 이 책을 교양 있는 인간이 되고자 희망하여 골랐다면 과연 교양 있는 인간의 삶이 나에게 어떤 의미인가? 시험을 위한 교재로 이 책을 선택했다면 여러분은 그 시험에 통과하여 무엇을 얻고자 하는가?"

이러한 물음은 우리가 일상에서 하는 행위들을 분석하는 다소 간단한 질문이다. 심지어 지나치게 평범하여 자각조차 할 수 없어서 너무 뻔한 이 질문에 답하려면 오히려 자신의 행위를 인식의 범주 안으로 끌어와 멈춰서야 한다.

그런데 이러한 질문들은 대답하는 사람의 의도와 다르게 대답 속에 무수한 사실과 가치들이 개입하면서 질문과 대답이 서로 다른 방향을 향하게 된다. 질문을 던질 때 그 질문에 대상은 나이지만 이 질문에 대한 모든 답은 주어진 상황에 대한 객관적 의미를 통해 답해야 하기 때문이다. 혹여 그 질문에 대한 답을 나로부터 찾는다고 하더라도 그것이 완전히 나의 자유로운 판단에 기인한 것인지를 확인하기란 쉽지 않다. 예를 들면 이 책을 철학에 대한 열망을 해소하고자 선택했다거나 표지가 예뻐서 그냥 골랐다고 답할 수도 있을 것이다. 이러한 답은 철저하게 나의 관심과 취향을 담은 설명이다. 그러나 이러한 대답이 바깥의 대상과 완전히 분리된 판단인가의 문제는 다시 확인해보아야 한다. 왜냐하면 앞서 확인했던 철학에 대한 열망이 무엇으로부터 시작된 것이며 미에 대한 나의 판단은 어떤 이유로 형성되었는가에 대해 생각해본다면 오로지 나에게 귀결되는 해답을 찾기란 어렵기 때문이다.

이러한 사소한 문제들을 확장하여 생활 영역 전반의 문제들에 대한 질문을 던졌을 때 여러분이 애초에 자신이 선택했다고 확신한 모든 것은 자율적 판단에서 벗어나 있는 경우가 많다. 예를 들어 “교양 있는 인간이 되기 위한 나의 노력은 순수하게 나의 취향에 의해 결정된 사항인가?”, “근면성실함은 행위자의 선이 그대로 실천을 통해 드러난 것인가?”라고 물었을 때 즉시 그렇다고 대답할 수 있을까? 우리는 나와 나의 바깥의 것에 대해 살펴보고 이를 비판적으로 다루기 위해 ‘규율과 순종’의 문제를 다룬 미셸 푸코(Michel Foucault, 이하 푸코)의 논의를 살펴보겠다.

2. 정상 궤도에서 벗어난 삶에 우리는 왜 몸을 실을 수 없는가?

(1) 훈육과 규율

정상성에 대한 사회적 관점들은 가시적으로 확인할 수 없지만 분명하게 존재하는 그 무엇이다. 우리는 일생을 살면서 자기 삶을 정상으로 유지하고자 수없이 많은 노력을 기울인다. 만일 우리의 삶이 정상인의 범주에서 조금이라도 벗어나 일탈 궤도를 타고 있다고 생각되면 궤도를 벗어난 열차가 폭주하지 않도록 1차적으로는 부모님과 선생님이 행위를 제약할 것이고, 그 후에는 사회적 합의를 통해 도출한 제도적 처벌이 우리를 통제할 것이다. 그런데 자신을 돌이켜볼 때 정상인으로서 궤도에서 아직 한 번도 벗어난 적이 없거나 약간의 탈주를 두려워하여 자기 자리로 돌아온 사람이라면 자연스럽게 이런 질문을 자신에게 던져야 할 것이다. "나는 어떤 무엇이 두려워서, 혹은 어떤 무엇을 지키고자 그토록 간절하게 정상 궤도를 벗어나기를 거부했는가?" 혹여 스스로 자신의 일을 잘하고 규율을 성실하게 지켜온 사람이라면 한번은 다음과 같이 물어야 한다. "부모님과 선생님 그리고 사법 기관의 통제를 받지 않고 스스로 나의 삶을 잘 살아온 나는 자율적인 인간이기에 이 모든 삶을 자발적으로 이끌었는가?" 푸코가 우리에게 던지고 있는 질문은 바로 여기에서 출발한다.

정상의 삶을 원하고 바라는 우리는 무엇을 정상으로 볼 것인지 합의한 바 없다. 또 정상인의 궤도에서 벗어나면 어떤 일이 벌어지는지 알 수 없다. 왜냐하면 우리는 정상인이 되기 위해 노력하느라 그 궤도를 벗어나서 나를 바라본 적이 없기 때문이다. 이러한 사실에 거부하는 사람도 분명히 있겠지만, 나는 여러분이 분명히 나와 똑같은 유년기의 경험을 공유하고 있으리라 확신한다. 바로 받아쓰기와 일과 계획표다. 초등학교 시절 처음 학교에서 배우는 맞춤법은 일정한

글의 규칙에 대한 교육이지만 그것을 익히는 가장 좋은 학습법은 받아쓰기다. 교수자가 불러주는 문제에 정답을 맞혀가며 확인하는 이 방식은 너무도 고전적이지만 이 방법보다 더 좋은 학습법은 아직 발견되지 않았다. 물론 이 학습을 현대에는 터치를 통해 스크린 창에서 정답을 찾고 '빙고! 빙고!' 하는 소리와 함께 동전이 뜨는 게임 방식으로 바뀌었다. 그러나 그 역시 교재의 구성방식이나 학습 도구의 차이일 뿐 궁극적인 교수법은 변화되지 않았다. 그러면 왜 이토록 고전적인 학습법이 몇 세기가 지난 지금까지 그대로 구현되고 있을까?

또 다른 예시로 일과 계획표를 들 수 있다. 이 역시 이 글을 읽는 여러분과 내가 같은 경험이 있으리라 확신한다. 여름방학이 되면 우리는 큰 도화지에 해바라기 모양의 크고 둥근 시계를 그린 후 시간에 맞춰 생활하기 어려운 가장 이상적인 일과표를 작성한다. 그 일과표는 내 일상의 표준이 될 수 없을 만큼 지나치게 완벽하여 오히려 나를 옭아매는 속박의 근원이 된다. 심지어 이 일과표대로 생활하지 않아서 부모님께 혼이 나게 되는 상황을 맞게 된다면 나는 어떤 생각으로 오전 7시 기상으로 방학 일과를 기록했는지, 공부시간을 왜 5시간으로 잡았는지, 심지어 휴식시간도 없는 이러한 일정을 왜 나의 손으로 그려 넣었는지… 나에 대한 미움과 원망으로 방학 한 달을 힘겹게 보냈을 것이다.

위의 두 가지 훈육 방식은 18세기 이후 의무교육이 시작되고 나서 등장한 초등교육법이다. 푸코는 이 교육법의 목적을 자기 훈육을 가능케 하는 '규율(discipline)'이라 본다. 그는 감옥, 수도원에서 실시하던 훈육을 일반 학교들로 확대하면서 정치적 차원에서 인간 스스로 규율에 순응하게 만드는 새로운 시도들이 시작되었다고 본다. 그 대표적인 예시로 우리가 앞서 확인한 철자법 교육과 생생한 일과표(tableaux viviants)를 들고 있다. 푸코는 어떤 이유에서 이러한 교육법이 자기 훈육의 출발점이라 보고 있는 것일까?

> 18세기에 이르러 '서열화'의 방법은 학교의 질서 안에서 개인의 배치에 관한 큰 골격을 규정한다. 교실·복도·운동장에서 학생의 정렬, 숙제나 시험과 관련하여 모든 학생에게 부과되는 서열, 매주·매월·매년 학생 각자에 대한 평가, 연령순에 따른 학급의 배치, 난이도에 따른 학습내용이나 논의주제의 차별화 등이 그 예들이다. 또한 이러한 모든 의무적인 배열 속에서 학생 개인이 차지하는 서열은 나이, 성적, 품행에 따라 그때그때 변화한다. 학생은 이러한 일련의 세분된 항목들에 따라 끊임없이 이동한다.[1]

푸코는 이러한 규율화의 목적을 규율 권력을 통해 체제 안으로 개인을 포섭하려는 데 있다고 보았다. 우리는 어린 시절부터 학습과 시험, 그에 대한 보상과 처벌을 통해 규율화된 권력적 관계망 속으로 진입하게 된다. 이러한 규율 기관은 각각의 구획에 맞게 드러내는 모습을 다르게 구성하지만, 그것을 운영하는 메커니즘은 자발적인 구성원의 규범 따르기를 통해 더욱 견고해진다.

> 규율 기관의 모든 지점을 통과하고, 매 순간을 통제하는 상설적인 처벌제도는 결국 비교하고, 구분하고 서열화하고, 동질화하고 배제하는 것이다. 간단히 말해 그것은 규범화다.[2]

우리가 살아온 시간을 일종의 역사적 기록이라고 생각해보자. 그리고 푸코의 시선으로 나의 삶을 톺아보자면 나는 어떤 규율화 방식을 지속해왔는가? 자기의 시간을 특정한 단계의 목표를 성취하고 전환하도록 만든 인생의 계획표가 있다면 방학 때 짜던 모범적인 일과표 같은 모습을 하고 있는 것은 아닐까? 초등학교, 중학교, 고등학교, 사회로의 안정된 진입, 거기에 부가적인 결혼 문제까지 더하여 우리는 일정 시기에 부합하는 진화된 자기 삶을 희망하고 있지는 않을까? 내가 나에게 부과한 과제의 무게를 견디며 공동체의 틀에 맞추어 나에게 주어진 생의 시간을 분할 중인 것은 아닌가?

(2) 규범과 권력망

잘 사는 인생, 성공한 삶, 정상적인 사회인에 대한 우리의 관념은 우리에게 인생에서 도달해야 할 목표 지점을 끊임없이 제공했고, 그 목표점에 올라서면 그것은 완성이 아닌 새로운 시작을 알리는 전환점이 되었다. 우리는 자기 시간을 잘 관리하고 조절하고 축적된 시간의 결과물로 사회 내 존재로 인정받는 훈련을 지속해왔다. 이런 노력에 대한 대가는 혁명적인 사건이나 생각지 못한 행운으로 되돌아오지 않는다. 다만 사회적 틀에 맞추어 나를 다듬어서 요동치지 않는 안정된 삶을 만들어가는 환영에 봉사할 따름이다. 이 봉사는 나의 인생에 대한 봉사이면서 공동체의 질서를 유지하기 위한 봉사다. 그런데 이러한 봉사를 일평생 하고 있는 나는 내가 어떤 이유에서 이러한 노력을 기울이는지 정확하게 알 틈이 없다. 내가 만든 시간표를 열심히 따라가기도 벅차서 나의 의미를 음미할 시간이 없기 때문이다. 여러분은 질서와 체계에 맞춰 자기를 다듬는 오랜 훈련을 통해 모범적이고 인정받는 사회인이 되었을 것이다. 그런데 돌이켜보건대 여러분의 모범적 삶을 유지하기 위해 혹여 버리거나 포기했던 것들은 없었을까? 있었다면 그것은 무엇이었을까?

혹자는 이러한 생각에 반대하여 당신의 현재 상태가 이러한 규범의 권력망에서 완전히 벗어난 상태라고 주장할 수도 있다. 그런데 만일 그러한 주장을 사실로 증명할 수 있다고 한다면 당신은 다소 당황스러운 진단을 받게 될 것이다. 왜냐하면 푸코가 전제한 세계의 시선에서 볼 때, 당신 스스로 자신이 완전한 자유를 실현할 수 있는 사람이라고 평가하는 순간 현재 어린아이 상태를 벗어나지 못했거나 광인이거나 환자이거나 범죄자일 가능성이 농후하기 때문이다. 자유를 마음껏 발휘하는 개인화의 방식은 정상적 궤도의 일상성을 벗어났을 때 가능하다. 정상의 범주를 벗어난다는 것은 그물처럼 짜여 있는 규범적 삶에서 벗어난다는 것인데, 이는 일상적인 삶에서의 일탈을 의미한다.

예를 들어, 나는 결혼을 원하지 않지만 아이는 너무 예쁘다고 생각한다. 그래서 결혼하지 않고 아이만 낳아 키우고자 할 수 있다. 이는 생물학적 상황에 제약됨 없이 남녀 모두가 할 수 있는 생각이다. 이러한 상황은 누구를 해치려고 한다거나 도덕의 규범에 어긋나는 문제도 아니어서 본인이 책임질 수 있다면 충분히 있을 수 있는 상황적 판단이다. 이러한 결정을 아이를 함께 책임질 대상을 제외한 다른 타인에게 설명할 필요도 없고, 이 문제의 정당성을 설득할 다른 이유도 딱히 없어 보인다. 그러나 너무도 선명한 이 문제를 실천하려면 공동체의 타자적 시선과 가족에 대한 개념, 제도적 제약, 태아의 인권 문제 등과 맞서 싸워야 하고 이러한 주장을 지키려면 참으로 거대한 용기가 필요하다. 심지어 과거에는 이러한 문제를 도덕적 차원의 문제로까지 확대하여 개인의 부덕함의 소치이거나 성에 대한 잘못된 관념을 가진 사람이라고 낙인찍기를 하던 시절도 있었다. 가족에 대한 관념이 붕괴되고 있는 현재의 시선으로 볼 때도 결혼과 출산에 대한 사적 판단을 실행하는 것은 사회적 시선으로부터 완전히 자유롭지 못한 것은 분명한 사실이다.

정상의 범주에서 벗어나 자신의 척도, 즉 개별적 특성을 드러내는 분류에 대해 어른이 아닌 어린아이의 특성을 여전히 유지한다고 치부했고, 이러한 판단들은 광인과 범죄자가 일반인과 다르게 보이는 사유의 특성이라 생각했다. 이런 사회적 시선은 인간의 오랜 역사 안에서 용인되어왔다. 사회적 규율을 내면화하지 못하는 정신의 상태와 행위는 사적인 미숙함으로 인한 일탈의 일환이라 여겼다.

> 우리의 문명 안에서는 개인화의 모든 메커니즘이 어린아이, 광인, 환자, 범죄자 등을 중심으로 가동되고 있다. 또한 건강하고 정상적이며 법을 준수하는 어른을 개인화하고자 할 때는 그 이후부터 줄곧 이렇게 질문하는 방식이 가능해진다. 당신은 아직도 어린아이 같은 점이 남아 있는가? 남들이 모르는 광기가 있는가? 어떤 중요한 범죄를 저지르고 싶었는가? 등이 그것이다.[3]

처벌에 대한 관념의 변화는 처벌 방식을 바꾸면서 시민에게 최적의 효과를 발생시킨다. 고대 왕정 시대의 경우, 반역자를 처벌할 때 상징적인 공개처형 방식으로 벌했다. 공개처형을 선택한 이유는 보여주기식 처벌을 통해 체계적 질서에 대한 자각과 지배계급에 대한 공포심을 불러일으키기 위함이었다. 마치 축제의 한 장면처럼 화려하고 소란스러운 처벌을 광장 같은 곳에서 실시한 것이다. 그렇다면 기존에 그토록 많았던 공개처벌 방식은 혁명적인 인권의 향상으로 삽시간에 사라진 것일까?

구체적인 상황들을 살펴보자면 반복적인 공개처벌은 예상할 수 없었던 문제들과 직면한다. 더 잔인한 신체형으로 강화되면서 기대했던 광장의 효과는 기대치 않았던 방향으로 변이되었다. 잔인한 처벌을 목격하고 광장에 모여 정보를 주고받는 시민은 서로의 정보를 통해 자신들이 목격하고 있는 장면의 부조리함에 대해 논의하게 된다. 즉, 범죄자에 대한 경각심이 확대되었던 초기 반응과 다르게 처벌의 강도와 육체 고문이 늘어가면서 인간에 대한 야만성과 잔혹함에 대한 비판의식을 싹트게 했다. 더는 광장에서 벌어지는 처벌을 구경거리로 보거나 다른 계층의 월등한 권력과 힘의 행사로 보는 데 그치지 않고 처형자의 고통, 처형자에 대한 불합리한 처우, 잘못된 판결을 응시하기 시작한 것이다. 부적절하고 과도한 신체형에 대한 반발은 집단적 소통의 장으로 광장의 역할을 바꾸었다. 결국 신체형은 통제와 위협을 목표로 한 처벌의 효과를 발생시킬 수 없었고, 권력 집단은 광장에 모아둔 시민을 스스로 해산시켜야 할 처지에 놓이게 되었다.

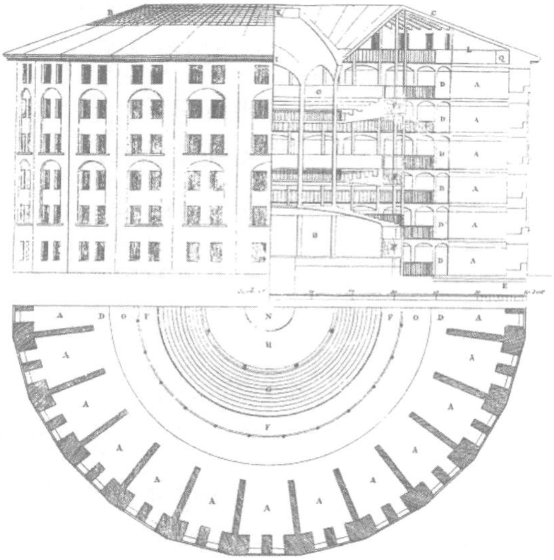

Jeremy Bentham – The works of Jeremy Bentham vol. IV, 172-3

이 그림은 제러미 벤담(Jeremy Bentham)의 판옵티콘 설계도다. 벤담은 재교육을 통해 건전한 사회 구성원을 재사회화하려는 목적으로 판옵티콘을 기획했다. 그러나 푸코는 이러한 벤담의 기획이 실제 사회에서 권력을 행사하는 구도의 관계들을 양산했다고 보고 '감시와 처벌'의 시대를 재조망했다.

이후 대중은 광장에서 벌어지는 신체 형벌을 볼 수 없었다. 처벌은 시민의 공간에서 분리되어 외딴 새로운 장소에서 은밀하게 시행되었기 때문이다. 처벌의 공간과 일상의 공간을 분리하여 고립하는 방식으로 공동체 내에서 일탈자를 추방했다. 그런데 신체형의 특징을 보였던 고전적 방식과 완연히 다른 현대의 처벌은 처벌의 칼날을 누구에게 어떤 방식으로 향하고 있는가? 공동체의 처벌 방식은 무엇을 목표로 하여 바뀌었는가?

(3) 육체의 훈육에서 정신의 훈육으로

근대적 제도에서 신체는 일종의 권력 행사를 위한 도구로 매개체로 활용되었다. 개인의 특성, 재산, 개인적 특성은 모두 사회적 질서 아래 포섭되었다. 또 세부적인 문제들에 대한 관리는 자기 스스로 사회의 일원으로 살아가고자 질서에 순응하는 방식으로 이루어졌다. 고전적 처벌이 신체에 직접적인 고통을 부가하는 것이었다면 근대의 처벌은 전문가로 인정받은 의사나 정신과 의사, 심리학자, 교육자들을 통해 정신을 훈육하는 방식으로 변화하였다.

이러한 처벌의 방식은 신체적 훈육이 아닌 정신의 훈육으로 개인들의 삶을 관리하기 시작했다. 마음, 사고, 의지, 성향 등에 대한 징벌과 정념, 본능, 비정상, 장애, 부적응, 환경, 유전의 문제들에 대한 사회적 판별에 의해 개인이 공동체의 구성원으로 살아갈 요건들을 판별 받게 되었다. 근대의 질서는 법적인 문제를 판정할 때 개인의 의지가 얼마나 개입했는가를 주된 판별의 조건으로 삼고 정신적인 문제가 있는 자에게 법적 지위를 허용하지 않았다. 이는 개인에게 요구되었던 규범성(normation)의 평가 기준이 정신적인 문제들로 이전되고 있다는 것을 의미한다. 또 사회가 점차 정신적인 문제들의 규범화(normalisation) 전략을 통해 조직의 질서를 유지하고 있다는 점을 확인할 수 있다.

내가 나의 삶에서 벗어날 수 없도록 묶어두는 감시의 시선이 생활 전반의 깊은 곳까지 은밀하고도 알 수 없게 젖어 들어와 있다면 나는 누구로부터의 감시를 통해 어떤 식의 처벌을 받는 것일까? 타인이 나를 보고 있는 시선으로부터 완전히 벗어난 나는 내가 나를 보고 있는 시선에 다시 제약되는 것은 아닐까? 내가 보고 있는 나는 언제나 생중계되는 전천후 감시의 대상이기에 한순간도 어떤 예외성을 허용하거나 시선에서 벗어나 비껴갈 수 없다. 심지어 타인에게 보이지 않는 야만스럽고 악마적인 나의 내면을 감추고 포장하는 순간조차 나는 나를 보고 있기 때문이다. 그런 내가 나의 정신을 정상인의 생활을 할 수 있도록 스스로 훈육한다면 이런 메커니즘보다 더 완벽하고 효용성이 높은 사회 체제 유지를 위한 권력 장치가 있을 수 있을까?

3. 일탈을 꿈꾸는 개별자들

푸코의 심오한 이론에 기대지 않더라도 우리는 사회 안에서 많은 규제를 경험한다. 정치적·행정적·사회적 규제는 물론이고 전통과 관습에 의해 형성된 규제에 이르기까지 개인은 사회의 정상적인 일원이 되기 위해 다소 부조리한 상황도 감소하면서 규칙적이고 규제하는 일상을 자기 삶으로 수용한다. 앞서 살펴본 것처럼 어린 시절부터 계속되어오는 사회화 교육을 통해 그러한 규제적 상황의 정당성을 이해하기 때문이다. 그런데 우리가 이러한 일상적 규범들을 수용하는 이유는 정상에 대한 염원을 담았다기보다는 타자와의 관계 안에서 상호 간 필요한 규범의 이유를 충분히 수용하기 때문이라고 볼 수도 있다. 합의를 통해 정해진 규칙이나 법 제정이 그러한 방식일 것이다.

그러나 사회문화적인 맥락 안에서 벌어지는 규제들은 어떨까? 사회문화적 맥락 안에서만 존재하기 때문에 오로지 경험으로만 확인할 수 있는 불확정적인 규제는 나의 삶을 어떤 식으로 통제하고 있는가? 여성에 대한 시선, 장애인, 아동을 비롯하여 성 소수자들이나 여타 사회 소외 권력에 속하는 권력적 약자 집단에 대한 논의들은 시대마다 균등과 평등을 향한 다른 소리를 내며 사회 활동으로 발현되어 왔다. 그러나 사회적 부조리는 통속적인 개념으로 분류되는 선명한 경계선조차 없어서 오히려 더 심화되는 경향이 있다.

안 데이비스(N. Ann Davis)는 「보이지 않는 비정상인(Invisible Disability)」이라는 논문에서 인간 체계는 정상인과 비정상인에 대한 구분을 임의로 하고 있으며, 우리의 인식에 이미 그러한 구분이 자리하고 있다라고 비판한다.[4] 또 그러한 문제는 분명히 도덕적인 결점과 결부되는 동시에 이성적 의심을 동반하는 것이 마땅함에도 불구하고 일관되거나 논리적이지 않은 비정상인에 대한 기준을 그대로 적용하고 있다고 주장한다. 비정상인과 정상인에 대한 구분은 표면상 드러나는 행태에 대한 잠정적인 추정으로 일어나고, 그러한 추정은 사회적 시선을 기반으로 하고 있다. 그런데 이러한 방식의 구분 짓기는 또 다른 사회적 통념을 형성하면서 다른 통념들을 생산하는 양상을 보인다. 이는 차이를 빌미로 무한 상대적 기준들을 생산하고 이는 다시금 무분별한 통념들을 만들어낸다.

예를 들어 지난 몇 년간 우리 사회의 혐오 표현들을 개념화하여 유통시키는 유행은 마치 생존게임처럼 삽시간에 번져나갔다. 이는 성별 갈등, 세대 갈등, 인종 갈등을 비롯하여 다양한 층위의 존재 방식에 대한 직접적인 공격으로 이어졌다. 이러한 타자에 대한 폭력적 시선은 구별과 배제의 문화를 마치 유행처럼 주도하면서 그것이 마치 진보된 시대의 문화 현상인 것처럼 포장하고 있어 더 충격적이다.

또 내가 볼 때 이러한 직접적인 개념에 대한 언어 생산은 서로 간의 변조를 통해 내 집단끼리의 결속을 다지는 방식으로 활용된다는 점에서 더욱 위험하고 치명적이다. 관념을 언어로, 언어를 다시 유희로 전환하면서 발생하는 일종의 혐오게임은 서로가 서로에게 야수가 되라고 외치는 분노 발생의 신호로 작용한다.

다층적으로 표출되는 사회적인 분노들은 서로 다른 결을 가지고 끝없는 외침을 낳고 있다. 과연 우리는 누구를 위한 야수가 되고, 무엇을 지키고자 분노하는 1인이 되었는가? 내가 겨누고 있는 칼날은 누구를 향해 있으며 무엇을 보이고자 하는가? 사회를 향한 진지한 분노의 움직임은 그것을 유행처럼 바꾸는 형식적 참여를 통해 변질되고 재생산된다. 이는 유희적 언어로 재개념화된 용어들을 통해 확산·유통되면서 진지함을 상실하게 되고 문제의식을 희석하는 결과를 초래한다. 이러한 진지함의 상실은 또 다른 사회의 폭력으로, 또 다른 고통의 연장으로, 또 다른 권력의 권력화로 우리에게 다가와 있지는 않을까?

4. 사회적 폭력과 고통의 역학

> 폭력은 존재했다. 그러나 상황의 질서, 신의 법, 불가피한 재난, 강자의 덕 또는 약자의 운명으로 존재했다.[5]

이브 미쇼(Yves Michaud)는 사회적 폭력이 갖는 위험성이 완전한 합의나 이성에 의해서만 형성되는 것이 아니라는 점을 지적한다. 폭력은 서로 다른 이해의 기준점들 사이에서 발생하는 충돌이 원인이 된다. 그렇기 때문에 원칙적인 충돌의 출발점을 찾기 어렵다. 결국 폭력은 어느 순간 급작스레 발생하며, 이를 특별하게 억제하는 집단과 이에 맞서는 집단 사이에서의 모호한 정치적 과정으로 변질된다는 공통된 특징이 있다.

폭력이 사회적 억압의 방식으로 존재한 것은 어제오늘의 일이 아니다. 정치적이며 사회적 통제수단으로서의 폭력은 그 배경에 인간 통제에 대한 정치적 야심이 포함되어 있으며, 그 인식의 기반에는 보통 사람들에 대한 사회적 관념을 기반으로 한다. 바꾸어 말하면, '전통'이나 '예'의 차원이 아닌 사회적 시선에 의한 정상(norm)의 기준을 사회적 관계에서 요구함으로써 사회적 자아가 추구하는 가치에 대한 형상화를 만들어냈다.

> 구조적 폭력의 본질과 구조적 폭력이 인간의 고통에 미치는 영향을 어떻게 알 수 있는가? 실제로 개인과 집단의 극심한 인간적 고통에는 성별, 민족, 사회 경제적 지위를 포함한 여러 요소가 제각기 나름의 역할을 했을 것이다. 그러나 대부분의 경우, 이러한 요소만으로 설명하는 것은 역시 한계가 있다. 다양한 사회적 '축'에 대한 고려가 동시에 이루어질 때 비로소 정치적·경제적 만행을 인식할 수 있다. 더 나아가 이러한 사회적 요소는 아무리 극단적인 고통에 미친 영향이 미미하다 하더라도 다양한 환경과 시간 속에서 다양한 방식으로 측정되어야 한다.[6]

우리는 사회적 폭력을 직접적인 사건들로 목격한다. 또 이러한 폭력들은 우리에게 일종의 신경증적 증상들을 불러일으키면서 특정 사건에 대한 가해와 피해의 객관적 상황과 관계를 나의 판단에만 의거하여 결론 낼 수 없게 만든다. 게오르크 지멜(Georg Simmel)은 『도덕학의 입문』[7]에서 고통의 기원이 불명확하게 각인된 고통에 대한 관념이라고 말한다.

외형적 처벌에 의한 실질적인 육체적 고통이라기보다는 고통은 상처를 보면 떠오르는 관념처럼 뿌옇게 우리에게 흔적으로 남는다. 처벌은 단순히 신체적인 것에 국한되는 것이 아니라 정신적·심리적 차원의 처벌로 연장되고, 이는 다시금 언어화할 수 없는 종류의 관념을 형성한다. 그렇기 때문에 사회 안에서의 개인은 실체화되지 않은 고통이 무엇인지 추적하여 되새기기보다 공통의 질서를 따르는 방식으로 자신의 모습을 채워나간다. 이는 자기 고통을 흐리게 하는 묘책일지도 모른다. 고통은 눈에 보이는 것이 아니고, 그것을 측정할 특별한 방책은 없다. 단지 우리 안에서 번져나가는 소리 없는 고통의 목소리를 듣게 될 따름이다.

그런데 이 소리는 소리 내지 않는 소리이기에 들으려고 열심히 귀를 기울이는 자에게만 울림을 주는 소리다. 이것을 듣지 않겠다고 마음먹는 순간 이 소리는 우리에게 어떠한 진동도 주파도 될 수 없을 정도로 힘을 소멸한다. 고통의 소리는 강한 소리가 아니라 힘겨움을 이기는 소리다. 이는 과시의 소리가 아니라 자기를 지키고자 하는 최소한의 힘으로 내는 소리다. 들으려는 자의 귀에만 들리는 고통의 소리가 어느 순간 규범화의 노선에서 벗어나 길을 잃게 된 우리의 소리가 될 수도 있을 것이다.

내 운명의 일관된 안정성을 사회 내의 모든 장치가 보장해주리라 확신한다면 더더욱 이 미약한 소리를 통해 자신이 벗어날 굴레를 보완할 장치들을 모색해야 할 것이다. 그런 의미에서 고통은 우리의 식별 능력으로 파악하여 알아내는 것이 아니라 감각을 통해 받아들일 수 있는 감성적 공감이어야 한다.

5. 나를 해방할 어떤 출구도 없는가?

'자유'와 '해방'은 인간의 역사를 가장 뜨겁게 달구었던 모든 사건에 등장하는 문구다. 자유와 해방을 나를 나로 있게 할 근원적 조건이라 여긴다. 사실 완전한 자유가 무엇이냐고 물었을 때 이에 대한 철학적 논의는 너무도 방대해서 자유에 대한 철학의 논의들을 대백과로 만들어도 충분할 만큼 차고도 넘친다. 그중 내게 가장 큰 울림을 주었던 존 스튜어트 밀(John Stuart Mill, 이하 밀)의 언명을 살펴보고 인간에게 자유가 무엇이고, 어떻게 그것을 찾을 수 있는지 확인해보도록 하자. 밀은 인간 자유의 기본을 내면적 의식과 자기 희망의 표출, 결사의 자유로 꼽았다. 그리고 이는 어떤 정부 형태에서도 반드시 수호되어야 할 최상의 가치로 보았다.

> 자유 가운데서도 가장 소중하고 또 유일하게 자유라는 이름으로 불릴 수 있는 것은 다른 사람의 자유를 박탈하거나 자유를 얻기 위한 노력을 방해하지 않는 한, 각자 자신이 원하는 대로 자신의 삶을 꾸려나가는 자유다.[8]

밀의 이 글귀를 문자 그대로 해석하면 타인의 자유를 박탈하거나 자유를 얻기 위한 타인의 노력을 방해하지 않는다는 조건에서만 자유는 허용된다고 이해할 수 있다. 만일 그렇다면 앞선 문제들로 이 글귀를 환원하여 다시 해석해볼 수 있을 것이다. 타인과의 관계 내에서 허용되는 자유를 극단적으로 해석한다면 타인의 자유와 나의 자유가 충돌하는 상황에서 타인의 자유가 다시금 나의 자유를 제약하는 것이 정당하다는 의미인가? 이런 의구심은 밀의 현명한 사회적 논점에 대한 예시로 자연스럽게 해소될 수 있다. 밀의 『자유론』에 담긴

음주 남용이 발생시키는 사회적 문제를 해결하고자 실시한 금주법이 지배하던 시대가 있었다. 술을 마실 자유를 앗아간 정부에 대한 밀의 힐난한 비판은 다른 어떤 시대에 또 다른 어떤 자유를 빼앗길지 모를 우리에게 자유를 지킬 최소한의 방패는 무엇일까 생각하게 한다.

파격적 저항의 메시지는 술 판매를 금지했던 행정처분에 대한 반박에서 찾을 수 있다.

밀은 사회적 권리와 개인의 자유가 충돌하는 상황을 설명하고자 음주벽을 뿌리 뽑겠다는 영국과 미국의 금주령에 대해 비판하면서 "사회적 권리를 주장하면서 자유를 침범하는 것은 심각한 문제"라고 지적한다. 그는 자유에 대한 어떠한 형태의 침범도 허용되거나 정당화될 수 없다고 주장한다. 그런 이유에서 마음의 비밀을 숨기는 것을 제외하고 타인의 발언을 침해하거나 자신이 발언할 수 없는 문제는 있을 수 없다고 본다. 유해함에 대한 사회적 기준이라는 것은 어떤 사람이 그것을 보는가의 관점에 따라 너무도 큰 차이를 갖기 때문에 연대라는 수준으로 개인의 모든 권리를 침범한다면 이 또한 문제가 된다는 것이다.

밀은 안식일에만 노동일을 준수하도록 강요하는 상황의 부당함을 토로하면서 신이 지정한 휴일이라는 이유를 내세워서 특정한 행위에 대해 처벌하는 것을 용납하는 것은 박해의 출발이라고 주장한다. 결과적으로 밀은 타인에게 손해를 입힐 모든 상황에 대해 제재할 권한이 있는 것이 아니라 의도적으로 타인을 해할 어떤 상황에 대한 제재가 가능한 것이라고 하면서 특정 취향이나 개인적 소비, 사적 쾌락은 전적으로 개인적인 영역의 문제이고 그 개인의 판단에 따라야 한다고 강조한다.

밀의 『자유론』에서 우리가 확인할 수 있는 또 하나의 결정적 문제는 통념과 신념의 무분별함에 대한 것이다. 세상에 퍼진 불분명한 사건에 대한 신념들의 경우 초기 전파 상태에서는 그것에 대해 저항하기 쉽다. 그러나 신념을 진리로 사유하면서 시작되는 세력은 다른 어떤 근본 원리로도 대항하기 어렵다는 것이다. 잘못된 신념을 갖고 주장하는 쪽과 올바른 사실과 진실을 논의하는 쪽의 싸움에서 어느 쪽이 더 큰 힘을 발휘할까? 우리의 옛 속담에 따르자면 모르는 자가 용감할 확률이 더 높고, 나의 실천 세계의 경험을 돌이켜보건대 그 속담은 현인의 말과 다르지 않다.

밀은 이 문제를 좀 더 수준 높게 다루고 있는데, 개인의 경험을 검증하려 하지 않고 내면적인 삶과 신념을 연결하여 확인할 경우의 위험성을 지적한다. 잘못된 믿음이 신념이 되어 마침내 검증을 거부하는 상태에 도달하게 되면 이때 왜곡된 신념은 다른 모든 영향력을 무력화시킬 정도의 힘을 발휘한다. 사실 이런 상태의 강한 신념을 갖게 되면 그때부터는 이성이 욕망과 믿음 앞에서 얼마나 무력한지를 실로 경험하게 될 것이다. 이런 상태에 빠진 인간에게 이성은 올바른 방향으로 판단의 길을 열 수 없다. 오히려 이때의 이성은 자신이 욕망하는 곳으로 향할 때 생기는 최소한의 갈등을 합리화하여 소멸해주는 도구적 역할로서만 소임을 다하게 될 것이다. 결국, 이러한 상태는 단박에 깰 수 없고 깨어지지도 않는다. 오로지 열망의 덩어리가 하나의 소분자로 내려앉기를 바라면서 시간에 순응하는 방법밖에 남지 않는다. 그렇다면 우리는 무엇을 주도할 수 있는가? 앞서 살펴본 논의들을 따라와 도달한 이 지점에서 내릴 수 있는 결론은 결국 인간에게 참된 자유란 없다는 것일까?

나는 자유를 실현하는 거대하고도 용감한 힘은 인간에게 본질적으로 주어지지 않는다고 생각한다. 그러나 한 가지 확실한 것은 모든 것을 이기게 하는 거대한 힘이 없기에 발생하는 굶주림과 갈망은 자유에 대한 간절함의 소리를 끝없이 만들게 한다는 점이다. 결과적으로 완전한 자유가 부재할 때 발생하는 갈망은 거대한 무엇을 만드는 것이 아니라 끝없이 그 문제를 다시 제기하고 반복적으로 상기하게 하는 멈추지 않는 작은 소리를 울리게 한다.

푸코는 이것을 '현재에 대한 문제화'라고 표현한다. 우리가 현재의 문제들을 끝없이 문제화할 때 그것을 잊지 않고 그에 대한 저항 체계를 갖추어나갈 수 있다. 시장을 돌아다니며 청년들에게 끝없이 말 걸기를 시도했던 소크라테스(Socrates)는 권력도 재력도 빼어난 신적 재능도 없었지만, 소크라테스의 소리는 초월적 앰프의 힘을 빌려 현재에도 여전히 누군가의 가슴에 열정의 씨앗을 뿌리고 있다. 마치 보이지 않는 신기루처럼 자유롭지 않은 우리가 자유를 꿈꾸는 것이라 하더라도 우리의 삶에서 자유를 향한 목소리는 잊히지 않고 여전히 힘을 갖는다. 그런 의미에서 우리의 자각 밖의 문제들을 우리의 인식 안으로 끌어올 수 있는 유일한 대안은 그것을 잊지 않도록 되새기는 목소리를 내는 것뿐이다. 자유의 본질은 자유로운 상태를 고답적으로 유지하는 것이 아니라 자유를 갈망하여 향하는 곳을 바라보는 나로부터 자유로움을 찾아가는 생동함에 있다.

> 발전 원리(progressive principle)는 자유를 사랑하든, 아니면 개선을 사랑하든, 그 형태에 관계 없이 관습의 횡포에 대해서는 적대적이다.[9]

밀의 이러한 관점은 현대에서는 더 적극적으로 활용될 것이다. 도덕, 취향, 신체적 차이의 정도, 지식의 정도, 경험의 정도 등 너무도 다양한 개성을 지닌 개별자들이 너무도 다른 사회적 환경 속에서 차이를 경험해야 하기 때문이다. 만일 이런 차이 속에서 살아가고 있는 현대인이 하나의 이상적인 사회 관념에 부합된 행위를 위해 동일한 방식의 삶의 지침을 고수한다면 그 자체로 스릴러 공포영화에서나 볼법한 상황이 될 것이다. 그러나 밀이 주지하고 있는 규범 체계에 종속되는 것을 거부하는 방식에도 주목해야 한다. 밀은 끝없는 문제 제기, 지치지 않는 소리내기, 말하기를 통해 개별자들이 자유를 탐색하고 잃지 않으려는 노력을 해야 한다고 말한다. 이런 논점에서 자유는 결국 내가 여기에 한 사람의 개별자로 살아 숨 쉬고 있음을 외치는 용기로부터 시작되는 것은 아닐까? 나는 자유가 이분된 균열의 틈새에서 발생하는 것이 아니라 균질한 겉면이 울퉁불퉁하게 바뀌고 서로 다른 색깔로 덧대면서 변화되기 시작할 때 발현된다고 본다. 오랜 세월 외쳤던 자유를 향한 소리들은 새로운 색채들을 발현하려 덧댐의 노고를 아끼지 않았고, 그 위에 겹겹이 쌓인 흔적들은 그 흔적만의 고유한 색채로 생의 성질을 갖는다. 자유는 어떤 한 사람의 것이 아니라 모두의 것이며, 그 자체로 전복할 수 있는 거대한 힘을 모은다. 자유는 하나의 힘이 아니고 자유를 갈망하는 모두의 바람을 통해 전복할 수 있게 분출하는 힘이다. 거짓됨을 밝힐 수 있는 용기의 등불은 자유를 향한 많은 사람의 열망 속에서 자유를 생동하게 하고자 흔들리는 빛을 피워내고 있는 것은 아닐까?

참고문헌

미셸 푸코, 『감시와 처벌』, 오생근 옮김, 나남, 2016.

미쇼 이브, 『폭력과 정치』, 나정원 옮김, 인간사랑, 1990.

아서 클라인만 외, 『사회적 고통: 인간의 고통에 대한 사회학적, 의학적, 문화인류학적 접근』, 안종설 옮김, 그린비, 2002.

존 스튜어트 밀, 『자유론』, 서병훈 옮김, 책세상, 2010.

한스 라이너, 『철학적 윤리학』, 이석호 옮김 , 철학과 현실사, 1999.

N. Ann Davis "Invisible Disability", *Ethics* 116, University of Chicago, 2005.

1 미셸 푸코, 『감시와 처벌』, 오생근 옮김, 나남, 2016, 230-231쪽.

2 미셸 푸코, 『감시와 처벌』, 287쪽.

3 미셸 푸코, 『감시와 처벌』, 301쪽.

4 N. Ann Davis “Invisible Disability”, *Ethics* 116, University of Chicago, 2005.

5 이브 미쇼, 『폭력과 정치』, 나정원 옮김, 인간사랑, 1990, 97쪽.

6 아서 클라인만 외, 『사회적 고통: 인간의 고통에 대한 사회학적, 의학적, 문화인류학적 접근』, 안종설 옮김, 그린비, 2002, 47-48쪽.

7 Georg Simmel, *Einleitung in die Moralwissenschaft*, 1892/3; 한스 라이너, 『철학적 윤리학』, 이석호 옮김 , 철학과 현실사, 1999, 131쪽.

8 존 스튜어트 밀, 『자유론』, 서병훈 옮김, 책세상, 2010, 37쪽.

9 존 스튜어트 밀, 『자유론』, 133쪽.

06
프로젝트, 아름다운 나라

이하준

"우리가 세운 국가에서는 어느 한 계급만이 행복하게 살 수는 없고, 모든 국민이 다 행복하게 살기를 바란다."

-플라톤, 『국가론』

"정치권력은 … 모든 것은 오직 공공선을 위해 행사하는 권리다."

-로크, 『통치론』

"개인에 대한 사회의 권력을 여론의 힘과 심지어 법의 힘을 빌려 부당하게 확장하려는 흐름이 전 세계적으로 증가하고 있다."

-밀, 『자유론』

1. 유토피아로서 아름다운 나라

"아름다운 나라, 칼리폴리스(Kallipolis)가 세상에 존재할까?" 사람들이 이런 질문을 던지는 이유에 대해 생각해보자. 아름다운 나라가 세상에 존재한다면, 굳이 이러한 질문을 던지지 않을 것이다. 그런데 여기서 우리가 발견할 수 있는 것은 이 질문 안에 이미 아름다운 나라의 기준을 가정하고 있다는 사실이다. 그 기준은 사람마다 다를 수도 있고, 공통점이 있을 수도 있다. 이것은 정치철학자들의 경우도 마찬가지다. 아름다운 세상을 단어로 표현한다면 언뜻 떠오르는 것이 '유토피아(utopia)'다. 주지하다시피 유토피아는 이중적인 의미로 사용된다. 한편으로는 지상에 존재하지 않는다는 의미에서의 공상적인 사회나 세계를 의미한다. 다른 한편으로는 아직 존재하지 않지만 언젠가는 실현될 것으로 가정된 이상적인 세계를 뜻한다. 에덴동산, 플라톤의 아틀란티스, 베이컨의 뉴아틀란티스, 캄파넬라의 태양의 나라, 토머스 모어의 유토피아, 천년왕국, 무릉도원, 요순시대, 대동사회 등은 하나같이 아직 어디에도 없는 세계이지만, 아름다운 세상이나 아름다운 나라를 가리킨다. 아틀란티스와 요순시대는 전설과 역사적 사실 여부에 대한 논쟁이 한창이었으나 역사적 사실로 드러나고 있다.

왜 사람들은 아름다운 나라를 꿈꿀까? 그 이유는 자명하다. 현재 그들이 사는 나라에 대한 부정적 인식을 넘어서 개혁과 혁명을 통해 세상을 바꾸고 싶기 때문이다. 따라서 감상적이고 낭만적인 차원에서 '아름다운 나라'를 꿈꾸거나 아니면 사회개혁을 위한 종합설계도로서 아름다운 사회에 대한 동경은 기존 사회에 대한 강렬한 고발이자 '비판'이라고 할 수 있다. 이런 관점에서 보면 플라톤(Platon)의 『국가론』은 완벽한 수준의 아테네 국가개조론이라 할 수 있다. 플라톤적 아름다운 국가의 이상향은 토머스 모어(Tomas More)의 유토피아나 생시몽(Claude-Henri de Rouvroy de Saint-Simon) 등의 공상적 공산주의자, 카를 마르크스(Karl Marx)의 공산주의 국가론에 흔적을 남겼다는 것은 익히 알려져 있다. 유토피아를 세 가지 범주로 구분한 현대의 자유지상주의자 로버트 노직의 구분에 따르면 유토피아의 건설에 강제성이 동원된다는 의미에서 제국주의적 유토피아에 속한다.[1] 플라톤에게 사상적 영향을 받고 그의 나라를 자신의 방식으로 윤색하여 확장하고 싶었던 사상적 후손들과 달리, 애초부터 플라톤의 아름다운 나라의 시민 되기를 거부한 사상가도 있었다. 플라톤과의 직접적인 이론적 대결 자체에 관심이 없을 정도로 플라톤의 나라와 완전히 다른 나라를 꿈꾼 인물이 존 로크(John Lock, 이하 로크)이고 존 스튜어트 밀(John Stuart Mill, 이하 밀)이다. 로크식 아름다운 나라는 폴리스의 완전성을 추구하는 플라톤식 전체주의, 그 전체주의의 꽃인 철인왕이 아닌 자유롭고 평등한 개인을 위한 나라다. 밀은 로크가 마련한 개인들의 사회에서 개별성으로서 독립적인 개인이 사회, 관습, 여론, 다수의 폭력과 횡포로부터 자신들의 자유를 보호하고 자유를 위해 실천해야 할 원리를 선포했다. 완전히 다른 시대, 다른 정치사회적 환경에서 이들 세 명의 철학자는 각각 아름다운 나

토머스 모어의 유토피아 섬 PUBLIC DOMAIN
출처: https://upload.wikimedia.org/wikipedia/commons/2/28/Insel_Utopia.png

라의 큰 그림을 그리며 각론적 구체성의 사유를 보여줬다. 자, 이제 이들 세 사람이 만든 아름다운 나라를 여행하는 마음으로 탐구해보자. 근대인처럼 배를 타고 세 나라로 가보는 것도 재미를 더하지 않을까 싶다.

2. 플라톤의 아름다운 나라: 완벽한 조화 혹은 전체주의 나라

(1) 왜 그는 아름다운 나라를 꿈꾸었는가?

먼저 우리는 왜 플라톤이 '이상국가'를 꿈꾸었는지에 대해 생각해봐야 한다. 사상적 측면에서와 현실정치적 측면에서 보면 그 이유를 좀 더 명확하게 파악할 수 있다. 사상사적 측면에서 플라톤의 이상국가는 소피스트가 생각하는 정치상과 대결한다. 그에게 최고의 이데아는 좋음의 이데아인데, 그것을 보고 아는 자는 최고의 이성을 소유한 사람이며 그가 곧 철학자다. 플라톤은 최고의 이성을 가진 자가 권력을 가질 때 정의롭고 아름답고 좋은 이상국가를 만들 수 있으며, 만약 그렇지 않다면 폴리스는 많은 문제에 시달리게 될 것으로 생각했다.[2] 이와 같은 플라톤의 생각은 수사학과 웅변술이라는 당대 정치행위에서 가장 중요한 무기를 가진 정치인 양성을 목적으로 하는 소피스트들의 현실정치관에 대한 강력한 비판을 전제로 한다. 소피스트적 현실정치 개념은 정치권력을 잡고 유지하려는 데 몰두하는 권력정치이며 그것이 폴리스를 피폐시킬 것이라는 생각 때문에 플라톤이 권력정치가 아닌 이성정치, 이성에 의해 건설되고 유지되는 이성국가를 설계했다고 볼 수 있다.

플라톤의 이성정치 철학은 당대의 정치사회적 상황을 고스란히 반영하기도 했다. 플라톤의 나이 24세에 발발한 스파르타와의 전쟁인 펠로폰네소스 전쟁(B.C. 404) 이전에 아테네의 정치사회질서는 혼탁했다. 플라톤은 그 이유를 결정적으로 민주정에서 기인한다고 보았다. 이러한 인식은 민주정에 대한 폭탄 수준의 비판과 더불어 통일적이고 조화롭게 작동되는 사회, 완전한 구조를 갖추어 흠결이 없는 아름다운 폴리스를 설계하도록 만들었다. 이러한 점에서 그의 이상국가 설계도는 아테네 개혁 프로그램이라고 할 수 있다. 기억해야 할 가치가 있는 것은 완벽한 조직을 갖춘 폴리스를 설계하는 데 혼란스러운 아테네의 민주정과는 완전히 다른 스파르타 모델을 머릿속에 두고 있었다는 점이다. 만약 펠로폰네소스 전쟁에서 아테네가 스파르타를 물리쳤다면, 그의 이상국가론은 등장하지 않았을 수 있고, 민주정에 대해서도 혐오에 가까운 원초적 감정을 드러낼 이유도 없었을 것이다. 플라톤은 자신의 아름다운 나라를 민주정의 무덤 위에 세우려 했다. 그래서 그는 민주정이 얼마나 혐오스러운 괴물인지를 설파하는 데 힘을 쏟는다.

(2) 아름다운 나라는 '민주정'의 무덤 위에

민주정(demokratia)에 대한 플라톤의 비판이 촉발된 계기 중의 하나는 소크라테스의 재판과 죽음 사건을 배제할 수 없다. 펠로폰네소스 전쟁에서의 패배 후 아테네에는 스파르타의 30인 과두정부 체제가 들어섰다. 1년을 갓 넘긴 이 정부는 민주주의 추종자들에 의해 무너졌으나, 민주정 정치인들에게 미움을 사 불경죄와 청년미혹제라는 누명을 쓰고 배심원들로부터 유죄판결을 받고 죽음에 이른다. 당시 나이 28세에 불과했던 청년 플라톤에게는 실로 충격적인 사건이었으며, 추첨에 따라 임의로 배심원으로 참여한 우민들에 대한 원한 감정이 무의식에 쌓였을 것이다. 그의 원한 감정은 "민주주의 정치체제가 가난한 자들이 그렇지 않은 사람들을 죽이고 추방하여 시민권과

추첨에 의해 관직을 나눠 갖는 정치체제"라고 말하는 점에서나 "자신들이 하고자 하는 바를 아무런 거리낌 없이 하는 '즐겁고 무정부적인 정치체제'가 민주정"이라고 규정하는 데서도 드러난다. 플라톤은 민주주의를 폄훼하기 위해 그 정치체제에 사는 사람들의 특성을 "욕구와 욕망에 충실하고 중심이 없이 여기 쏠리고 저기 쏠리는 사람들"로 묘사한다. 또 그 사람들은 생각 없이 말하고, 정치 담론에 끼어들기를 좋아하며, 반은 술 취한 사람처럼 묘사하고 있다. 이런 의미에서 그는 "자유로운 사람이 살 만한 나라는 민주정"뿐이라고 말한다. 여기서 자유란 이성적 질서에 의한 삶이 아니라 극단적인 자유가 판을 치는 예측 불가의 방탕한 삶을 의미한다. 플라톤의 민주정에 대한 혐오는 '부모와 자식의 관계', '교사와 학생의 관계', '연장자와 젊은이와의 관계'에 대한 극단적 묘사에서도 찾아볼 수 있다. 플라톤에 따르면 민주정의 나쁜 영향은 "자식이 아버지와 같아지도록 버릇 들이며, 부모 앞에서 부끄러워하지도 않고 두려워하지도 않게" 만들며, 교육현장에서는 "교사가 학생들을 무서워하여 학생에게 아첨하고, 학생들은 교사들을 경멸"하게 만든다. 게다가 "젊은이들은 연장자들을 흉내 내며 대항"하는 것을 자유의 이름으로 하게 만든다고 맹비난한다. 더 비탄스러운 것은 "노인들이 젊은이들에게 영합하여 그들을 모방하고, 쾌활함과 기지로 몸을 돋보이게 하고, 자신들이 재미없는 자라든가 폭군 같은 자라는 말"을 듣지 않으려고 노력한다는 것이다. 이런 비유들을 통해 플라톤이 하고 싶었던 말은 민주정은 "팔려온 노예가 자신들을 사들인 주인과 같은 정도의 자유"를 누리려는 것과 다를 바 없는 정치체제라는 것이다. 결국 플라톤이 볼 때 민주정은 어떠한 이성적 질서도 없고, 오직 극단적 자유와 기계적 평등만이 있는 나라다. 그래서 그는 민주정의 제일 먼 곳에 있는 정치체제에서 아름다운 나라의 가능성을 찾았다. 다른 말로 표현하면 민주정의 무덤 위에서 아름다운 나라의 꽃을 피우고자 했다.

(3) 플라톤의 아름다운 나라, 그 빛나는 아름다움은 무엇일까?

플라톤의 말을 따라 그가 설계한 아름다운 나라의 전체 모습을 그려 보자. 플라톤이 철학자에 대해 여러 비유를 했는데, 이 문맥에서 기억해야 할 것은 그가 철학자를 '화폭에 그림을 그리는 화가'에 비유했다는 점이다. 철학자는 '국가 설계자'라는 의미다. 아름다운 나라의 건설목적은 무엇일까? 이 국가의 목적은 "국가의 어떤 특수한 계급만 행복"해지려는 것이 아니라 시민 모두가 "마치 올림피아 경기에서 우승한 사람처럼" 행복한 삶을 살아가게 하는 것이다. 실현 가능성과 무관하게 플라톤의 이 말만으로도 얼마나 아름다운 나라인가. 사실 이러한 목적은 정치체제와 관련 없이 모든 국가가 형식적으로나마 표방하는 국가의 목적이다. 플라톤은 좀 더 구체적으로 말한다. 아름다운 나라에서는 "자기 몸을 빼놓고는 모든 것이 공유라서 … 서로 간에 소송사건이나 재판하는 일 등"은 없다. 따라서 다툼이나 알력이나 사소한 말썽도 일어나지 않고, 심지어 "폭력 사태나 학대 사건"도 발생하지 않는다. 공유제이기 때문에 "돈을 꾼다거나 빚을 갚지 못하는 일, 팔방으로 손을 써서 겨우 돈을 마련하는 수고"도 발생하지 않는다. 또한 플라톤은 아이와 아내를 공유하기 때문에 '내 것'과 '내 것 아닌 것'을 구분해 종국에는 국가가 분열될 일도 없다고 강조한다. 한발 더 나아가 그는 공유제로 인해 누군가에게는 개인적인 쾌락이 최대치가 되고, 또 다른 누군가에게는 괴로움이 최대치인 경우가 발생하는 일 없이 기쁨과 괴로움도 공유될 것이라고 내다봤다.

남녀 간의 관계는 어떠한가? 주지하다시피 플라톤 당대에 여성, 노예, 외국인은 시민이 아니었다. 아테네 시민과 결혼한 아테네 여성도 '준시민'의 지위를 가졌을 뿐이다. 한마디로 생물학적 존재이고 가정 내의 기능적 존재일 뿐 시민으로서의 인간이 아니었던 시대에 아름다운 나라에서 남녀관계는 완전히 새롭게 재설정된다. 플라톤은 "전시나 평화를 막론하고 일체의 일과 교육도 남녀 사이에 차별이 있어서는 안 된다는 것"을 분명히 했다. 흥미로운 점은 '왜 반드시 여성과 남성이 같은 생활방식을 가져야만 하는가?'에 대한 대답을 플라톤이 여성의 본성에서 찾았다는 데 있다. 그는 "여성이 본래 남성과 서로 공동으로 일을 하도록 태어났다"라고 봤다. 오늘날의 관점에서 아름다운 나라에서의 남녀관계는 비록 본성론에 기초한 약점이 있으나 당시 아테네의 풍습을 고려하면 매우 놀라운 양성평등론이라 할 수 있다. 사회군사적 필요성에서 비롯된 스파르타 모델과도 다른 측면의 본성론적 양성평등론이라 평가할 수 있다. 플라톤의 아름다운 나라에서의 양성평등과 관련해서 빼놓으면 안 되는 것이 있다. 그것은 플라톤이 통치자를 반드시 남성으로만 한정해야 하는 것이 아니라고 말했다는 사실이다. 그는 『국가론』 7권에서 "여자 중에도 태어날 때부터 충분한 적격자가 나오는 경우"에 여성도 통치자가 될 수 있다는 혁명적인 주장을 한 것이다.

아름다운 나라의 사회구조(마르크스주의적 시각에서 보면 본성론적 차원에서의 계급구조)에 관해서는 고등학교 윤리 시간에 많이 들었을 것이다. 몸, 가정, 국가를 같은 차원에서 설명하고 있다는 점, 각 계급의 사회적 역할과 덕목의 내용, 사회적 의미의 정의에 대해 귀에 익을 만큼 익었을 것이다. 굳이 간단한 말로 재정리하면 각 개인은 자신의 자연적 본성에 맞는 일을 해야 하고 그것을 최대로 실현할 때 개인적 차원의 자아실현만이 아니라 폴리스적 차원에서 완전하고, 조화롭고, 정의롭고, 아름다운 나라가 된다는 이야기다. 여기서 주목해야 할 것은 '누가 아름다운 나라를 만들 것인가?'의 문제다. 폴리스에서 자신의 역할을 하는 노예와 통치자가 합심하여 아름다운 나라를 만들 수 있을까? 플라톤의 머릿속에 그런 생각은 어디에도 없다. 오직 단 한 사람, 통치자이자 철학자만이 아름다운 나라를 만들 수 있다. 플라톤은 통치자의 능력을 갖춘 사람이 화가처럼 아름다운 나라를 화폭에 그려야 하며, 불굴의 의지를 갖고 그 나라를 건설해야 한다고 거듭 강조한다. 우리가 알고 있는 동굴의 비유를 빌려 표현하면, 수인이었다가 동굴을 빠져나와 태양으로 상징되는 이데아의 세계를 인식한 자가 동굴로 다시 돌아가 자신의 생명마저 위협하는 동료 수인들을 태양으로 이끌려는 열정이 아름다운 나라를 만들 수 있는 토대다. 아름다운 나라의 건설자는 화가이면서 무지와 추측, 억견 속에 사는 바보 수인을 구원하는 만인의 교사여야 하는 셈이다.

(4) 아름다운 나라의 뇌, 철인왕은 누구인가?

화가로서, 만인의 교사로서 아름다운 나라를 설계한 사람이 그 나라를 통치하는 것이 이상한가? 설계자는 설계자이고 통치자는 통치자인가? 양자의 능력과 덕목도 다른 것인가? 앞의 논의를 따라온 사람은 이미 알고 있겠지만, 플라톤에게 설계자와 통치자는 동일한 인물이어야 한다. 그는 추호의 의심도 없이 단호하게 말한다.

> 철학자들이 각국의 왕이 되지 않는 한, 또는 오늘날 왕이라고 불리고, 통치자라고 불리는 사람들이 진실로, 또는 충실히 철학을 연마하지 않는 한, 즉 정치적 권력과 철학적 정신이 한 몸이 되도록 많은 사람들의 소질이 현재와 같이 이 두 가지 방향으로 따로따로 나아가는 것을 강제적으로도 금지하지 않는 한, 친애하는 클라우콘이여, 그 나라에는 불행이 그칠 날이 없을 것이고 또 인류에게도 마찬가지라고 나는 생각하네. 우리가 지지해온 국가 제도에 있어서도 이러한 것들이 성취되지 않는 한, 최대한도로

그것이 실현되어 밝은 햇빛을 볼 수 있을 날은 결코 없을 걸세.[3]

위의 인용구에서 확인할 수 있듯이 누가 아름다운 나라의 주인으로서 통치자가 되어야 하는지 자명하다. 그렇다면 도대체 왜 반드시 철학자가 왕이어야 하는가? 다른 말로 표현하면 왕은 왜 철학자가 되어야 하는가? 이 문제를 풀기 위해서는 플라톤이 철학자를 어떻게 정의하고 이해하고 있는지를 알아보면 된다. 그는 『국가론』 이곳저곳에서 철학자의 성격과 특징을 서술한다. 철학자는 도대체 어떤 인물인가? 철학자(진리를 사랑하는 사람)는 '모든 학문 분야를 가리지 않고 지칠 줄 모르게 탐구하는 사람', '영원한 것, 불멸적인 존재를 탐구하는 사람', '태양을 본 사람', '아름다움 자체를 아는 사람', '거짓과 허위를 거부하고 진실을 추구하는 사람', '공정하고 온화한 정신의 소유자', '사물을 빠르게 잘 이해하고 기억력이 탁월한 사람', '인색하지 않고 겁도 없고 광대한 기개와 도량을 갖춘 사람', '절도 있고 우아하며 금전욕이 없는 사람', '육체적 쾌락은 메마르고 정신적 쾌락을 추구하는 사람', '가장 뛰어난 사람', '타인의 거짓말에 분노하는 사람'이어야 한다.

그렇다면 통치자는 어떤 능력과 자격을 갖춘 인물이어야 하는가? 통치자는 '정치적인 투쟁의 목표가 통치자의 지위에만 있는 고질적인 싸움을 멀리하는 사람', '참다운 철학자의 삶 이외에도 지상국가의 통치, 즉 정치적 통치를 내려다볼 수 있는 삶을 살 수 있는 사람', '연장자 중에서 가장 훌륭한 사람', '현명하고 유능하며 국가에 특별한 충성심을 지닌 사람', '철학을 혐오하고 문화를 모르며 신앙에서도 멀리 떠나 있는 사람, '살아있을 때는 물론 죽은 뒤에도 존경을 받을 만한 사람', '불 속에서 단련된 순금처럼 언제 어떤 경우에도 순수하고 티가 없다는 것이 증명되는 사람', '부와 가난의 문제를 관리하고 해결할 수 있는 사람', '국내 정치와 외교를 망라하고 최선의 결과를 올릴 방안을 짜내는 지식을 가진 사람'이다. 이 밖에도 플라톤은 국가의 핵심 역할인 법률을 제정하고 교육과 양육을 책임질 능력이 있는 사람을 통치자의 자격과 능력을 갖춘 사람이라고 주장한다. 플라톤이 말하는 철학자와 통치자의 특성을 비교하면 별반 차이가 없다. 둘 다 탁월한 이성의 소유자이자 최고의 지식을 갖춘 사람, 도덕적 탁월성이 있고 부정의에 분노하는 사람, 문제 인식 능력과 해결을 위한 전략적 사고와 실천적 집행력이 있는 사람이라는 점은 거의 동일하다. 다만 플라톤이 철학자를 언급할 때보다 통치자를 언급할 때 강조했던 것으로 해석할 수 있는 것은 애국주의, 국가에 대한 충성심 정도다.

아름다운 나라의 설계자이자 통치자가 철학자여야 한다면 자연적 재능에 의해 이미 결정되는가, 아니면 교육에 의해 양성되는 인물인가? 간단히 말하면, 플라톤의 대답은 둘 다이다. 그는 '씨앗' 비유를 통해 자연적 재능의 중요성을 언급한다. 플라톤은 "자연적 재능을 갖춘 자가 35세까지 단계별 교육을 받아야 한다. 이 중 마지막 5년간은 고급과정인 철학(변증론 포함)을 배워야 한다. 그 이후 15년간 군사 관련 업무 등 국가경영과 관련된 다양한 부분에 15년 동안 실무를 익힌 후 50세가 되어 통치자가 되어야 한다"라고 강조한다. 이런 교육과정과 실무를 마친 자는 학문적 지식이나 경험 면에서 최고의 인물이 되며 "영혼의 눈빛"을 가지게 된다. 그런데 철학자이자 통치자는 자연적 재능과 이미 마련된 교육과정을 이수하면 누구나 될 수 있는가? 그렇지 않다. "위대한 정신의 소유자"와 "진정으로 철학을 반려자로 삼는 자"는 극히 소수에 불과하다. 여기에서 플라톤은 가장 위대하고 뛰어난 사람만이 통치자가 되어야 한다는 결론을 토출해낸다. 왜냐하면 그런 자만이 아름다운 나라를 가장 잘 설계하고 최고로 통치할 수 있는 능력과 자질을 소유하기 때문이다. 그런 자가 누구인가? 바로 철인왕(philosopher king)이다.

철인왕에 대한 가장 흔한 오해는 '정통 철학자 이미지'에 갇히는 것이다. 위에서 살펴본 철학자는 지식인으로서의 탁월한 능력만이 아니라 공적 영역에 대한 의식과 책임감, 문화와 사회만이 아니라 폴리스의 문제들을 풀어나가려는 신념화된 철학과 불굴의 의지, 국정 전반에 대한 경험과 정책적 집행능력이 있는 사람을 의미한다. 그러니까 최고의 학자+최고의 도덕적 탁월성을 가진 자+최고의 실무가+폴리스의 발전 방향과 그것을 추진할 강인한 실천가다. 과장되게 표현하면 철학자이자 통치자는 슈퍼맨이다. 플라톤의 이상국가론을 논할 때마다 가장 흔히 제기되는 문제가 실현 가능성의 문제다. 이런 질문은 플라톤의 저작 의도를 고려할 때 썩 의미가 없는 질문이다. 오히려 그가 왜 철인왕과 통치자의 능력과 덕목을 얘기하는지, 그리고 그가 제시한 이상적인 사회구조를 오늘날 우리 사회에 주는 시사점과 적용 가능성을 탐색해야 한다.

앞서 언급했던 철학자이며 통치자인 철인왕의 특성과 능력 이외에 우리가 주목해야 할 것은 통치자는 자녀를 갖지 않고, 필요 이상의 재산을 갖지 말아야 하며, 예외 없이 군 복무도 마쳐야 한다는 점이다. 이것은 도덕적 탁월성, 경제정의에 대한 신념, 국가에 대한 충성도가 정치지도자의 기본요건이라는 것을 의미한다. 플라톤적 법칙은 당대나 지금이나 미래의 아름다운 나라의 주춧돌인 셈이다. 여러분은 플라톤의 '아름다운 나라' 이야기를 어떻게 보는가? 궤변으로 보이는가? 왠지 맘에 안 드는가? 그러한 느낌을 가진 사람이 카를 포퍼의 『열린 사회와 그 적들』을 읽으면 '사이다'라고 박수를 보낼 것이다. 포퍼처럼 플라톤의 아름다운 나라에 융단폭격을 가하지는 않았지만 마음 속에서 그 아름다운 나라를 지워버린 사람이 있었는데, '타불라 라사(Tabula Rasa)' 하면 떠오르는 바로 그 인물 존 로크다. 그는 폴리스를 위한 개인이 아닌 개인을 위한 폴리스를 지상 최고의 '아름다운 나라'로 간주했다. 자, 그럼 이제 로크의 아름다운 나라를 탐험해보자.

3. 아름다운 나라를 위한 나? '나'를 위한 아름다운 나라

(1) 로크의 경우

플라톤이 아름다운 나라로 기획한 폴리스는 완벽한 시스템에 의해 작동되는 세계다. 모든 것이 시스템의 원리에 의해 작동된다. 이 시스템에서 개인은 인격적인 개인이 아니라 폴리스의 작동을 위한 기능 수행자의 역할을 맡는다. 문학적으로 표현하면 노예는 노예에게 맡겨진 일만 잘하면 되고, 군인은 군인의 역할만 잘하면 된다. 노예의 주인은 주인의 역할, 군인은 군인의 역할, 남성은 남성의 역할, 여성은 여성의 역할, 통치자는 통치자의 역할 등 각각의 역할만 잘 수행하면 각자의 본성에 맞게 행복하고, 폴리스는 완벽하게 작동한다. 플라톤의 아름다운 나라에서 유일하게 하나의 개인으로 존재하는 사람은 폴리스를 설계하고 운영하는 '철인왕'뿐이다.

자유주의의 사상적 기초를 세운 로크는 플라톤의 아름다운 나라에 별 관심조차 없었다. 그가 아름다운 나라를 설계할 때 플라톤에 대한 언급을 찾아보기 어렵다는 데서 알 수 있다. 로크가 꿈꾼 나라를 한마디로 요약하면 '누구나 한 개인으로 자유롭고 행복하게 살 권리를 누리는 나라'다. 그는 나라가 개인을 위해 존재할 수 없다면, 아름다운 나라를 만들기 위해 기존의 나라를 얼마든지 해체할 수 있어야 한다고 생각했다. 플라톤과 달리 로크가 이토록 개인을 강조하는 데는 그의 확신에 찬 인간관에서 비롯되었다.

> 인간은 완전한 자유와 자연법상의 모든 권리 및 특권을 간섭받지 않고 누릴 수 있는 자격을 다른 어떤 사람 또는 세계의 많은 사람들과 더불어 평등하게 가지고 태어났다. 그리고 인간은 본래 타인의 침해와 공격으로부터 그의 재산, 곧 생명, 자유, 자산을 보존할 권력뿐만 아니라 다른 사람들이 그 법을 위반한 것을 심판하고, 그 위반행위가 의당 치러야 한다고 그가 확신하는 바에 따라 다른 사람을 처벌할 수 있는 권력을 가지고 있다.[4]

위의 인용구에서 확인할 수 있듯이 모든 인간은 평등하고 동일한 권리를 갖는다. 어떤 경우에도 타자의 재산을 침범할 수 없다. 이러한 로크의 인간관에서 플라톤식 계급구조의 본성론적 정당화, 그 정점에 서 있는 계몽된 절대군주로서의 철인왕 같은 개념은 상상할 수조차 없다. 로크는 "모든 인간이 유일하고 전지전능한 조물주의 작품"으로 "태어날 때부터 자유로운 존재"이며 "평등하고 독립된 존재"로 본다. 따라서 자연법으로서 이성은 원칙적으로 인간 사이에 "어떠한 복종 관계"도 허용되지 않는다. 심지어 로크는 누구나 구속의 대상이 되는 자연법을 심대하게 해치는 경우, 다시 말해 개인의 권리를 심대하게 침해할 경우에는 마땅히 사형으로 처벌해야 한다고 주장한다. 이것만 봐도 그가 얼마나 철저한 자유주의자, 개인주의자인지 알 수 있다. 그를 자유주의 정치철학의 정초자라고 보는 것도 하등 이상하지 않다. 로크 이전까지 개인의 자유와 권리에 대해 이처럼 심각하게 생각하고 이론을 전개한 철학자는 없었기 때문이다.

그런데 문제가 있다. 로크처럼 모든 인간이 본래 자유롭고 평등한 존재이고, 그 누구도 자유를 빼앗을 수 없다는 것은 실제로 인간의 자유가 절대적 자유라는 이야기다. 그런데 현실적으로 그러한 자유를 실현할 수 있는가? 절대적 자유를 추구하는 인간만 존재한다면,

절대자유를 위한 만인에 대한 만인의 투쟁이 일어나는 것이 아닐까? 현실적으로는 홉스가 말하는 정글 사회와 다를 게 없는 모습이지 않을까? 로크는 인간의 자유와 평등, 재산권을 보장하는 사회를 아름다운 나라로 간주하면서 일종의 사고실험을 한다. 그의 사고실험에서 아름다운 나라들을 이루는 요소들의 묶음이 '원초적 자연상태'다. 로크는 자신이 설정한 원초적 자연상태에 근거해 현실에 존재하는 '아름다운 나라'를 꿈꾸었다. 왜냐하면 그는 자유, 평등, 평화가 있는 원초적 자연상태가 영원히 존속할 수 없고 분쟁, 적의, 살인, 파괴가 일어나고 전쟁상태로 빠질 위험에 항시 노출될 수 있다고 보았다. 그래서 인간은 불안한 평화의 상태인 자연상태를 떠나 "재산을 안전하게 향유하고 공동체에 속하지 않는 자들로부터 좀 더 많은 안전을 확보하면서, 그들 상호 간에 편안하고 안전하고 평화로운 삶을 영위하기 위해 다른 사람들과 함께 공동체를 결성하기로 합의하는 것이다(『통치론』 95장)." 그의 사고실험 결과로 얻어진 사회구성에 대한 계약의 합의가 역사적 사실인가, 아닌가에 대한 질문은 어리석다. 여기서 숨을 죽여 지켜봐야 하는 것은 '왜 자연상태에 있는 인간이 사회구성을 위한 자유롭고 평등한 개인들 사이의 계약을 해야 하는가?'다. 로크는 대답은 이렇다.

> 인간이 공동체를 결성하고 스스로를 정부(아름다운 나라)의 지배하에 두고자 하는 가장 크고 주된 목적은 그들의 재산(property)을 보존하기 위함이다.[5]

원초적 자연상태에서 자유의 존재라는 관점에서 본다면 자연상태에서 '자연적 자유'의 불완전성을 사회계약을 통해 영원히 제거하고 자유를 보장받기 위해서다. 로크는 사회계약에 의해 얻어진 자유를 '사회적 자유'라고 지칭한다. 사회적 자유는 사회 구성원들의 동의에 의해 만든 법률에 따라 보장된다. 여기서 주목해야 할 것은 '구성원 사이의 동의에 의한 법률제정'이다. 플라톤의 아름다운 나라에서 유일한 입법권을 가진 철인왕의 임의적 법률제정과는 완전히 다른 것이다.

그런데 계약에 의해 만들어진 정부(commonwealth)를 운영하도록 동의로 위임된 자가 공동체 구성의 목적이던 자유, 평등, 생명, 재산의 향유를 보장하지 못할 수 있다. 크롬웰이나 나폴레옹처럼 애초의 기대와 완전히 달리 나쁜 절대권력이 될 수도 있다. 만약 이러한 경우가 발생한다면, 로크는 적극적인 저항을 해야 한다고 생각했다.

> 정부의 목적은 인류의 복지이다. 그렇다면 인민이 항상 폭군의 무제한적인 의지에 신음하는 것과 통치자가 권력을 방만하게 행사할 때 그리고 권력을 인민의 재산을 보존하기 위해서가 아니라 파괴하기 위해서 사용할 때 종종 저항하는 것 중 과연 어느 편이 인류에게 최선인가?[6]

> 로크가 시민 저항권을 인정하는 것은 단순히 계약을 파기한 권력자에 대한 처벌에 있는 것이 아니라 '자유, 생명, 재산, 행복권의 회복'에 있다. 이런 의미에서 시민 저항권은 곧 로크적 자유주의 정치철학의 꽃이며, 아름다운 나라를 만들고 유지하는 원동력이자 최후의 보루인 셈이다. 로크의 저항권 논리가 그대로 적용된 것이 명예혁명이라는 데는 이견이 있을 수 없으며, 미국의 「독립선언서」 2장에 그 흔적을 명확히 남겼다.[7]

(2) 밀의 경우

공리주의자이며 동시에 자유주의적 개인주의자였던 존 스튜어트 밀이 '아름다운 나라'를 설계할 때, 자유주의 사상의 선배인 로크와는 접근방법이 달랐다. 로크의 아름다운 나라가 왕당파와 의회파가 갈등과 내전 경험의 반영물이며 원초적 자연상태에서의 사회계약 모델이라면, 밀의 아름다운 나라는 선거에 의해 정부를 자유롭게 구성할 수 있는 시대의 산물이다. 밀은 로크 시대와 비교하면 자유가 법적으로 보장된 사회에 살다 보니 로크보다 구체적인 사회적 삶에서의 자유와 개인의 실현을 논했으며, 그것과 공리의 상관성을 강조했다. 로크와 밀은 플라톤을 반격한 인물들이다. 누가 더 강한 반격을 가했는가에 대한 대답은 자명하다. 당연히 밀이다. 그러나 밀의 반격은 사상의 선배인 로크가 뿌린 자유주의 정치철학의 토대와 부드러워진 환경 탓이다. 그의 『자유론』을 읽다 보면, 비록 밀이 플라톤을 호명하지는 않았지만 플라톤의 아름다운 나라를 '독재자의 나라, 법과 제도의 횡포로 개인을 말살한 나라'라고 생각했는지 짐작할 만한 대목이 많이 발견된다.

밀이 『자유론』을 쓰게 된 이유는 "사회가 개인에 대해 정당하게 행사할 수 있는 공권력의 성질과 한계"를 분명히 밝히고 "개인에 대한 정부의 권력을 제한"하는 것이었다. 또 정치적 지배자가 휘두르는 폭압, 관습의 폭력, 여론과 대중의 감정이 자행하는 폭압, 다수의 횡포에 맞서 어떻게 하면 개인의 자유를 최대화·최적화할 것인가에 대한 밀 자신의 생각을 제시하기 위함이었다.

> 이 논문의 목적은 … 사회가 개인을 대하는 방식을 절대적으로 완전히 규정짓는 자격을 갖추게 되는 대단히 간단한 하나의 원칙을 주장하려는 것이다. 그 원칙은 인류가 개인적으로나 집단

적으로 어느 한 개인의 자유에 정당하게 간섭을 하는 유일한 목적은 자기방어라는 것이다. 권력이 문명사회의 한 구성원에게 본인의 의사에 반해서 정당한 제재를 가할 수 있는 유일한 목적은 타인에게 가해지는 해악을 방지하는 것이다.[8]

위에서 밀이 말했듯 그의 자유론을 한마디로 요약하면, 자유의 원칙으로서 '해악의 원리(Harm Principle)'다. 즉, 개별자로서 인간 자유의 범위는 '타자에게 해를 주지 않는 범위'다. 밀이 생각하는 자유의 개념과 범위를 가장 극명하게 보여주는 대목은 사상과 언론의 자유를 논하는 부분에서 등장한다.

비록 한 사람을 제외한 전 인류가 동일한 의견을 갖고 있고 오직 한 사람만이 반대 의견을 가진다고 하더라도 그 한 사람이 권력을 가지고 있어서 전 인류를 침묵시키는 것이 부당한 것과 마찬가지로, 인류가 그 한 사람을 침묵시키는 것도 부당하다.[9]

한 사람에게 '여론', '조국의 명령', '민족의 부름', '인류애'라는 이름으로 개인에게 동의를 강요하는 횡포는 결코 용인될 수 없다는 이야기다. 같은 맥락에서 밀은 철인왕 개념을 원칙적으로 부정하는 말을 한다. 그는 "천재성을 가진 강한 사람이 세계의 정부를 강점하고 … 그의 명령을 강행하려는 것에 찬사를 보내는 일종의 영웅숭배"를 비판하며, 그것이 "강자 자신도 타락"하게 만드는 것이라고 주장한다. 밀의 시각에서 볼 때 플라톤의 철인왕 담론은 일종의 영웅숭배에 불과한 것이며, 그가 그토록 비판하는 다수의 횡포 이상으로 개인의 자유를 위협하는 것이다. 플라톤이 추구하는 아름다운 나라가 실현된다는 것은 밀의 관점에서 볼 때, 영웅으로 숭배받는 한 개인의 독재를 의미할 뿐이다. 같은 차원에서 밀은 플라톤의 아름다운 나라에 곱지 않은 시선을 보낸다. 마치 마르크스의 눈으로 플라톤의 아름다운 나라를 읽어내는 것처럼 보인다. 밀은 도덕이 "계급이익과 감정의 산물"이며, 도덕 감정은 우월감과 혐오 감정으로 표출된다고 말한다. 그는 귀족과 평민, 스파르타 시민과 노예, 봉건 군주와 신민 사이의 관계를 그 사례로 간주한다. 밀이 주장하는 소위 도덕계급론의 시각을 확장하면, 그에게 플라톤이 그린 아름다운 나라의 전체 그림은 당대 계급구조의 정당화 논리에 불과하며 자연성(본성)에 따른 계급의 구분은 폭력을 미화하는 궤변일 뿐이다. 밀이 볼 때 플라톤의 아름다운 나라는 단지 '3개의 폴리스적 자아'와 '3개의 동일한 생활양식'만 있는 나라, 3개의 폴리스적 자아 중의 하나가 되어야 하는 그런 나라다. 그야말로 개별성(자유롭고 독립적인 개인)이 존재하지 않는 나라다.

밀이 꿈꾸는 아름다운 나라는 3개의 개별성이 아니라 수천, 수만의 개별성이 마치 하나의 자유로운 나라인 양 공존하는 사회다. 그는 이러한 공존이 기능하려면 개별성의 발전을 전제로 해야 하며, 개별성이 성장하도록 사회가 지원해야 한다고 믿었다. 그 이유는 개별성의 발전이 사회 전체의 공리를 증가시키는 최적의 방법이라고 생각했기 때문이다. "개별성은 인간 발달과 동일한 것이고, 잘 발달한 인간을 만들고 혹은 만들 수 있는 유일한 방법은 개별성의 계발"에 달려 있다고 믿은 밀은 "타인의 권리와 이익을 침해하지 않는 한계 내에서 개별성"을 계발해야 '더 가치 있는 존재', '자신만의 고유한 독창성을 가진 사람'이 될 수 있다고 역설한다. 밀에게 채찍에 순종하는 양들 사이에서 발견되는 차이만큼도 찾아볼 수 없는 플라톤식 아름다운 나라 시민의 몰개성과 획일화는 숨을 멈추게 하는 고통이다. 그래서 그는 이렇게 웅변한다.

> 인간은 양과 같은 존재가 아니며, 양조차도 또한 상호 구별이 되지 않을 정도로 유사하지는 않다. 한 사람이 자신에게 꼭 맞는 신발이나 외투를 가진다는 것은 자신의 치수에 맞는 것을 만들거나 창고에 가득한 것들 중에서 고르지 않는 한 불가능한 일이다.[10]

개별성을 가진 개성적인 개인으로 산다는 것은 결국 자신에게 맞는 옷을 찾아 입는 것을 말하며, 그럴 때 가장 자연스러운 빛이 날 것이다. 밀이 하고 싶은 이야기는 바로 이것이다. 그런데 자기 몸에 맞는 옷을 찾아 입는다는 것이 그리 쉬운가? 쉽지 않다. 밀이 말한 관습, 여론, 다수, 사회 이외에 매우 작은 영역에서도 수많은 장애물이 있다. 플라톤 나라의 '양'으로 살지 않으려면, 그러한 폭력과 독재에 맞서 싸워야 한다. 밀은 철인왕과 시민만의 자유가 있는 나라뿐만 아니라 모두가 자유가 있는 나라에서도 자유의 문제는 끝나지 않았다고 보았다. 자유는 '상태' 개념이 아니라 개별자의 자유를 위해 투쟁하는 가운데 확보된다는 것을 강조한다. 그런 의미에서 "자유를 좌절하지 않고 영구적으로 추구하는 유일한 근원은 자유" 자체라고 할 수 있다.

4. 플라톤, 로크, 밀의 아름다운 나라와 '우리'의 아름다운 나라

앞에서 플라톤, 로크, 밀이 꿈꾸고 설계한 '아름다운 나라'를 방문해 봤다. 소감이 어떤가? 사람마다 자신의 생애사적 경험, 사회관, 정치관, 인간관 그리고 한국 사회의 독특성에 대한 인지적 태도에 따라 위 세 사람이 꿈꾼 나라에 대한 평가가 엇갈릴 수 있다. 평가는 자신들이 막연하게든 명료하게든 생각한 바 있는 '아름다운 나라'에 대한 그림과의 비교에서 도출된다. 그럼 묻겠다. "여러분 각자의 아름다운 나라에 대한 기준은 무엇인가?" 이 논의를 하기 위해 몇 가지 사전 점검이 필요하다. 플라톤처럼 적은 인구수에 자급자족이 가능한 경제 규모를 전제로 아름다운 나라 건설 프로젝트를 가동하는 것은 오늘날 관점에서 무의미한 논의다. 로크가 생각했던 소유적 개인주의가 법률로나 실제로나 상당 부분 실현된 상태에서 로크적 의미의 아름다운 나라를 따라 하는 것은 시간 낭비에 불과하다. 또 밀이 강조한 양심, 사상, 표현, 결사, 집회 등의 자유가 어느 선까지 보장된 사회에서 그것을 아름다운 나라의 기준으로 삼아 논의하는 것 역시 비생산적인 일이다.

이 지점이 중요하다. 우리가 왜 이 세 사람이 설계한 아름다운 나라를 방문하고 그것에 대해 생각해봐야 하는가? 이 질문에 대한 대답은 자명하다. 그들의 눈과 입을 통해 한국 사회를 검토하고 한국 사회가 아름다운 나라로 갈 가능성을 생각해보는 데 목적이 있기 때문이다. 우리의 작업순서는 먼저 세 철학자와 아름다운 나라에 관한 진지한 대화를 나눠봐야 한다. 그다음에 세 사람의 차이와 같음이 어디에 있으며, 왜 생겼는지 살펴봐야 한다. 그런 다음 플라톤, 로크, 밀 각각의 관점에서 본 아름다운 나라의 기준에서 한국 사회를 평가해봐야 한다. 대미는 세 사상가가 꿈꾼 아름다운 나라의 기준과 조건 및 평가 항목을 재조정하면서 우리만의 고유한 아름다운 나라를 설계해보는 것이다. 플라톤 모델에 국한해 말하면, 그가 했던 것처럼 인구수, 국가 규모, 공동식사제도, 결혼제도, 교육과정 등 변화된 시대 상황을 고려하면서 실현 가능한 중단기 실천 프로그램을 만들어본다. 그 이후 지구상에 존재하는 나라 중 우리가 설계한 아름다운 나라와 가장 가까운 것이 어느 나라인지 확인해보고, 그 나라의 개선이 필요한 문제들과 원안을 비교해 좀 더 완성된 '아름다운 나라 종합설계안'을 만드는 것이다.

만약 플라톤의 공학주의적 이상국가 설계가 마음에 들지 않는다면, 혹은 혐오한다면, 다음과 같은 비판적 질문을 던져보는 것도 좋다. 완벽하고 완전한 나라를 건설하기 위해 플라톤이 생각한 우생학적 2세 생산은 왜 도덕적으로 허용될 수 없는 것인가? 플라톤의 아름다운 나라가 DNA 계급사회라면, DNA라는 자연적 불평등이 사회적 불평등의 정당한 근거가 될 수 있는가? 계몽군주로 묘사되는 철인왕이 참주나 현대식 독재자로의 전환 가능성을 어떻게 예방할 것인가? '아름다운 나라, 한국'을 건설하기 위한 기초 자료 차원에서 플라톤의 프로젝트를 중립적으로 고찰할 생각이 있다면, 다음과 같은 질문을 제기할 수도 있을 것이다. 플라톤의 아름다운 나라를 반민주적 닫힌 사회의 표상이라고 비판하는 포퍼의 비판은 특수성과 시대성의 고려 없이 항상, 예외 없이 옳고 정당한 비판인가? 국가의 역할이 훌륭한 법률제정과 좋은 교육에 있다는 플라톤의 관점에서 한국은 아름다운 나라인가? 플라톤의 나라에서만큼 교육 기회의 평등과 양성평등이 한국 사회에서 이루어졌는가? 통치자들에게 요구하는 도덕적 탁월성과 관련된 플라톤의 요구가 오늘날 공직자 직무윤리와 관련된 법률에 어느 정도 구현되었으며, 구현 정도는 충분한가? 플라톤적 관점에서 제시된 공직자의 능력과 관련된 평가지표 및 척도의 계발활용이 적절한가? 각론적 차원에서 더 많은 질문을 던져야 하나 이 문제는 여기까지만 언급한다.

플라톤, 로크, 밀만이 아니라 누구나 아름다운 나라의 시민이 되고 싶어 한다. 우리도 그렇다. 아름다운 나라에 대한 철학적 신념이 강한 사람은 로크처럼 아름답지 못한 나라에 대해 저항할 것을 생각한다. 밀처럼 해악의 원리를 보장해야 할 나라가 오히려 그것을 해치고 있지 않은지 민감하게 대응하고 그래야 한다는 사람들도 많다. 위의 문제는 당파적 문제가 아님은 분명하다. 다시금 이제 우리는 플라톤이 설계한 아름다운 나라를 검토하고 그것에 기초해 '아름다운 나라, 한국 건설 프로젝트'의 밑그림을 그리는 방식을 준용해 로크의 나라, 밀의 나라를 분석하고 우리의 프로젝트에 대들보로 쓸지, 서까래로 쓸지 고민해봐야 한다. 여러분, 그리고 우리 사회 많은 사람의 고민과 생각의 시도, '아름다운 나라, 한국 프로젝트'에 대한 관심과 변화에 대한 열정이 큰 수레를 움직이는 미세한 동력의 출발점임은 분명하다. "현명하고 고귀한 모든 것은 개인들로부터, 일반적으로 처음에는 어느 한 개인으로부터 시작된다"라는 자유주의적 개인주의자 밀의 언급은 많은 경우에 맞는 말이며, 지금 우리가 고민하는 프로젝트에 관해서도 맞는 말이다.

#참고문헌

존 로크, 『통치론』, 강장인 외 옮김, 까치, 2005.

존 스튜어트 밀, 『자유론』, 김형철 옮김, 서광사, 1992.

플라톤, 『국가론』, 왕학수 옮김, 동서문화사, 2012.

1 자유지상주의자로 널리 알려진 미국의 철학자 로버트 노직은 『국가, 아나키, 유토피아』에서 제국주의적 유토피아 외에 자유를 강조하는 실존적 유토피아주의, 강제성이 동의되지 않은 상태에서 하나의 공동체를 구성하려는 선교적 유토피아주의를 구분한다. 문학과 지성사, 1983, 392쪽 이하 참조.

2 플라톤의 『국가론』과 같이 읽어보라고 흔히 추천되는 『열린 사회와 그 적들』에서 저자인 카를 포퍼는 철인왕이 곧 그 자신이며 그것이 통치자를 이상화하는 데 작용했다고 평가했다. 그의 주장에 동의하지 않더라도 플라톤이 말하는 최고의 통치자로서 철인왕은 '계몽군주'라고 할 수 있다.

3 플라톤, 『국가론』, 왕학수 옮김, 동서문화사, 2012, 283쪽.

4 존 로크, 『통치론』, 강장인 외 옮김, 까치, 2005, 83쪽.

5 존 로크, 『통치론』, 120쪽.

6 존 로크, 『통치론』, 215쪽.

7 1776년 7월 4일에 선포된 미국의 「독립선언서」 2장의 내용은 다음과 같다. "모든 사람은 평등하게 태어났고, 창조주는 몇 개의 양도할 수 없는 권리를 부여했으며, 그 권리 중에는 생명과 자유와 행복의 추구가 있다. 이 권리를 확보하기 위하여 인류는 정부를 조직했으며, 이 정부의 정당한 권력은 인민의 동의로부터 유래하고 있다. 또 어떤 형태의 정부이든 이러한 목적을 파괴할 때에는 언제든지 정부를 개혁하거나 폐지하여 인민의 안전과 행복을 가장 효과적으로 가져올 수 있는, 그러한 원칙에 기초를 두고 그러한 형태로 기구를 갖춘 새로운 정부를 조직하는 것은 인민의 권리인 것이다."

8 존 스튜어트 밀, 『자유론』, 김형철 옮김, 서광사, 1992, 22쪽.

9 밀, 『자유론』, 30쪽.

10 밀, 『자유론』, 92쪽.

#세계

07

우리가 사는 세계는 어디에 있을까?

조홍준

"있다는 것은 있지 않을 수 없고, 없다는 것은 없을 수밖에 없다."

-파르메니데스, 『소크라테스 이전 철학자들의 단편 선집』

〈특파원 보고 세계는 지금〉은 매주 토요일 밤 KBS에서 방송되는 시사교양 프로그램이다. 10년 넘게 방영되고 있는 장수 프로그램 중의 하나로, 그동안 이름은 자주 바뀌었지만 '세계'라는 말은 빠진 적이 없다. 여기서 '세계'는 지구상 200여 개국이 넘는 국가의 사람이 사는 모든 곳을 뜻한다. 그런데 이런 뜻 외에도 '세계'라는 말에는 매우 다양한 의미가 포함되어 있다. 예를 들어 '세계지도'라는 말에서는 지리적 세계가, '제3세계'나 '서구세계'라는 말에서는 정치적 세계가, '세계관'이라는 말에서는 사회학적 세계가, '인간세계(세속)'라는 말에서는 종교적 세계가 내포돼 있다. 그리고 철학적으로 세계란 수많은 개별현상의 전체로서 총체성을 가리킨다. 이 장에서는 이처럼 다양한 의미를 지닌 '세계'라는 말의 개념을 살펴보고자 한다. 이러한 개념을 통해 도대체 세계는 무엇이고, 진짜 세계는 어떻게 존재한다고 할 수 있는지 알아보자.

1. 세계개념 일반과 코스모스

(1) 다양하게 이해되는 세계

우선 우리는 세계개념을 분류해볼 필요가 있다. 첫째, 영혼을 가진 세계라는 개념이 있다. 세계영혼(Weltseele)이나 우주영혼이라는 개념은 고대 그리스의 몇몇 철학자에서부터 프리드리히 셸링(Friedrich Wilhelm Joseph von Schelling)에 이르기까지 세계가 영혼에 의해 존재한다고 믿는 데서 나타난다. 예를 들어, 아리스토텔레스에 따르면 탈레스(Thales)는 우주 안에 혼이 섞여 그 안의 다른 것을 움직이게 한다고 생각했다.[1] 이것은 말하자면 세계의 신화적 설명이다. 이와 마찬가지로 종교적 입장도 있을 수 있다. 세계가 신에 의해 창조되었다고 보는 것이다. 임마누엘 칸트(Imanuel Kant, 이하 칸트)는 그렇게 창조된 세계는 그 시작과 끝을 철학적으로 물을 수 없다고 했다.[2] 그리고 세계는 양적·질적 관점에 따라서도 다양하게 나뉠 수 있다. 예를 들어 생물학적 환경조건에 따라 혹은 역사적 시간 조건에 따라 세계가 나뉘기도 하고, 하나의 은하계에 수많은 태양계가 있듯이 우주에는 매우 많은 소우주의 세계가 존재한다고 말하기도 한다. 이렇듯 세계는 각 분과 학문에 따라 나뉘기도 한다. 우리는 여기서 이런 모든 분야를 포함하는 철학적 세계개념을 다룰 것이다. 말하자면 철학적 세계개념이란 그야말로 세계에 관한 개념적 조건과 구조를 말한다. 이러한 개념은 각 철학자의 고유한 세계개념을 근거로 비교 분석할 수도 있다.

예를 들어, 칸트에 따르면 객관적으로 세계는 신에 의해 창조된 존재자의 총체를 담은 지평이다. 주관적으로 보면 모든 경험의 총체로서 개별자를 초월해 있으며 경험을 가능하게 하지만, 그 자체는 경험될 수 없는 질서 지워져 있는 이념이다. 다른 측면에서 이 이념은 모든 존재자를 통일시키는 전체 원리로서 존재론적으로 해석될 수 있다. 칸트의 세계개념은 크게 객관적 세계와 주관적 세계로 구분할 수 있다. 이 장에서 우리는 세계가 우선 인간의 의식과 상관없이 신과 같은 어떤 존재자에 의해 존립하게 된 객관적 존재라는 주장의 기원을 살펴보려고 한다. 그리하여 과연 객관적으로 세계가 존재한다고 할 수 있는지 알아보자. 따라서 무엇보다 고대 그리스의 철학 개념에서 출발해야 한다. 당시 '세계'라는 개념은 그리스어 '코스모스(kosmos)'라고 불렸다.

(2) 코스모스의 두 가지 의미

그리스어 코스모스는 배분, 장식, 세계질서를 뜻한다. 가장 일반적인 뜻은 배치로서 개별자가 조직 속에 놓이는 순서나 질서다. 이에 역사가들은 국가의 헌법으로 코스모스를 사용하고, 철학자들은 국가형식으로 사용하기도 한다. 코스모스의 두 번째 뜻은 장식이나 치장이다.[3] 마지막으로 우리에게 가장 의미 있는 뜻으로서 코스모스는 세계질서, 천지만물, 대지 및 그곳의 거주자를 뜻한다. 이런 모든 뜻을 통해 보면, 카오스(chaos)의 혼돈 상태에서 신에 의해 질서 지워진 것이 코스모스다. 그런데 우리는 이것을 지각으로 인식될 수 있는 천지만물의 세계로서 코스모스 2와 그런 세계를 카오스에서부터 존재하도록 만든 세계질서로서 코스모스 1로 나누어볼 수 있다.

이러한 이분법적 세계로 구별한 이는 다름 아닌 플라톤이다. 플라톤은 정신으로 인식되는 세계인 예지계(the intelligible world)와 감각으로 인식되는 세계인 감성계(the sensible world)를 구분한다. 정신의 능력으로만 파악 가능한 영역으로서 이데아의 불변하는 세계와 생성과 소멸이 일어나는 현실 세계를 구분한다. 『티마이오스』를 보면,[4] 우리 인간은 전자의 세계를 학문적 인식이나 직관적 지성 같은 정신적 인식(noêsis)으로 알 수 있고, 후자의 세계는 감각 인식(aisthêsis)으로 알 수 있다. 그리고 이러한 이분법적 사유는 아리스토텔레스와 신플라톤주의자들에 의해 확장되고 강화된다. 아리스토텔레스는 양분된 세계개념보다는 이분법(dichotomie) 자체를 자신의 철학에 활용한다.[5] 그리고 신플라톤주의자인 플로티노스는 일자(the one; to hen)에서부터 상위 예지계의 정신이 나오고 하위 감성계의 영혼, 즉 세계영혼이나 개별영혼에 영향을 미친다고 본다. 그리하여 인간은 거꾸로 감성계에서 예지계로 그리고 일자에 대해 인식한다. 이후 성 아우렐리우스 아우구스티누스(Sanctus Aurelius Augustinus Hipponensis)는 플라톤의 두 세계이론을 받아들여 기독교에 접목한다.[6] 다시 말해 감성계와 예지계의 대립을 사도 바울이 말한 육체(Fleisch; sarx)

와 성령(Geist: pneuma)[7]의 대립에 연결시킨다.

고대의 코스모스는 무질서에서 질서(코스모스 1)를 가지고 만들어진 세계(코스모스 2)라고 할 수 있다. 이러한 구조는 중세시대까지 영향을 미친다. 그리하여 코스모스 1과 코스모스 2의 대립과 조화가 문제가 되기도 했다. 그렇다면 코스모스 2는 어떻게 만들어졌는지 살펴보자. 이러한 제작 혹은 창조의 과정은 신화와 성서 속에서 찾아볼 수 있다.

2. 신화와 종교에서 세계의 탄생

(1) 신화적 이야기

고대 그리스 신화의 원천은 오르페우스교(Orphism) 사람들이었다.[8] 그러나 그들에 의해 직접 전해지는 것은 거의 없고 대개 다른 사람들에 의해 전해진다. 여기서 우리는 플라톤, 호메로스(Homeros) 등 다양한 사람들이 전하는 오르페우스교의 세계형성론을 살펴볼 것이다. 여러분은 스스로 태초에 세계 탄생의 목격자가 되어 이것을 상상해 보자.

플라톤은 신들에 관해서는 신의 자손들이라 칭해지는 오르페우스교도들의 말을 들어야 한다고 말했다. 그들의 말에 따라 플라톤도 『티마이오스』에서 세계와 신들의 탄생을 설명한다. 태초에 우라노스와 가이아 사이에서 오케아노스(물)와 테튀스(바다)가 태어나고 이 둘 사이에서 크로노스(Kronos)와 레아가 태어난다. 그리고 또 이 둘이 결혼해서 제우스와 헤라 등이 태어났다.

『오디세이아』를 쓴 호메로스는 오르페우스의 후손이라고도 하는데, 오르페우스교도들의 말을 전해 다음과 같이 설명한다. 최초에 오케아노스(물)가 있었고 거기에서 진흙이 생겼으며 이윽고 뱀이 나왔다고 한다. 이 뱀은 다른 버전에서와 마찬가지로 '크로노스(Chronos)'라고 하기도 하고 혹은 '헤라클레스(Herakles)'라고 하기도 한다. 이 뱀이 낳은 알이 쪼개져서 정수리 부분은 우라노스(하늘)가 되고 아랫부분은 가이아(땅)가 된다. 우라노스와 가이아는 세 여신과 네 남신 그리고 외눈박이 거인족을 낳는다. 우라노스는 자신의 자식에 의해 물러날 것을 두려워하여 자식들을 타르타로스(가이아의 자궁, 땅 아래의 세계)로 던졌다. 이에 화가 난 가이아는 티탄들을 낳는다.

그 밖에 히에로뉘무스와 헬라니코스가 말하기를, 태초에는 물과 물질이 있었고 물질이 곧 땅이 되었다. 이 속에서 머리 셋 달리고 날개가 있는 뱀이 출현하는데 이것이 크로노스(Chronos), 소위 시간의 신이다. 크로노스와 함께 아낭케(필연) 혹은 아드라스테이아(빠져나갈 수 없는 것)가 우주에 뻗쳐 있었다. 이 뱀은 습한 에테르(윗하늘, 빛)와 제한 없는 카오스(끝없는 빈터), 안개 자욱한 에레보스(어둠) 사이에 알을 낳는다. 그리고 이 알에서 나온 것이 바로 제우스인데, 곧 '판(Pan)'이라고 불렸다.

이렇게 오르페우스교도의 세계탄생설은 다양한 사람들이 다양한 버전으로 전하지만, 몇 가지 공통점이 있다. 첫째, 태초에 물이 있었다. 그리고 진흙 같은 물질들이 나타난다. 둘째, 크로노스 혹은 헤라클레스라는 머리 셋 달리고 날개가 있는 뱀이 나온다. 셋째, 그 뱀이 알을 낳고 그 알에서 세상(신)이 나타난다.

다음으로 오르페우스교도들과는 다르게 신들의 탄생과 그들의 가계도로 세계 탄생을 설명한 사람도 있다. 고대의 서사시인 헤시오도스(Hesiodos)는 그의 책 『신들의 계보』(신통기)에서 우주의 생성과 신들의 기원을 서술했다. 그에 따르면 태초에는 카오스(끝없는 빈터)였다. 여기에서 에레보스(어둠), 뉙스(밤), 에로스, 가이아(땅), 타르타로스(땅 아래)가 나타난다. 에레보스는 뉙스와 결혼해서 에테르(윗 하늘, 빛)와 헤메라(낮)를 낳는다. 가이아는 혼자서 우라노스(하늘), 우레아(산맥) 그리고 폰토스(바다)를 만든다. 그리고 우라노스와 결혼해서 오케아노스(물), 테튀스(바다), 크로노스(Kronos)와 레아 등을 낳는다. 크로노스는 레아와 결혼해서 제우스, 헤라, 하데스, 포세이돈 등을 낳는다. 헤시오도스는 오르페우스교도들과는 달리 뱀과 알이라는 상징적 동물이 없고 각각의 세계 요소들을 신들로 표현해 계보로 나타냈다. 그리하여 그는 오르페우스의 호메로스와 더불어 후기 고대 신화 작가들에게 많은 영감을 주었다. 다음으로는 세계 탄생에 관한 종교적 설명을 알아보려고 한다. 특히 여기서는 기독교의 천지창조를 살펴볼 것이다.

(2) 종교적 이야기

매일 일해야 하는 사람들에게 각각의 요일은 어떤 의미가 있다. 주 5일 근무제로 바뀐 요즘 사람들은 월요일을 가장 싫어하고 금요일을 가장 좋아한다. 토요일과 일요일에 쉴 수 있기 때문이다. 이렇게 우리는 매주 7일을 헤아리며 살아간다. 그런데 달력의 7일은 천문현상과 밀접한 관련이 없다. 물론 달이 차오르고 기울어지는 15일을 절반으로 나누었다고 할 수 있지만, 사실 그 기원은 다름 아닌 기독교의 천지창조에 있다. 성경에서 신은 세계를 6일 동안 만들고 7일째 쉰다고 나온다. 따라서 기독교인은 일요일을 '주일'이라고 한다. 우리는 성경에 나오는 창세기 1장을 살펴볼 것이다.[9] 이를 통해 기독교의 신은 세계를 어떻게 창조했는지 알아보자. 창세기 1장 1절은 이렇게 시작한다. "태초에 하나님이 천지를 창조하셨다."

첫째 날에는 공허하고 혼돈의 땅과 어둠의 심연 그리고 물 위에 성령이 움직이고 있었다. 이때 "빛이 생겨라"라는 신의 말씀에 빛이 생겼다. 이 빛을 낮이라 하고 어둠을 밤이라 칭하고 하루가 생겼다. 그리고 동시에 이 하루는 흐르기 시작했다(창 1:2~5). 이렇게 어둠에 빛이 처음으로 창조되면서 하루라는 시간이 생기기 시작했다. 이것은 고대 그리스 신화에 나오는 바와 유사하다. 공허, 혼돈, 어둠 등은 카오스를 의미한다. 이 카오스에 처음으로 빛이 생기면서 천지가 창조되기 시작한 것이다.

둘째 날에는 신이 "물 한가운데 창공이 생겨 물과 물 사이가 갈라져라" 하니 물이 창공(하늘)으로 인해 위와 아래로 나누어졌다. 하늘을 창조해 하늘 위의 물과 하늘 아래 물로 나누어지게 했다(창 1:6~8). 둘째 날에는 하늘을 만들어 카오스의 물을 둘로 나눈다. 이때부터 세상은 위와 아래로 공간 구분이 생긴다.

셋째 날에는 "하늘 아래에 있는 물은 한곳으로 모이고, 뭍은 드러나거라"라고 신이 말하니 뭍은 땅이 되고 모인 물은 바다가 되었다. 이어서 "땅은 푸른 움을 돋아나게 하여라. 씨를 맺는 식물과 씨 있는 열매를 맺는 나무가 그 종류대로 땅 위에서 돋아나게 하여라" 하니 그대로 되었다. 하늘 아래 물이 한쪽으로 모이면서 바다가 되고 드러난 뭍은 육지가 되었다. 이 육지에는 움과 식물 그리고 나무가 종류별로 자랐다(창 1:9~13). 하늘 아래 물은 육지와 바다로 나누어지고 육지에는 식물들이 자랐다. 본격적으로 유기체가 등장하기 시작한다.

넷째 날에 신은 하늘에 빛나는 것들을 만들었는데, 가장 큰 빛은 낮에 비추게 하고 작은 빛은 밤에 비추게 했다. 즉, 해와 달을 만들고 별들도 만들었다. 이것으로 계절과 날과 해를 나타내는 표시가 되도록 했다(창 1:14~19). 넷째 날에는 천체를 구성하고 움직이게 함으로써 '시간'이 생겼다. 그런데 이미 빛을 만들 때 낮과 밤의 하루라는 시간이 생겨서 이때는 달과 연이라는 시간으로 확장됐다고 보는 것이 논리적일 듯싶다.

다섯째 날에 신은 물속의 생물들과 하늘의 새들을 창조했다(창 1:20~23). 이날 육지에 이어 바다와 하늘의 유기체들이 등장하게 된다.

미켈란젤로, 〈아담의 창조〉 PUBLIC DOMAIN

여섯째 날에 신은 육지의 생물들을 창조한다. 이렇게 우리가 자연이라고 말할 때 포함되는 모든 것이 창조되었다. 그리고 마지막으로 신의 형상대로 인간을 만들었다. 이어서 신은 인간에게 물속, 하늘 위, 땅 위의 생물을 다스리게 했다(창 1:24~31). 가장 마지막으로 한 신의 창조물은 인간이었고, 이로써 인간은 세상의 관리인으로서 세계를 가지게 되었다. 기독교에서는 세계가 신에 의해 창조된 피조물이며, 그것의 존재는 신에 대한 믿음을 통해 알 수 있다.

(3) 과학적 이야기

지금 우리는 객관적 세계개념에 따라 우리가 살고 있는 이 세계가 어떻게 존재하게 되었는지 살펴보고 있다. 그리고 이런 이야기들은 마치 할머니가 전해주는 전설이나 목사님의 설교처럼 우리에게 많은 믿음을 요구한다. 그런데 그리스-로마 신화를 좋아하는 사람이나 기독교인도 한 번쯤은 들어봤을 만한 이야기가 있다. 바로 빅뱅 이론이다. 이것은 신화나 종교와 달리 믿음보다는 합리적 이해가 필요한 이야기이지만, 여전히 사람들이 믿고 있는 또 하나의 세계 탄생 이야기다. 즉, 이 이론이 신화나 종교적 이야기보다 이론에 가깝다고는 하지만 아직까지는 가설이라는 사실을 잊지 말아야 한다.

현대 물리학과 천문학은 우주의 탄생을 빅뱅으로 설명한다. 다시 말해 물질과 시공간의 발생 시점을 지금으로부터 약 138억 년 전

대폭발로 본다. 그러나 이 이론은 빅뱅을 증명하는 것이라기보다는 초기 우주의 형성을 설명하는 이론일 뿐이다. 즉, 우주는 존재하는 절대공간에서 폭탄이 터지듯 생긴 것이 아니다. 그야말로 최초의 점(특이점)에서 시공간을 포함한 물질들이 한꺼번에 갑자기 생겨났다는 주장이다. 그리하여 현재 우리의 우주가 멈추어 있는 정적인 것이 아니라 팽창하고 있고, 이렇게 팽창하고 있어서 과거로 거슬러 올라가 보면 모든 물질과 에너지가 집약되어 있던 한 점을 상정할 수 있다. 이렇게 이러한 가설이 만들어진 것이다. 그러나 대폭발이 그 순간 모든 것을 발생시킨 것은 아니다. 시간대별로 우주는 탄생의 과정을 겪는다. 프랑크 시기가 처음이고, 그것을 거쳐 오늘날 우주의 기본이 되는 원자가 생겨나는 시간까지로 볼 수 있다.

우주는 대폭발 이후 프랑크 시기(대폭발 직후 10^{-43}초)에는 겨우 10^{-26}cm 정도의 크기밖에 되지 않았다. 그런데 이 시기는 어떤 특별한 의미가 있는 것이 아니라 물리학에서 다룰 수 있는 빛의 가장 작은 길이(10^{-33}cm)의 시간을 나타낸 것일 뿐이다. 말하자면 우주는 마치 기독교의 창세기 첫날 빛이 생긴 것처럼 가장 작은 빛으로 나타났다. 그리고 빅뱅 이후 약 38만 년이 지난 다음 드디어 안정적인 원자가 형성되었고, 이렇게 투명해진 우주에서 빛이 직진 운동을 할 수 있게 되었다. 그러나 이때 우주의 크기는 현재의 약 1천 분의 1 정도였다고 한다. 이렇게 일련의 대폭발 과정이 끝나고 우주는 점점 팽창하여 지금과 같은 크기가 되었다.

요즘 사람들은 어떤 이야기보다 과학적 이야기를 더 믿는 편이다. 이런 학문적 우주 탄생의 근거에 따라 우리가 살고 있는 세계가 존재한다고 확신한다. 그런데 이런 확신은 우리의 세계가 어떻게 탄생했건 상관없이 물질로 이루어져 있다고 믿는 데서 나온다. 즉, 물질이야말로 세계가 진짜 존재한다고 할 수 있는 근거다. 그런데 철학에서는 물질로 이루어진 세계만 설명하지 않는다. 물질과는 완전히 다른 어떤 정신적인 것이 세계의 원리라고 주장하기도 하고, 물질과 정신적인 것이 혼합되어 이루어져 있다고 설명하기도 한다. 여러분은 어떻게 생각하는가? 여러분은 모든 세계가 물질로 이루어져 있다고 생각하는가? 여러분의 마음은 어떤가? 때로는 그 존재가 너무 강렬한 사랑까지도? 아니면 물질은 세계를 이루는 겉모습이며, 그것을 파생하고 작동시키는 것은 여러분의 마음이라고 생각하는가? 혹은 극단적으로 물질적 세계는 허구이며, 진정한 세계는 마음의 세계뿐이라고 생각하는가? 여기서 우리는 세계를 참으로 존재하게 하는 것으로서 아르케(archê)와 그 특징을 살펴볼 것이다. 아르케는 어떤 것의 시작이며, 그것의 존재를 좌우하는 것이다. 우리는 아르케의 수에 따라 양적으로 세계를 분류해볼 것이다.

3. 철학적 세계개념

(1) 세계는 하나로 존재한다

① 파르메니데스

고대 그리스의 대부분 철학자는 보편적인 것만이 진짜 존재하는 것이라고 생각했다. 그리고 가장 보편적인 것은 하나이기 때문에 진짜 존재하는 것은 하나뿐이라고 믿었다. 이런 하나의 세계를 주장한 사람들로는 파르메니데스(Parmenides)와 플로티노스(Plotinos)가 있다. 그런데 파르메니데스에 대해 우리는 그리 많이 알지 못한다. 다음 "두 개의 길"에 관한 시로 그의 생각을 알 수 있을 뿐이다.

자, 이제 내가 말할 터이니, 그대는 이야기를 듣고 명심하라,
탐구의 어떤 길들만이 사유를 위해 있는지.
그중 하나는 있다(estin)라는, 그리고 있지 않을 수 없는 길로서,
페이토(설득)의 길이며(왜냐하면 진리를 따르기 때문에),
다른 하나는 있지 않는, 그리고 있지 않을 수밖에 없는 길로서,
그 길은 전혀 배움이 없는 길이라고 나는 그대에게 지적하는 바이다.
왜냐하면 바로 이 있지 않은 것을 그대는 알게 될 수도 없을 것이고
(왜냐하면 실행 가능한 일이 아니니까) 지적할 수도 없을 것이기에.
(Tim. 주석 I, 345쪽).

파르메니데스는 존재하는 길과 존재하지 않는 길을 말하며, 존재하지 않는 길은 있지 않기에 알 수도 없고 오로지 존재하는 길만 알 수 있다고 노래한다. 이렇게 파르메니데스가 주장하는 세계는 배후에 단일한 실체만 있을 뿐이다. 따라서 그런 세계 속 변화라는 것은 근본적으로 환상일 뿐이다. 그에게 변화의 개념은 논리 모순이다. 우리는 파르메니데스의 주장을 다음처럼 명제로 정리할 수 있다. "존재는 존재하고 존재하지 않는 것은 존재하지 않는다."(존재=존재, 비존재=비존재: 동일률) 따라서 "존재하는 것이 존재하지 않을 수 없고, 존재하지 않는 것이 존재할 수 없다."(존재≠비존재, 비존재≠존재: 모순율). 이 명제들을 풀어서 말해보자. 우선 비존재에서 존재가 나온다고 주장한다면, 비존재를 이미 어떤 존재라고 주장하는 것이기 때문에 모순이다. 또는 존재에서 비존재가 된다는 주장도 여기서의 비존재를 어떤 존재라고 말하는 것이기 때문에 모순이다. 따라서 무(無)에서 유(有)가 되는 것이나 유에서 무가 되는 것 모두 불가능하다. 그리하여 발생과 소멸 그리고 그 어떤 변화도 있을 수 없다.

그러므로 이로부터 가장 중요한 주장이 결론으로 나온다. 존재

는 유일하다. 만약 존재가 많다면 이미 어떤 변화를 전제하고 있는 것이기 때문이다. 아직 이 말이 이해되지 않는 분들을 위해 한 가지 예를 들어보자. 예전에는 동네 시장에 가면 거의 모든 생활용품을 파는 만물상이 있었다. 그래서 들어가 주인에게 원하는 것을 물어보면 으레 이런 대답을 하곤 했다. “예, 다 있습니다. 우리 가게에는 없는 것 빼고 다 있지요.” 실제로는 없는 물건도 있을 수 있고 단지 만물상 주인의 자부심을 보여주는 말일 테지만, 논리적으로 반박 불가능한 대답이지 않은가? 바로 이 대답에 파르메니데스의 세계원리가 들어 있다. 없는 것 빼고는 당연히 모두 다 있다. 만약에 하나라도 없는 것이 있다면 모두 있다고 할 수 없을 것이다. 파르메니데스의 세계는 이런 하나의 전체로서 존재하는 세계(one whole world)다. 이것은 결핍도 부족도 없는 완벽한 하나다. 우리는 이런 주장을 소위 ‘일원론(Monismus)’이라고 한다.

그러나 이렇게 파르메니데스의 ‘완전한’ 이론도 비판을 받을 수 있다. 유일한 하나로서 존재하는 세계라는 주장에서는 다양성과 변화를 부정할 수밖에 없지만, 이것은 순전히 논리적 근거에 따른 추상적 결론일 뿐이라는 것이다. 우리는 구체적으로 변화를 경험한다는 사실을 상식적으로 부정할 수 없다. 그런 완전한 전체인 하나의 세계에서 파르메니데스 본인은 지금 어디로 사라지고 없는가? 그는 자신의 소멸을 어떻게 설명할 수 있을까?

그런데 이러한 일원론에 대한 비판을 방어하면서 보완하기 위해 좀 더 세심한 주장도 가능하다. 현상의 변화를 무조건 부정하기보다는 현상의 변화를 인정하되 이것의 실재성을 박탈하는 방법이다. 다시 말해 현상세계와 실재세계를 구분하여 변화의 현상을 참으로 존재하는 실재세계가 만들어낸 모방세계라고 주장하는 것이다. 거울 속 세계는 아무리 현실과 똑같아도 존재한다고 할 수 없다. 이로써 우리가 경험하는 현상세계의 변화를 설명하면서 그것의 존재는 받아들이지 않을 수 있다. 그런데 이러한 주장은 이미 플라톤이 했다.

이렇게 보면 왠지 파르메니데스의 주장은 만물상의 주인이나 '우리 아빠가 세상에서 최고'라고 믿는 어린아이의 말처럼 조금은 유치해 보인다. 따라서 좀 더 성숙한 버전의 일원론자가 나타난다. 예를 들어 플로티노스와 바뤼흐 스피노자(Baruch Spinoza/이하 스피노자)가 대표적이다. 플로티노스는 현상을 실재하는 일자(신)로부터 유출되었다고 말하며 그 존재 근거를 점진적으로 인정했으며, 스피노자는 아예 현상세계가 일자 그 자체(자기 원인자)라고 주장했다.

② 플로티노스와 스피노자

플로티노스는 고대 기독교인이었다. 그는 신을 일자로 설명한다. 신은 물질도 아니고, 정신도 아니다. 신은 인간의 지성을 통해 인식되지 않는다. 왜냐하면 신은 감각으로 지각되지도 않고 관념에 의해 제한되지도 않기 때문이다. 한마디로 신은 세계에 초월해 있어 설명이 불가능하다. 신은 부분을 합한 전체가 아니라 절대적 단일체(Unity)로서 하나(the one)다.

그의 일원론도 변화와 현상에 대한 비판이 가능하다. 그런 절대자로서 신과 세계는 어떤 관계에 있는가? 오늘날 기독교 교리가 말하듯이 초월적 절대자로서 신과 세계는 창조와 피조물의 관계에 있다고 할 수 있을까? 그러나 창조는 창조 이전의 어떤 영역을 전제해야 한다. 창조되기 전이라는 어떤 '상황'이 존재하고 있어야 한다. 이것은 신의 또 다른 영역을 전제하는 것이므로 하나의 전체로서 신을 부정하게 된다. 이에 플로티노스는 어떤 아이디어를 생각해낸다. 그것은 바로 유출설(Emanation)이다. 세계는 일자로부터 흘러나와 생긴 것이다. 먼저 정신이 흘러나오고 이것을 모방하여 세계영혼과 개별

영혼이 나타난다. 그렇게 물질에 세계가 존재하게 된다. 일자로서 신은 존재 자체다. 이것이 비존재로서 물질에 흘러들어 우리가 사는 세계가 형성된다. 그러나 우리가 꼭 알아야 할 것은 빛이 태양에서 나왔다고 태양이 아니듯이 세계가 일자에서 흘러나왔다고 해서 일자인 것은 아니다. 신과 세계는 분명히 다르다. 이와 달리 세계가 신 자체임을 주장하는 일원론자도 있다.

스피노자는 고대 일원론자와 달리 보편자로서 하나를 주장하지 않았다. 보편자가 존재하지 않는 개별자를 초월하여 존재하는 하나라면 스피노자는 세계의 존재 원인이 하나임을 주장한다. 모든 존재하는 것의 근원에는 하나의 원인이 있고 그 원인만이 존재한다고 할 수 있다. 이런 식의 주장에는 한 가지 치명적인 문제점이 있다. 모든 것의 원인을 거슬러 올라가다 보면 끝이 나오지 않기 때문이다. 어떤 현상 A는 원인 1을 가진다. 원인 1도 원인 2를 가진다. 그리고 그 원인 2도 원인 3을 가지며 결국 원인 n으로 무한 소급(Infinite regress)된다. 이러한 무한 소급을 피하기 위해 스피노자는 '자기가 자신의 원인이 되는 것'이 있다고 말한다.

자기 원인자로서 신은 무한하고 영원한 속성을 가지는 실체다. 여기서 우리는 하나의 새로운 개념을 만나게 된다. 실체(Substanz)는 말 그대로 어떤 것의 토대를 의미한다. 그러나 그것은 어떤 본질을 의미하는 것이 아니라 원인 그 자체도 스스로 존재하는 원인을 의미한다. 그리하여 그것은 자신의 존재를 위해 다른 어떤 개념에 귀속되는 속성이 아니며 그렇기에 하나라고 할 수 있다. 그런데 이러한 실체가 존재한다는 보장을 어디서 찾을 수 있을지 의심스럽다. 이에 스피노자는 실체란 무한하고 영원한 자기원인이고 이는 곧 존재한다는 뜻이기에 '존재하지 않는 실체'란 그 자체로 모순이라고 말한다. 한마디로 스피노자에게 존재라는 개념은 무한하고 영원히 있는 것 외에 다른 것이 아니다. 이는 비단 스피노자의 의견만이 아니라 지금까지 우리가 살펴본 파르메니데스와 플로티노스도 마찬가지다. 그들에게 존재하는 일자는 생성과 소멸 그리고 변화하는 것이 아니라 무한하고 영원한 것이다.

이제 스피노자에서 신과 세계의 관계를 보자. 플로티노스가 신에게서 흘러나온 세계를 말하는 데 대해, 스피노자는 실체로서 신의 두 가지 속성을 말한다. 실체는 사유한다(think). 그리고 실체는 특히 물질적으로 연장(expantion)되어 있다. 그리하여 우리는 신을 인식할 수 있다. 이것은 플로티노스가 신에 대한 어떤 관념도 가질 수 없다고 말한 것과 대비된다. 스피노자에게 신은 자연 자체로 인식 가능하다. 그리하여 신은 물질적 실체로서 소산적 자연(所産的自然; natura naturata)이면서 비물질적 실체로서 능산적 자연(能産的自然; natura naturans)이기도 하다. 한마디로 모든 세계가 신이다(Deus sive Natura). 따라서 누군가 '세계가 존재하는지'에 대해 스피노자에게 물어본다면, 그는 신(자연)은 무한 실체이기에 당연히 존재한다고 할 것이다.

지금까지 우리는 세계가 존재하는지 알기 위해 세계의 존재 원리를 일원론자에게 물어보았다. 최고 보편자로서 하나의 세계가 존재한다고 믿는 파르메니데스에게 변화무쌍한 우리 세계의 존재를 묻는다면 당연히 허상이라고 할 것이다. 그리고 플로티노스는 우리의 현상세계는 존재와 비존재 사이에서 비존재에 가까운 것이라고 대답할 것이다. 마치 광원에서 가장 먼 곳에 있는 것들이 흐릿하게 보이는 것처럼 말이다. 마지막으로 스피노자는 물질적으로 존재하며 지각 가능한 세계는 신의 양태라고 할 것이다. 한마디로 일원론자들은 우리가 살고 있는 변화의 세계가 실체적으로 진짜 존재한다고 생각하지 않는다. 따라서 그들은 우리 세계의 변화 현상이 왜 나타나는지 명확히 설명할 수가 없다. 그리하여 우리는 우리가 실제로 살고 있는 변화의 세계가 존재하는지 알기 위해 다수의 아르케로 변화를 설명하는 사람들의 말을 들어볼 필요가 있다.

(2) 세계는 많은 것으로 존재한다

세계는 어떤 하나로 존재하는 것이 아니라 많은 것으로 존재한다고 믿는 사람들에는 크게 두 종류가 있다. 첫째는 다양하게 많은 아르케에 의해 존재한다고 믿는 사람들이다. 주로 고대 그리스의 자연철학자들이 속한다. 둘째는 단일하게 많은 아르케에 의해 존재한다고 믿는 사람들이다. 대표적으로 데모크리토스(Democritus)와 고트프리트 W. 라이프니츠(Gottfried Wilhelm Leibniz, 이하 라이프니츠)가 있다.

소위 '최초의 철학자'로 불리는 탈레스는 만물의 근원을 물이라고 한 것으로 유명하다. 이에 반해 헤라클레이토스(Heraclitus of Ephesus)는 불이라고 했다. 또한 아낙시메네스(Anaximenes)는 물도 불도 아닌 공기라고 했다. 이런 고대 철학자들의 주장을 가만히 들여다보면, 예전에 어린이들이 하던 '딱지놀이'가 생각난다. 둥그런 딱지에 그려진 그림을 서로 비교하며 더 강한 그림을 가진 딱지가 이기는 놀이였다. 그 순서는 주로 동물보다는 사람이, 사람보다는 무기가, 무기보다는 불이, 불보다는 물이 더 강했다. 그리고 동네마다 달랐지만, 최강의 딱지는 태극기가 그려져 있던 것으로 기억한다. 그 당시에는 그저 국기는 국가의 최고 상징이기에 그럴 수 있다고 수긍했다. 하지만 지금 생각해보면, 그뿐 아니라 태극기의 문양이 상징하는 건곤감리(하늘, 땅, 물, 불)와 청홍백흑(시간, 공간, 사랑, 평화)은 다른 어떤 것보다 강한 상징이었음을 깨달을 수 있다. 그런데 고대 그리스에서도 이런 최강의 아르케를 주장한 이가 있었으니 다름 아닌 엠페도클레스(Empedocles of Acragas)였다. 그는 만물이 물, 불, 공기 그리고 흙 모두로 이루어져 있다고 주장했다. 더 나아가 그런 아르케들이 사랑과 미움의 관계에 따라 이합집산하며 세계의 변화가 일어난다고 했다. 일단 그는 파르메니데스처럼 근원적 존재는 불변하고 무한해야 한다는 데는 동의했다. 다만 그런 것은 하나가 아니라 4개라고 말한다. 서로 다른 4원소는 각각 영원히 존재하며 세계의 변화를 만들어 낸다. 그리고 이것은 일원론이 처한 문제를 극복하려는 시도라고 할 수 있다.

다음으로 우리가 다룰 철학자는 레우키포스(Leucippus)의 원자론을 이어받은 데모크리토스다. 그는 여느 자연철학자처럼 특정한 물질을 아르케로 주장하지 않고 특정할 수는 없으나 존재한다고 믿을 수밖에 없는 물질의 최소단위를 아르케로 상정했다. 그것은 물질의 가장 작은 단위이기에 말 그대로 더는 나누어 질 수 없는 것, '원자(atom)'라고 불렀다. 그리하여 그는 세계가 무수한 원자와 빈 곳(kenon)으로 되어 있다고 말한다. 이때 원자는 더 이상 나누어질 수 없는 어떤 충만한 존재자이고, 이것은 공간을 채우기도 하고 비우기도 한다. 이러한 공간이 있기에 각 원자는 운동할 수 있고 이로써 우리가 경험하는 변화가 일어난다고 설명한다. 세계는 원자의 기계적 운동으로 결합한 물질들로 구성되었다. 그러나 그는 그런 결합에 있어서 엠페도클레스가 말한 사랑 같은 정신적인 원리를 거부한다. 또한 원자가 어떤 물질을 형성하려고 한다는 내적 목적도 인정하지 않는다. 말하자면, 그는 기계론적 자연관을 주장한다. 물론 이러한 자연관이 근대의 그것과 완전히 일치하는 것은 아니다. 그가 말하는 원자들은 기하학적으로 구, 원통, 피라미드, 큐브의 모양을 가지고 있는데, 유사한 모양에 따라 클러스터를 형성하게 된다고 설명한다. 이것은 마치 일정한 구멍의 체를 쳐서 유사한 크기의 알갱이를 남기고, 키질로 가벼운 껍질은 날려버리면서 곡식의 알맹이만 모이게 하는 것으로 비유될 수 있다.[10] 영원히 존재하는 세계의 변화는 기계론적으로 이루어지는 것일 뿐이다. 이는 다만 우연적이지만은 않고 유사성에 의해 설명된다.

이와 동일하게 라이프니츠도 단일 종류의 다수 아르케를 주장한 철학자다. 다만 그의 '원자'는 물질이 아니라 정신적인 것이다. 이를 '단자(monad)'라고 부르는데, 이러한 단자는 오늘날 직접 눈으로 볼 수 있는 원자에 비하면 더욱 그 존재를 의심할 수밖에 없다. 단자는 비연장적이다. 즉, 모양이 없고 물질도 아니다. 따라서 다음 단자들의 특징은 오늘날 더욱 선언적으로 느껴진다. 단자는 형이상학적 점(點)이다. 이것은 정신 자체로서 세계의 모든 복합 실체의 구성요인으로 어느 것보다 먼저 존재한다. 단자는 스스로 움직이며, 외부와는 단절되어 있다. 소위 단자에는 창이 없어서 서로 소통하지 않는다. 이러한 단자의 특징을 통해 라이프니츠는 아르케의 영원성과 세계의 변화 모두를 설명하는 데 성공하고 있는 듯 보인다. 그러나 여전히 어떤 의문이 남는데, 그것은 그런 변화 속에서 보이는 질서의 근거다. 과연 그러한 다수의 개체는 어떻게 소통 없이 조화롭게 변하는가? 단자들의 이합집산이 어떤 변화를 만들어낸다는 것은 이해되지만, 서로 통하지 않는 것이 항상 그것도 우연히 조화를 이루는 것은 기적 같은 일이다. 이를 신실한 라이프니츠는 단자를 창조한 신의 의도로 대답한다. 코로나19로 공연을 할 수 없게 된 네덜란드 로테르담 필하모닉 오케스트라 단원들이 인터넷상에서 멋진 공연을 했다는 이야기가 있다. 그들은 각자의 집에서 격리된 상태로 맡은 파트를 연주하면서 전체적으로 멋진 하모니를 이루어냈다. 이렇게 각자의 연주에만 집중하면서 전체 화음을 만들어내듯이 전체 질서 속에서 이미 정해진 단자의 활동은 전체 조화를 만들어낼 수 있다. 이를 라이프니츠의 '예정조화설(theory of pre-established harmony)'이라고 한다. 그리고 이를 통해 그는 간접적으로 신이 존재함을 증명했다.

이렇게 다원론자들에게 세계의 존재 여부를 묻는다면 각 주장에 따라 다른 대답을 줄 것이다. 예를 들어 엠페도클레스는 영원히 존재하는 4원소를 근거로, 데모크리토스는 영원한 원자를 근거로, 라이프니츠는 영원한 단자를 근거로 이 세계가 영원히 존재한다고 주장할 것이다. 그리고 그들은 영원히 사라지지 않고 존재하는 세계의 역설적인 변화도 설명하고 싶었다. 그렇게 사랑과 미움, 유사성과 차이, 그리고 신에 의해 예정된 운명 속 운동 등이 그것을 보여준다. 일원론자들이 거부했던 세계의 변화를 다원론자들은 다자의 이합집산을 통해 설명한다. 이러한 세계의 일원론과 다원론을 종합한 인물이 바로 플라톤이다.

(3) 세계는 하나의 다수로 존재한다

플라톤의 세계관은 『티마이오스』에 잘 나타나 있다. 천문학자인 티마이오스는 소크라테스(Socrates)에게 우리 세계의 기원에 대해 묻는다. 소크라테스의 답변에서 우리는 플라톤 세계관의 몇 가지 특징을 알 수 있다. 이 세계관은 기계론적 세계관과 기독교적 창조론과 다르면서 유사한 점도 있다.

우선 데모크리토스의 기계론적 세계관과는 다르다. 세계는 어떤 신에 의해 만들어진 것이다. 데미우르고스라는 이 신은 어떤 영원한 원형을 보고 가장 아름다운 것을 만들었다. 그 신은 스스로 훌륭하기 때문에 훌륭한 세계를 만든 것뿐이다. 그러나 이렇게 만들어진 세계는 엠페도클레스가 말하듯 4개의 원소(흙, 공기, 불, 물)로 이루어져 있으며, 그 원소가 이루는 물질의 차이는 데모크리토스가 말하듯 원자들의 형태가 다르기 때문이라고 설명한다. 흙의 원자는 정육면체, 공기는 정팔면체, 불은 각뿔, 물은 정이십면체라고 했다.

둘째, 신에 의해 만들어졌다고 해도 유대-기독교적 창조론과는 다르다. 무엇보다 무로부터의 창조가 아니다. 창조 이전에 이미 이데아 원형과 무질서가 존재하고 있었다. 무질서의 혼돈 상태에서 원형을 모방하여 만든 것이다. 훌륭한 신은 질서 잡힌 아름답고 훌륭한 세계를 만들었다. 무질서보다 질서가 좋은 것이기 때문이다. 그리고 기독교의 신은 생명이 없는 세계에 생명을 불어넣으며 세계를 창조하지만, 데미우르고스는 변화의 세계를 만들기 전에 세계영혼을 먼저 창조한다. 마치 화가가 그림을 그리기 전에 밑그림을 그리듯이 세계 전체를 이 영혼이 에워싸도록 한다(Tim. 36e-37a 참조). 그리하여 이 세계에는 신들과 새, 동물, 물고기 등의 생명체가 존재하게 된다. 특히 플라톤은 영혼이 별과 인간에게로 들어왔다고 말하면서 영혼을 통한 세계와 인간의 연결을 말한다. 마지막으로 인간의 육체는 신이 자신의 모습을 모방하여 만들었다고 말한다(Tim. 69c 참조). 이러한 『티마이오스』의 내용은 『성서』의 창조설을 철학적으로 이해하고자 한 중세의 연구가들에 의해 자연스럽게 받아들여졌다.

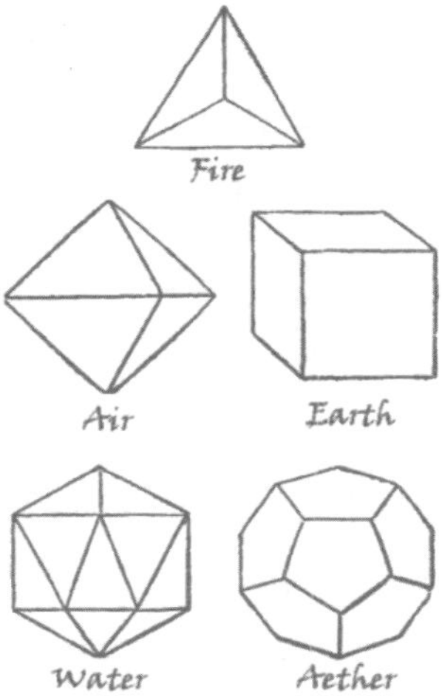

플라톤의 원소들

4. 영원히 존재하는 세계의 역설

플라톤의 세계는 원형으로서 불변하는 세계와 만들어진 생성의 모방세계로 나누어진다. 이러한 세계관의 의미라면, 무엇보다 오직 하나의 불변하는 세계(일원론)를 따르면서 변화의 세계(다원론)를 설명할 수 있게 된 것이다. 그러나 여전히 '우리의 세계는 존재하는가?'라는 물음에 대해 모방된 세계는 진짜 존재한다고 말하기가 쉽지 않다. 왜 그럴까? 모방세계는 가짜라서 진짜 존재한다고 말하면 안 되는 것일까? 플라톤에 따르면 진짜 존재하는 세계를 보증하는 것은 오직 확실한 인식인 사유뿐이다. 따라서 이런 사유로 인식되는 원형세계는 확실히 존재한다고 할 수 있다. 그러나 모방세계는 사유가 아니라 불완전한 인식인 지각의 대상일 뿐이다. 즉, 진짜 존재한다고 보증할 만한 근거가 없기 때문에 진짜 존재한다고 말할 수 없다.

나는 이러한 플라톤의 주장에는 '존재란 영원히 변하지 않게 인식되는 것'이라는 전제가 깔려 있다는 사실을 말하고 싶다. 이런 전제하에서는 우리가 사는 생성소멸하는 변화의 세계는 결코 참으로 존재한다고 할 수 없다. 그나마 존재한다고 할 방법은 스피노자처럼 실체(신)를 두 가지 양태로 표현하거나, 아리스토텔레스처럼 개체의 실체를 형상(현실태)과 질료(잠재태)로 표현하는 것이다. 그리하여 우리가 사는 현상세계를 실체의 양태로서 실체에 기대어 존재한다고 설명할 수는 있다. 그러나 여전히 참으로 존재하는 것은 영원불변하다는 인식하에 양태의 존재는 언제나 의심스러울 수밖에 없다. 따라서 역설적이게도 자신을 존재하도록 하는 영원한 세계가 있는 한, 변하는 생성세계는 진짜 존재할 수 없다.

참고문헌

Agustine, Contra Academicos; 『아카데미아 학파 반박』, 성염 역주, 분도출판사, 2016.

Aristoteles, Über die Seele, Philosophische Schriften Band 6, Felix Meiner Verlag, Hamburg, 1995; 『영혼에 관하여』, 오지은 옮김, 아카넷, 2018.

Diels & Kranz, Die Fragmente der Vorsokratiker, Griechisch und Deutsch von H. Diels. Herausgegeben von W. Kranz, 『소크라테스 이전 철학자들의 단편 선집』, 김인곤 외 옮김, 아카넷, 2005.

I. Kant, Kritik der reinen Vernunft, Felix Meiner Verlag, Hamburg, 1956; 『순수이성비판』, 백종현 옮김, 아카넷, 2006.

Korean Bible Society, The Holy Bible Korean and German, 2006.

Platon, Politeia (Der Staat), Platon Werke Band 4, WBG, Darmstadt, 1971, 2011, 『플라톤의 국가』, 박종현 역주, 서광사, 1997.

1 Diels & Kranz, Die Fragmente der Vorsokratiker, Griechisch und Deutsch von H. Diels. Herausgegeben von W. Kranz, 『소크라테스 이전 철학자들의 단편 선집』, 김인곤 외 옮김, 아카넷, 2005, DK11A22–DK11A23 참조; 이후 DK 단편번호로 표기한다.

2 I. Kant, Kritik der reinen Vernunft, Felix Meiner Verlag, Hamburg, 1956, 454-457쪽 참조.

3 Platon, Politeia (Der Staat), Platon Werke Band 4, WBG, Darmstadt, 1971, 2011, 373c. 그리스어 번역은 주로 『플라톤의 국가』, 박종현 역주, 서광사, 1997을 따른다.

4 Platon, Timaios, Kritias, Philebos, Platon Werke Band 7, WBG, Darmstadt, 1972, 2011; Tim.으로 줄이고 쪽 번호와 같이 사용함. 그리스어 번역은 주로 『플라톤의 티마이오스』, 박종현·김영균 공역, 서광사, 2000을 따른다.

5 Aristoteles, Über die Seele, Philosophische Schriften Band 6, Felix Meiner Verlag, Hamburg, 1995, 431b22f.; 『영혼에 관하여』, 오지은 옮김, 아카넷, 2018, 153쪽.

6 Agustine, Contra Academicos, 3, 17, 37; 『아카데미아 학파 반박』, 성염 역주, 분도출판사, 2016.

7 The Holy Bible Korean and German, Korean Bible Society, 2006, 갈 5:17~18 참조.

8 DK 1A12, 1B8, 1B12, 1B13.

9 창 1:1~31 참조.

10 DK 68B164.

08
우리는 몇 개의 세계에 살고 있을까?

조홍준

"밤과도 같은 낮에서 진짜 낮으로 향하는 '혼의 전환'이며 이것이야말로 진정한 철학(지혜의 사랑)이라고 우리가 말하게 될 실재로 향한 등정일 것 같으이."

–플라톤, 『국가』

1. 혼합현실 시대

아인슈타인은 일찍이 이런 이야기를 한 적이 있다. "나는 제3차 세계대전에서 어떤 무기를 가지고 싸울지 알지 못한다. 그러나 제4차 세계대전은 막대기와 돌을 들고 싸우게 될 것이다." 흔히 우리가 예상하듯 제3차 세계대전은 핵전쟁이 될 것이다. 그리고 아인슈타인이 예상했듯 그 이후 인류는 다시 원시사회로 돌아가거나 혹은 매우 한정된 사람만 특정 기술의 혜택을 누리는 시대가 될지도 모른다. 대부분의 사람들은 과거의 안락하고 평화로운 삶을 살 수 없을 뿐만 아니라 매분 매초 생존을 위한 비참한 시간을 보내게 될 것이다. 그러한 시대를 상상하며 다음 질문에 대답해보자. "여러분은 핵전쟁 이후 처참한 현실에 살고 있다. 그런데 어느 정도 충분히 과거의 평화로운 일상을 경험할 수 있는 기회가 있다. 단 이를 위해 전 재산과 수명 10년을 바치라고 한다면, 여러분은 어떻게 하겠는가?"[1] 물론 이런 결정은 그 가상현실이 얼마나 진짜 현실과 똑같은지에 따라 달라질 것이다. 형편없는 수준의 가상세계에 살기 위해 전 재산과 수명 10년을 바칠 사람은 없기 때문이다. 그런데 요즘 가상현실 기술을 보면, 그리 걱정할 필요는 없을 것 같다.

(1) 혼합현실 기술

요즘 우리는 자주 인터넷에 접속한다. 언제 어디서나 네트워크에 접속할 수 있는 유비쿼터스(Ubiquitous) 시대가 도래했다. 사실상 자는 시간을 제외하고 우리의 의식은 소위 가상세계에 상시 접속해 있다고 해도 과언은 아니다. 좀 더 과장되게 말하면, 몸은 현실에, 정신은 가상세계에 존재한다. 그리하여 '네트워크 접속'이라는 말은 '우리가 네트워크에 들어간다'는 측면과 '우리에게 네트워크가 드러난다'는 두 가지 측면에서 살펴볼 수 있다.

안경을 쓰고 생활하듯 고글을 쓰고 생활하는 시대가 올 것이다. (Image by Pexels from Pixabay)

우리가 흔히 '가상세계'라고 일컬으며 경험하고 있는 것 중에서 가장 오래된 것이 가상현실(VR: Virtual Reality) 기술이다. 이것은 인터페이스를 통해 사용자를 인공의 가상현실 안으로 들어가도록 하는 것을 말한다. 예를 들어 컴퓨터를 이용하여 아바타로서 게임 공간에 들어가거나 요즘에는 고글(VR goggle)을 써서 가상공간에 직접 들어가 있는 것처럼 느낀다. 이러한 가상현실 체험이 '네트워크 접속'의 확장된 개념으로서 사용자가 그곳에 들어가는 것이라면, 완전히 반대로 가상현실 자체가 현실에 드러나는 것도 있다. 즉, 증강현실(AR: Augmented Reality) 기술은 우리의 현실에 부분적으로 인공의 정보나 이미지를 합성하여 원래 현실에 있는 것처럼 보이도록 하는 것이다. 최근에는 더 나아가 혼합현실(MR: Mixed Reality) 기술이 개발되었다. 혼합현실 기술은 실제 환경에 가상의 정보, 예를 들어 CG, 소리, 촉각, 냄새 등의 정보를 실시간으로 사용자와 상호작용하도록 함으로써[2] 사용자의 이질감을 낮추어 완전히 현실 속 일부분처럼 착각하게 만드는 것이다. 우리는 이제 가상공간 속 상상의 캐릭터와 사물이 현실에 존재하는 것처럼 느낄 수 있게 되었다. 따라서 사실상 '네트워크에 접속'할 필요가 없다.

현실과 가상의 경계가 사라지는 것은 기술이 인간 인식의 한계를 넘어섰기 때문이다. 이것은 '가상현실'이라는 말이 나왔을 때부터 충분히 예견된 상황이었다. 우리의 일상적 경험을 통해서는 구분하기 어려운 세상이 펼쳐지게 된 것이다. 그리하여 여기서 우리는 몇 가지 철학적 명제에 맞닥뜨리게 된다. 우선 데이비드 웨버맨(David Weberman, 이하 D. 웨버맨)이 언급한 네 가지 명제를 살펴보자.

> ① 현실과 비현실의 차이를 말하는 것은 궁극적으로 불가능하다. ② 현실은 모방 조작될(simulated) 수 있고 개선될 수 있다. ③ 모방 조작된 현실 혹은 가상현실이 실제 현실보다 더 나을 수도 있다(아마도 더 나을 것이다). ④ 모방 조작된 현실은 모방 조작되지 않은(unsimulated) 현실만큼 형이상학적으로 실제적이다. 그보다 더 실제적이지는 않다고 하더라도.[3]

이러한 주장을 통해 우리는 혼합현실을 넘어 완전한 가상현실이 존재한다고 말할 수 있으며, 심지어는 개선된 현실로서 사람들이 더 선호할지도 모른다. 따라서 혼합현실은 결코 호들갑 떨면서 걱정할 것이 아니라 조용히 기다리기만 하면 된다. 닉 보스트롬(Nick Bostrom, 이하 N. 보스트롬) 역시 포스트휴먼 시대의 세 가지 가설을 제시한다.

> ① 인류는 '포스트휴먼' 시대에 도달하기 전에 멸망할 것이 확실하다. ② 포스트휴먼 문명이라 해도 시뮬레이션을 만들지는 않을 것이다. ③ 우리는 확실히 컴퓨터 시뮬레이션 속에 살고 있다.[4]

이 중에서 그는 ③우리가 컴퓨터 시뮬레이션 속에 살게 될 것으로 생각한다. 일단 그는 정신철학의 '기질-독립 이론'이라는 가설을 전제한다. 한마디로 말해 인간의 의식은 생물학적인 조직을 반드시 요구하지 않으며, 지식, 지능, 정신적 구조, 세부적인 계산구조 등에 의존한다는 것이다. 따라서 '전자 세포'를 개발해 실제 뇌세포의 기능을 수행하게 한다면, (모방 조작된) 의식이 있는 전자 시스템을 만들 수 있다고 본다. 그리고 전자 의식 시스템은 자신을 스스로 생물학적 인류에 속한 인간이라고 믿게 될 것이다. 인류가 그런 기술을 가지기 전까지 멸종하지 않고, 특별히 어떤 이유에서든 그런 기술을 엄격히 금지하거나 만들 필요를 느끼지 않는다면 충분히 이러한 시뮬레이션 세계는 실현된다고 믿는다. 그러므로 어쩌면 현재 우리가 사는 세계는 이미 그런 미래세대의 시뮬레이션일지 모른다는 것이 그의 견해다.

이렇게 현대의 몇몇 철학자는 가상현실을 이미 인정하고 있으므로 가상과 현실이 구분되지 않는 문제에 대해 그리 큰 걱정을 하지 않는 것 같다. 그러나 이와 달리 가상현실을 우려의 눈길로 보는 사람도 있다. 미쉘 하임(Michael Heim, 이하 M. 하임)은 가상세계가 실제세계와 같아서는 안 된다고 주장한다. 그는 가상세계의 형이상학적 이념을 강조하는데, 가상이란 실제세계와 대비되는 경우에만 가상이 될 수 있다. 또 그러는 한에서만 가상은 상상의 미묘함을 간직하고, 즐거운 다양성을 유지할 수 있다고 말한다. 이렇게 그는 가상세계를 중요하게 생각하기 때문에 현실과 구분되지 않는 가상을 걱정한다. M. 하임과는 완전히 다른 이유에서 플라톤은 실재세계와 모방현실을 구별해야 한다고 생각했다. 그는 가짜의 세계인 현실 속에서 진짜 세계인 이데아를 찾지 못할까 봐 걱정했다(M. Heim, 1997, 151쪽).[5]

나 역시 기술적으로든 이념적으로든 가상과 현실은 구별되어야 함을 말하고 싶다. 이러한 주장은 N. 보스트롬이 말하는 세 가지 가설에 추가됐어야 한다. 그는 인류가 멸망하지 않는다면 다음 두 가지만 일어나리라고 생각했다. 즉, 미래세대는 기술을 가지고도 시뮬레이션 세계를 아예 만들지 않거나 기술을 가진다면 당연히 만들 것이다. 그리고 만약 만들게 된다면 그것은 현실과 구별되지 않을 것으로 생각했다. 그러나 그런 완전한 시뮬레이션을 만들게 되더라도 어떤 조작을 통해 서로 구별할 수 있도록 만들 수도 있다. 마치 전혀 구별되지 않는 명품의 진품과 짝퉁을 구별하기 위해 어떤 조치를 해야 하듯이 말이다. 구별되지 않는다고 해서 아무런 조치를 하지 않는다면, 진품의 가치는 떨어지고 결국 상품 자체가 없어지게 될 것이다. 현실과 구별되지 않는 가상이란 결국 무한 복제되는 가운데 실제 존재의 소멸을 일으킬 것이다. 그런 소멸을 방지하기 위해서라도 가상을 금지하거나 가상을 가상으로 존재하도록 해야 한다. M. 하임의 말처럼 인간의 상상력을 자극하는 가상세계의 역할도 중요하지만, 무엇보다 가상을 지탱하는 현실의 이념적 원리가 존재해야 하기 때문이다. 다시 말해 이런 주장은 그렇게 될 것이라는 사실이 아니라 그래야만 하는 당위의 문제다. 어떤 윤리규범 때문에라도 본래적 근원 세계는 존재해야 하고 다른 가상과 구별되어야 한다.

(2) 가상과 현실의 구분

그렇다면 가상세계와 현실세계가 경험-현상적으로 구분되지 않을 때 어떻게 해야 하는지 알아보자. 사실 철학은 이런 궁금증에서 출발했다고 해도 과언이 아니다. 고대 그리스의 현인이자 자연철학자 탈레스(Tales)는 세상은 물로 되어 있다고 믿었다(DK31A4 참조). 2,500년이 지난 오늘 우리는 다시금 똑같은 질문을 해본다. 현실세계는 다양한 유기물과 무기물이 어우러져 있는 곳이다. 이러한 현실세계는 무엇으로 이루어져 있는가? 탈레스가 만물의 아르케(archê)로서 물을 찾았다면, 오늘날 자연과학은 물보다 더 작은 원자로 이루어져 있다는 것을 밝혀냈다.

우리 인간은 기본적으로 서로 다른 기관들로 이루어져 있는 유기체다. 그런데 자세히 살펴보면 몸을 구성하는 각기 다른 모든 기관은 세포로 이루어져 있다. 우리 몸에는 약 100조 개의 세포가 있다. 그리고 각 세포는 더 작은 원자들로 구성된다. 그것이 우리 몸의 각각 다양한 세포를 구성하고, 그런 세포들이 기관을 형성하고 있다. 그런데 현실세계가 원자로 이루어졌다고 말하는 것은 현대과학이 처음으로 주장한 것은 아니다. 이미 고대의 레우키포스(Leucippus)와 데모크리토스는 세계가 원자와 진공으로 이루어졌다고 말한 바 있다(DK67A7, DK29A22, DK67A6, DK68A37 참조). 그리하여 오늘날 우리는 현미경으로 원자를 관찰하고 움직일 수 있는 수준까지 이르게 되었다.[6]

이렇게 물리적으로 실제 존재하는 원자로 이루어진 세계에 대해 '실제로 존재하지 않는 것들'로 이루어진 세계를 '가상(假像)'이라고 부른다. 그런데 이런 가상공간의 정체는 무엇일까? 그동안 과학이 현실세계의 원질(原質)로 그 세계의 존재를 확신하듯 가상세계의 아르케를 찾을 수 있을까? 사실 가상세계를 설명하기에 가장 좋은 예는 컴퓨터그래픽(CG)이다. 이것은 주로 영화나 애니메이션에서 현실적으로 불가능한 것을 보여준다. 예를 들어 우주 전체, 영혼이나 마음 등 육안으로 직접 볼 수 없는 것을 구현해내기도 한다. 최근에는 우리 두뇌가 2차원이 아닌 3차원으로 인식하도록 속일 수 있는 3D 그래픽도 나왔다. 결국, 이러한 두뇌를 착각하게 하는 세계를 만드는 것도 하나의 근원에서 출발한다고 할 수 있다. 그런데 그것은 어떤 특정 물질이 아니라 컴퓨터 정보일 뿐이다. 컴퓨터 정보의 최소단위로서 비트(bit)가 그런 세계의 최소단위인 셈이다. 비트는 binary disits의 약자로, 1과 0의 이진수를 말한다.

비트-인간과 원자-인간의 만남(Image by Peggy und Marco Lachmann-Anke from Pixabay) PUBLIC DOMAIN

현실세계는 원자로 구성되어 있고 오늘날 우리가 '가상세계'라고 부르는 것은 비트로 구성되어 있다.[7] 이렇게 현실세계와 가상세계는 각 세계의 근원 단위를 통해 확실히 구분할 수 있다. 분명히 '원자'라는 물질로 구성된 현실세계와 '비트'라는 요소로 이루어진 가상세계는 서로 다르다. 그리고 여전히 사람들은 이러한 두 세계의 이원적 구별에 삶을 맞추어 살고 있다. 다시 말해 현실세계 속에서 진짜 삶을 살면서 원한다면 언제든 나올 수 있는 가상세계에 '접속'하고 있다고 생각한다. 이런 구분은 말하자면 가상세계 속 모방 조작된 자아의 (비윤리적 혹은 불법적으로) 금지된 행위들을 일으키기도 한다. 하지만 거꾸로 말하면 이러한 구분은 가상세계 속의 문제들로부터 현실세계를 지켜온 것이라고도 할 수 있다.

다행히 그동안 두 세계의 구분은 특별한 조작 없이도 경험적으로 가능했다. 그런데 이러한 구분이 사라지고 있다. '원자의 현실'보다 더 현실 같은 '비트의 현실'은 우리가 사는 현실세계 밖으로 나와 겹쳐지고 경험을 통해서는 구분하기 어려워진다. 가상세계로부터 현실세계를 구별할 능력은 점차 불능에 빠지게 되었다. 그런데 그동안 믿어왔던 경험적 구분이 불가능하다면, 어떻게 구별해야 할까? 위에서 살펴본 것처럼 두 세계의 존재는 원질(原質)로 구별할 수 있다. 동시에 나는 각각의 세계가 각자의 규칙과 질서를 가지고 있으면서 서로 관계를 맺고 공존하고 있다고 생각한다.

이렇게 두 세계의 관계와 공존을 논하기 위해 세계가 처음으로 구분되기 시작했던 고대철학으로 돌아가 보고자 한다. 거기서 우리는 플라톤의 두 세계이론을 만날 수 있다.

2. 철학적 세계개념

가상세계를 만들어낸 오늘날의 과학기술에 비해 여전히 2,500년 전 플라톤을 언급하고 있는 철학은 너무 쓸모없어 보인다. 그러나 오늘날 일어나는 현상을 철학적 개념으로 규정함으로써 우리는 이러한 현상에 대한 올바른 이해와 풍부한 해석을 할 수 있다. 또한, 이런 이해와 해석은 그런 현상이 내포한 문제나 앞으로 다가올 과제를 예비하는 데 유용할 것이다. 바로 이것이 우리가 오늘날 현실과 가상의 문제를 플라톤 철학으로 이해하려고 하는 이유다.

사실 기독교는 플라톤의 두 세계이론을 받아들임으로써 중세 천 년 동안 유럽을 지배할 수 있었다. 예를 들어 중세의 스콜라 철학자인 프랑스 사르트르 지방의 기욤 드 콩셰(William of Conches)는 플라톤의 이데아계를 신의 세계로 바꾸어 기독교화하는 데 기여했다.[8] 즉, 기독교의 교리를 철학적으로 확립한 것이다. 플라톤의 예지계는 신의 천상계로 옮아갔고, 그로써 무엇보다 실재하는 참된 세계라는 의미가 강화되었다. 참된 예지계와 거짓 감성계의 명확한 구분은 종교적으로는 물론 학적으로 그리고 일상적으로 사람들의 생각과 판단에 중요한 기준이 되었다.

이렇게 분명하게 참과 거짓으로 구분된 세계의 개념은 두 세계이론의 대표자로서 플라톤에 기인한다. 플라톤 이후 사람들은 그들이 살고 있는 현실세계보다는 이념세계를 좀 더 진실한 세계라고 믿어왔다고 할 수 있다. 그러나 이러한 관념은 오늘날 우리의 일상적 의식과는 거리가 있다. 우리는 흔히 가상과 현실이라고 했을 때, 가상은 가짜 세계이며, 현실은 진짜 세계라고 생각한다. 가상은 겉으로 그렇게 보일 뿐 실제로는 그렇지 않은 것을 의미하기 때문이다. 이처럼 육체적 감각을 통해 얻게 되는 경험을 진짜 현실의 1차적인 기준으로 삼는 관점에서 플라톤의 두 세계이론은 완전히 뒤집힌 기준을 제시한다고 볼 수 있다. 플라톤은 예지계를 진짜 세계로, 감성계를 가짜 세계로 주장하기 때문이다. 다시 말해 플라톤의 이데아는 의식 속에서 관념적으로 보이는 것이고, 플라톤의 현실은 감각적으로 지각되고 있는 것을 가리킨다. 그러나 근대 이후 관찰과 실험 같은 경험이 참존재(진리)의 인식에서 중요한 역할을 한다고 믿게 된 우리는 일상에서 감각적으로 지각되는 세계를 더 진짜라고 생각하게 되었다.

따라서 전자적 가상세계와 물리적 현실세계의 관계를 플라톤의 두 세계 관점에서 접근하려고 하는 우리는 당혹감에 빠질 수밖에 없다. 그리하여 오늘날 우리의 세계의식과는 다른 플라톤의 세계개념을 살펴보고, 과연 그 개념을 우리의 현실에 적용할 수 있는지 따져보고자 한다. 우선 플라톤의 두 세계이론을 따라가면서 그가 어떻게 진짜와 가짜 세계를 구별하고 있는지 알아볼 것이다. 플라톤은 왜 이념세계를 진짜라고 생각했을까?

(1) 플라톤의 두 세계이론

① 두 세계의 존재론적 차이

플라톤은 『국가』[9] 5권에서 앎(gnômê)과 의견(doxa)에 따라 구분되는 대상으로서 세계를 확실하게 나눈다. 그는 각각의 세계를 인간의 능력들(dynameis)에 따라 구분할 수 있다고 주장한다. 그리하여 두 가지 인식을 나누는데, 무엇인가를 알고 있다고 말하는 사람들의 지식이 하나요, 어떤 의견을 가지고 있는 사람들의 판단이 다른 하나다. 이런 인식능력에 따라 대상의 존재도 구분된다. 즉, 지식이라는 인식능력으로 알 수 있는 대상과 판단이라는 인식능력으로 알 수 있는 대상은 다르다.

플라톤(Image by mvivirito0 from Pixabay)

우선 지식으로 알 수 있는 대상은 완벽하게 인식될 수밖에 없는 절대적으로 존재하는 것이다. 그리고 판단으로 알 수 있는 대상은 존재하는 것도 아니면서 존재하지 않는 것도 아닌 어떤 사이의 것(metaxy ti)이다(Politeia, 377a-b). 이렇게 지식(앎)의 대상(to gnôston)과 의견의 대상(to doxaston)은 존재론적 차이를 가진다. 그런데 이런 대상을 구별할 수 있는 인식능력은 누구나 다 가지고 있는 것은 아니다. 지식을 가지고 있는 사람과 판단만 가지고 있는 사람은 서로 다르다. 플라톤은 아름다움을 예로 든다. 우리는 항상 존재하는 아름다움의 이데아만을 제대로 인식할 수 있다. 그런데 이를 거부하고 여전히 아름다운 것들만 보고 믿는 사람도 있다. 그들은 주로 아름다움 자체보다는 아름다운 것들을 인식하는 데 노력한다. 그러나 그것은 아름답기도 하고 추하기도 하다. 이것은 마치 남자가 아닌 남자(거세된 남자)와 새가 아닌 새(박쥐)처럼 존재하기 때문에 우리는 그것을 확실히 안다고 할 수 없고 그저 그렇다고 믿을 수밖에 없다. 플라톤은 이렇게 의견만 가지려고 하는 사람들을 '의견을 사랑하는 사람'이라고 부른다. 이에 반해 각각의 실재 자체(auto hekaston to on)를 반기는 사람들은 지혜를 사랑하는 사람들로서 '철학자'로 불러야 한다고 말한다. 다시 말해 철학자들은 항상 존재하는 이데아를 아는 사람들인 셈이다.

철학자의 인식(앎)으로 알 수 있는 대상은 이데아이며, 사람들의 의견(믿음, 판단)으로 알 수 있는 것은 이데아를 닮은 것(감성계 존재자)이다. 이데아는 그 자체가 참으로 존재하는 것이지만, 그것과 닮은 감성계 존재자는 있는 것도 아니고 없는 것도 아니다. 플라톤은 여기서 두 세계의 구분이 존재론적 차이에서 나온다고 말했다. 다음으로는 각각의 것을 인식하는 인식능력과 그 목적에 대해 좀 더 자세히 살펴보자.

② 두 세계의 인식 방법적 차이

플라톤은 『파이돈』[10]에서 지혜(phronêsis)를 얻기 위해서는 진리(alêtheia)에 도달해야 한다고 말한다. 그리고 이 진리는 의견이 아니라 지식을 전제한다. 그런데 의견만 가지게 하는 것은 우리가 인식을 육체의 지각으로 하기 때문이라고 한다. 육체적 지각으로는 진리도, 지혜도 얻을 수 없다고 주장한다. 시각과 청각 같은 감각적 지각(aisthêsis)은 명확한 지식을 전해주지 못하기 때문이다. 따라서 플라톤은 진실을 파악하기 위해서는 우리의 혼을 몸과 분리함으로써 혼이 몸에 속지 않도록 해야 한다고 말한다. 따라서 가능한 한 육체의 지각을 배제하고 추론을 해야 한다. 그리고 그런 것을 할 수 있는 사람은 지혜를 사랑하는 사람(철학자)이다(Phaidon, 65c-d). 철학자는 진리에 대한 올바른 추론을 할 수 있다.

여기서 플라톤은 혼이 가지는 능력과 몸이 가지는 능력을 나누고 있다. 주로 감각기관을 의미하는 몸의 기능만 가지고는 결코 참으로 존재하는 것으로서 진리를 알 수 없다고 말한다. 오로지 혼의 사유 능력을 통해서만 진리에 도달할 수 있다. 이를 통해 우리는 감각이 아닌 순전한 사유로 도달할 수 있는 참으로 존재하는 세계와 몸의 감각으로 알게 되는 참으로 존재한다고 말할 수 없는 세계가 철저히 구분되어 있다고 생각할 수 있다.

③ 감성계에 대한 예지계의 우위

지금까지 두 세계의 존재론적 차이, 그리고 그것을 구분할 수 있는 우리의 능력과 의미를 살펴보았다. 특히 플라톤은 몸의 감각 중에서 시각을 대표적으로 다룬다. 그리하여 보이는 것과 보이지 않는 것으로 세계를 나눈다. 보이지만 지성으로 알 수 없는 세계, 보이지 않지만 지성으로 알 수 있는 세계가 있다. 그래서 우리가 앞서 '예지계'와 '감성계'라고 언명하게 된 이유가 『국가』 편의 '태양의 비유'에서 분명하게 나타난다.

플라톤은 다른 어느 감각보다 시각이 태양과 가장 관련이 깊다고 얘기하면서 시력은 사실상 태양에 의해 가능하다는 것을 강조한다. 태양은 눈에 보이는 것들을 빛을 통해 우리에게 보이게 해준다. 아울러 보이는 것들의 생성과 성장 그리고 영양을 공급하기도 한다. 여기서 태양과 빛의 세 가지 측면이 드러난다. 즉, 태양은 사물을 비춰 보이도록 함과 동시에 우리 시각이 활성화되어 보도록 해준다. 마지막으로 보여지는 사물들이 존재하도록 한다. 이렇게 태양이 빛을 통해 다른 것들을 존재하고 보이게 해주듯이 좋음[善]의 이데아도 ① 인식되는 것이 인식되도록 하고, ② 인식하는 자가 인식할 수 있도록 하며, ③ 인식되는 것이 존재하도록 해준다.

그런데 여기서 플라톤은 좋음의 이데아에 의해 존재하는 인식될 수 있는 것들은 우선 지성에 의해서라야 알 수 있는 부류(to noêton genos)라고 한다. 이에 반해 말 그대로 정말 '태양'에 의해 보이는 현실의 가시적 부류(to horaton genos)가 있다(Politeia, 509d). 이러한 것이 각각 존재하는 곳은 서로 다른데, 전자는 지성에나 알려질 수 있는 영역이라고 하며, 후자는 가시적 영역이라고 한다. 이렇게 지각할 수 있는 사물의 세계는 감성계, 즉 경험의 세계에 해당한다.[11] 이에 비해 지성으로 알 수 있는 사물들의 세계는 예지계로서, 말하자면 선험적 세계다.

그런데 눈에 보이지 않으면서 추론으로 알 수 있는 이 선험적 영역에 존재하는 것들은 무엇인가? 이데아 세계에는 수학과 기하학 등이 속하기는 하지만, 우리가 눈여겨봐야 할 것은 덕의 이데아들이라고 할 수 있다.[12] 왜냐하면, 이데아들은 무엇보다 좋음의 이데아에 의해 존재하는 것이기 때문이다. 또한 아직 근대적 사유방식으로서 객관적 사실과 가치관념이 분리되기 전인 고대 그리스의 플라톤 입장에서는 감각적으로 경험되는 객관적 존재자들은 무엇보다 그것들의 가치이념에 따라 존재하는 것이기 때문이다. 다시 말해 눈앞에 경험되는 사물들은 그것들의 목적(가치)을 위해 존재한다. 예를 들어 내가 앉아 있는 이 의자는 내가 경험으로 알기 전에 그의 목적(앉는 것)에 의해 이미 존재하게 된 것이다. 그리고 이 의자의 가치 실현으로서 덕(탁월성: aretê)은 감각적으로 경험되는 것이 아니라 지성으로만 알 수 있는 이데아다. 그리고 이러한 의자의 이데아는 좋음의 이데아에 의해 존재하게 된다.

이제 플라톤의 예지계와 감성계의 구분을 K. 야스퍼스의 말을 빌려 정리해보자. 그에 따르면, 예지계는 존재의 세계로서 불변하는 이데아의 영역이다. 여기서는 시작도 없고 소멸도 없으며, 다른 어떤 것도 받아들이거나 들어오지 않는다. 이곳은 순수한 관조의 대상일 뿐 눈에 보이지 않으며 수학, 기하학, 추론, 덕이 존재한다. 이에 반해 감성계는 생성의 세계다. 이 세계는 끊임없이 변하고 생성된다. 여기에서 일어나고 저기에서 사라지며 움직인다. 감각에 의한 의견(믿음)으로만 인식될 수 있다.[13] 그런데 예지계의 선이나 덕이 감성계의 존재자를 존재하도록 한다. 예지계는 감성계보다 우위에 있다. 이제 우리의 현실 문제에 플라톤의 이론을 적용해보자.

(2) 다중 세계이론과 이데아계의 망각

요즘 유행하는 PC나 스마트폰 게임은 완전히 상상 속의 환경이나 캐릭터 등을 보여준다. 이렇듯 오늘날 우리가 마주하고 있는 가상세계는 시각적인 감각을 통해 현실을 모방하여 구현한 것이다. 그런데 앞서 말했듯이 이러한 전자적 가상세계는 플라톤의 가상현실과 직접 비교하기 어렵다. 차라리 플라톤이 동굴의 비유에서 언급한 횃불에 비치는 동굴 벽, 그림자의 세계에 적합할 것이다. 플라톤은 『국가』 10권에서 "진실(alêtheia)의 존재인 실재(to on)를 모방한(hê mimêtikê) 보이는 현상(phantasma)을 다시 모방하는 것을 예술"이라고 말한다(Politeia, 597a-598a). 흥미로운 사실은 플라톤의 모방론이 예술에만 국한된 것이 아니라 모든 존재자의 원리가 된다는 것이다.[14] 그리하여 플라톤의 세계는 이데아계와 감성계의 2개가 아니라 감성계를 모방한 그림자의 예술계로 한 번 더 나눌 수 있다. 그리고 이 예술계를 오늘날 전자적 가상세계에 대응해보면, 오늘날 현실에서는 뒤집힌 세계로 이해되던 플라톤의 세계이론을 큰 무리 없이 받아들일 수 있다. 우리가 사는 물리적 원자세계는 플라톤의 동굴세계에, 전자적 비트세계는 플라톤의 그림자세계에 대응할 수 있기 때문이다. 그런데 문제는 그럴 경우 이데아계는 오늘날 우리 시대의 무엇과 대응하느냐는 것이다. 플라톤에 따르면 이데아계는 변함없이 존재하며,

감성계와 그림자(예술)세계를 존재하도록 해준다. 오늘날 그런 세계는 어떤 것인가? 그런 세계는 사라지고 없는가? 아니면 잊힌 것은 아닌가?

오늘날처럼 거의 완벽하게 현실을 재현하는 가상세계가 나오기 전부터 철학자들은 항상 의문을 가지고 있었다. 다만 사람들은 그것을 애써 무시했다. 예를 들어 장자가 어느 날 꿈을 꾸고 일어나서는 자신이 꿈속에서 호랑나비가 된 것인지, 호랑나비가 꿈을 꾸어 자신이 된 것인지 모르겠다고 하면서 나비와 자신은 원래 몰아(沒我)의 경지에서는 하나라고 말할 때도[15] 우리는 현실의 우리 자신이 너무 생생했기에 아무런 의문도 품지 않고 장자의 말을 귀담아듣지 않았다. 심지어 플라톤은 우리가 사는 현실은 존재하지 않는 가상이고 보이지 않는 이데아 세계만이 존재하는 참된 세계라고 주장했지만, 종교인이나 어떤 부류의 철학자를 제외하고는 이를 의미 있게 받아들이지 않았다. 그러나 현실과 똑같은 인공의 가상세계가 등장하게 되었고, 문제의식을 느낀 우리는 이제 장자와 플라톤을 찾는다. 그리하여 가상적으로 나비가 되어볼 수 있는 기술로 장자의 물아일체(物我一體)를 경험한 사람들이나 플라톤이 말한 지식(기하학과 수학)이 어떻게 물질적 현실을 만들어내는지[16] 감탄하며 자신이 사는 현실이 가상세계여도 괜찮다는 사람도 생겨났다. 그러나 그러한 주장을 하기 위해서라도 나는 각 세계의 구별이 필요하다고 생각한다. 그리고 그런 구별을 가능하게 하는 물아일체의 경지, 좋음의 이데아와 같은 일관된 근원을 요구해야 한다고 믿는다.

앞에서 우리는 플라톤 철학에서의 이원적 세계개념의 특징을 살펴보았다. 플라톤은 파르메니데스의 전통 속에서 하나의 참된 세계만 존재한다고 믿는다. 더 나아가 그것에서 파생한 거짓 세계를 주장한다. 그러나 이러한 주장은 현재 우리가 마주한 문제를 직접 해결해

주지 못한다. 플라톤의 관점에서 가상인 우리의 현실이 우리에게는 진짜 존재하는 현실이며, 플라톤이 진짜 존재한다고 믿는 수학적 이데아의 세계가 우리에게는 디지털의 가상세계이기 때문이다. 심지어 M. 하임은 우리의 전자적 가상세계가 플라톤의 이데아 세계라고 믿는다. 그런데 만약 플라톤의 세계이론에서 3개 이상의 다원적 세계개념을 해석해낸다면, 문제해결에 더욱 쉽게 접근할 수 있다.

그런데 이때 중요한 것은 각각의 세계구별만은 아니다. 그런 세계 간의 관계성도 중요하다. 세계는 서로 어떤 존재론적 관계 속에 있으며 영향을 주고받는다. 이런 세계의 구별과 연관은 두 세계이론을 비판하는 지점에서 찾을 수 있다. 플라톤은 그 명칭에서도 알 수 있듯이 세계를 구별할 수 있는 능력을 지성과 지각으로 구분해두었지만, 엄밀히 말하면 그런 능력은 각각 따로 활성화되지 않는다. 지성은 감각을 통해 일어나기도 하며, 또한 지성을 통해서야 감각이 정확해진다. 이것은 플라톤의 동굴 비유에서도 알 수 있다. 동굴 밖은 동굴 안을 경험할 때, 거슬러 올라가야 나갈 수 있다. 또한, 동굴 밖을 나오지 않고서는 동굴 안의 세계존재 인식이 불가능하다. 그러한 지각과 함께 지성을 갖춘 사람은 여타의 모든 세계를 포괄하는 최종의 세계를 볼 수 있을 것이다. 마치 장자와 플라톤처럼 어떤 세계가 가상세계인지 알기 위해서는 꿈을 꾸다가 깨어야 하고, 동굴 안에 있다가 밖으로 나와야 한다. 그러나 그동안 우리는 꿈속에서 그리고 감성계에서 몰입해 머무르며 최종의 근거 세계로서 몰아지경(沒我之境)과 예지계가 있다는 사실을 망각해버리고 말았다. 따라서 지각 경험만으로 오늘날의 현실과 가상을 구별할 수 있다고 믿는 사람들에게 이제 지성적 능력을 일깨워 진정한 세계를 볼 수 있도록 해야 한다.

3. 결론

(1) 본질세계

우리는 플라톤이 말한 예지계와 감성계 외에 소위 가상계를 포함한 다중세계개념을 생각해볼 수 있다. 이러한 다중세계개념을 정립할 때 다음 세 가지 점을 염두에 두어야 한다. 첫 번째는 만약 플라톤이 일원론자인 파르메니데스처럼 참으로 존재하는 하나의 세계만을 주장하는 것이 아니라 그것에 수반하는 모방세계의 존재도 인정한 것이라면, 그가 단지 2개의 세계만 주장하고 있다고 말할 이유는 없다. 세계가 둘로 나누어지는 이유만큼 셋으로, 넷으로 충분히 나누어질 이유도 있기 때문이다. 두 번째는 고대 그리스부터 있었던 세계개념 중 플라톤의 세계개념을 살펴보면서 그것이 함의하고 있는 존재론적 차이가 가지는 의미를 알 수 있다. 플라톤의 세계는 둘로 구분된다. 진짜로 존재하는 것은 이데아 세계이며, 우리가 사는 현실은 존재한다고 말하기 모호한 세계다. 참으로 존재하는 세계와 그것에 부수된 세계가 있다고 한다. 두 세계 이상의 다중세계에서도 이처럼 하나의 본질적 세계가 있으며, 그것에 의해 부수적으로 파생된 세계가 있다고 해야 한다. 세 번째, 이로써 우리는 인터넷 가상세계의 존재론적 위상을 미루어 짐작할 수 있다. 일단 플라톤의 관점에서 인터넷 가상세계는 진짜로 존재하는 이데아계에서 가장 멀리 떨어져 존재하는 세계이기에 그 존재 위상이 가장 낮다.

이쯤에서 우리는 다음과 같은 의문을 던질 수 있다. 만약 이렇게 다양한 세계 중에서 다른 모든 세계를 파생시키는 최초의 세계가 필연적이라면, 그것이 반드시 플라톤이 말한 예지적 속성을 가질 필요가 있을까? 플라톤의 이데아계는 수학과 기하학, 사물의 이데아 그리고 선(善)의 이데아로 나누어지고, 선의 이데아로부터 다른 이데아와 그 모방 세계들이 존재한다고 할 수 있다. 이런 선의 이데아만이 다른 모든 n세계의 기원이어야 할까? 그렇다면 그 이유는 무엇인가? 나는 일단 선악을 구분짓는 가치의 세계가 사실의 세계보다 우위에 있어야 한다고 생각한 플라톤의 의견에 '어느 정도' 동의한다. 자 여러분은 어떤가? 이러한 질문들로 이 장의 결론을 대신하려고 한다. 말하자면 어떤 것이 본질적 세계인가에 대해서는 독자들의 판단에 맡기고자 한다. 그리고 세계개념에 관해 좀 더 확장적인 내용을 덧붙여볼까 한다.

(2) 근원세계

이원론적 세계개념을 주장한 플라톤의 두 세계이론에서 세계는 이데아 세계와 그것의 모방세계로 나누어진다. 그리고 그러한 두 세계는 핵심적인 본질세계와 그 밖에 그 영향을 받은 파생세계들로 나누어질 수 있다. 본문에서 나는 본질세계를 다른 세계와 구별하고 그것의 망각에서 벗어나야 함을 강조했다. 그 이유는 매우 간단하다. 진짜 존재하는 본질이 사라지면, 그것을 모방한 다른 파생세계도 사라져버리기 때문이다. 그런데 이러한 플라톤의 본질세계는 '독립적인 객관적 세계'일 뿐이다. 그것은 다른 모방세계가 만들어지기도 전에 있었고, 선하고 탁월한 신이나 제작자에 의해 인식되었다. 물론 우리 인간도 철학자라면 그것을 인식할 수 있고, 망각에서 벗어날 수 있다. 과연 우리가 지식을 얻어 그런 지혜에 도달할 수 있는지는 또 다른 문제다. 본질세계가 있다고 해도 인식하는 것이 쉽지 않다면, 우리는 다시 망각에 빠지게 된다. 아니, 어쩌면 기존의 본질세계를 망각했다는 것은 이미 인식 불가능을 반증하는 것일지도 모른다.

따라서 오늘날의 혼합현실에 대한 구별은 객관적 세계의 구별과 상관없이 어떤 주관적 태도에서 가능한 것은 아닌가 생각된다. 주관적 세계란 칸트에 따르면, 개별자를 초월해 경험을 가능케 하면서 자신은 경험되지 않는 이념이다. 이것은 그 안의 모든 존재자를 존재하도록 하는 존재론적 원리가 되기도 한다. 따라서 객관적 본질세계가 있는 것이 아니라 주관적 이념의 세계가 본질적이고, 이것에 의해 객관적 본질세계와 그 파생세계들이 존재하게 된다고 할 수 있다. 이렇게 객관을 초월하는 주관적 세계의 우위도 주장할 수 있다. 여기까지 이해가 된다면, 한 발 더 나아가 객관과 주관 이전의 근원적 세계에 관해서도 이야기해보고 싶다.

즉, 하이데거는 칸트의 세계개념을 포괄하여 실존적 세계개념을 주장한다. 그는 칸트가 말한 객관적 세계개념을 "세계"라고 부르며, 주관적 세계개념을 그냥 세계라고 한다. 이 세계는 우선 현존재가 살고 있는 공적인 우리-세계를 의미한다. 이런 세계와 세계 내부 존재자의 총칭을 이르는 세계를 구분하기 위해 큰따옴표("")를 사용하여 "세계"라고 부른 것이다. 그런데 그는 실존론적 개념으로 현존재의 형식적 실존 규정인 세계를 특별히 세계성이라고 한다.[17] 그에 따르면 세계는 이렇게 세계성으로서 현존재의 존재 구성에 속한다. 이러한 하이데거의 주장은 인간이 세계와 상관없이 존재하는 의식으로서 무세계적 실체라는 사실을 반박한다. 이로써 하이데거는 주관과 객관을 구별하는 형이상학적 세계개념을 극복하려고 한다. 객관적으로 본질적인 세계가 있는가, 혹은 그런 객관적 세계에 대해 주관적인 본질적 세계가 있는가 하는 것은 그에게 중요한 것이 아니다.

근원으로서 하이데거의 실존론적 세계(세계성)는 주관적 세계(세계)와 객관적 세계("세계")를 파생시킨다. 이 장에서 우리가 살펴본 소위 플라톤의 다중세계 문제는 이렇게 하이데거의 실존적 세계개념으로 재구성할 수 있을 것이다. 다수의 객관적 세계의 존재를 구별하기 위한 기준은 하나의 객관적 본질세계가 아니다. 그렇다고 그러한 본질세계를 구성하는 주관적 세계 이념이 구별의 기준이 되는 것도 아니다. 아마도 우리는 하이데거가 말하는 모든 것의 근원세계로서 실존세계를 찾아 물어야 할 것이다. 그러나 아쉽게도 그 물음은 다음 기회로 미뤄야 할 것 같다.

참고문헌

글렌 예페스 엮음, 『우리는 매트릭스 안에 살고 있나: 매트릭스의 철학 매트릭스의 과학』, 이수영·민병직 옮김, 굿모닝미디어, 2003.

라도삼, 『비트의 문명과 네트의 사회: 가상공간에 대한 철학적 탐색』, 커뮤니케이션북스, 1999.

로버트 셰클리 외, 『최후의 날 그후』, 김상온 옮김, 에코의 서재, 2007.

문형남·조희인·한영미, 「혼합현실(Mixed Reality) 기술 동향과 발전 전망」, 『The Journal of the Convergence on Culture Technology』 (JCCT), 3:3, 2017.

미하엘 보르트, 『철학자 플라톤』, 한석환 옮김, 이학사, 2003.

브리키테 셰어, 『미와 예술』, 박정훈 옮김, 미술문화, 2016.

슬라보예 지젝 외, 『매트릭스로 철학하기』, 이운경 옮김, 한문화, 2003.

장자, 「제물론」. 『역주 장자 1』, 안병주·전호근, 전통문화연구회, 2008.

Gregory, T., A History of Twelfth-Century Western Philosophy, 1988.

Heidegger, M., Sein und Zeit, Tuebingen, 1967, 『존재와 시간』 이기상 옮김, 까치, 1998.

Heim, M., 『The Metaphysics of Virtual Reality』, 1993, 『가상현실의 철학적 의미』, 여명숙 옮김, 책세상, 1997.

Jaspers, K., Plato and Augustine, Harcourt, Brace & World, Inc., 1962.

Platon, Politeia (Der Staat), Platon Werke Band 4, WBG, Darmstadt, 1971, 2011, 『플라톤의 국가』, 박종현 역주, 서광사, 1997.

Platon, Phaidon, Symposion (Das Gasthahl), Kratylos, Platon Werke Band 3, WBG, Darmstadt, 1974, 2011, 『에우티프론/소크라테스

의 변론/크리톤/파이돈』, 박종현 역주, 서광사, 2003.

1 로버트 셰클리 외, 『최후의 날 그후』, 김상온 옮김, 에코의 서재, 2007 참조.

2 문형남·조희인·한영미, 「혼합현실(Mixed Reality) 기술 동향과 발전 전망」, 『The Journal of the Convergence on Culture Technology』(JCCT), 3:3, 2017, 21-22쪽.

3 D. Weberman, 「《매트릭스》, 현실과 시뮬레이션의 사라지는 경계」, 『매트릭스로 철학하기』, 이운경 옮김, 한문화, 2003. 263쪽.

4 N. Bostrom, 「14 시뮬레이션 논쟁 우리는 매트릭스 안에 살고 있나」, 『우리는 매트릭스 안에 살고 있나: 매트릭스의 철학 매트릭스의 과학』, 글렌 예페스 엮음, 이수영·민병직 옮김, 굿모닝미디어, 2003, 321-332쪽 참조

5 M. Heim, 『The Metaphysics of Virtual Reality』, 1993, 『가상현실의 철학적 의미』, 여명숙 옮김, 책세상, 1997, 151쪽.

6 '주사터널링현미경'은 원자를 관찰할 뿐만 아니라 움직이고 깎아낼 수도 있다. 처음에는 원자 덩어리를 깎아내는 정도였지만, 지금은 원자 하나하나를 움직일 수 있을 정도로 기술이 발전했다.

7 라도삼, 『비트의 문명과 네트의 사회: 가상공간에 대한 철학적 탐색』, 커뮤니케이션북스, 1999, 228-230쪽 참조.

8 T. Gregory, A History of Twelfth-Century Western Philosophy, 1988, 54-80; 308-327쪽 참조.

9 Platon, Politeia (Der Staat), Platon Werke Band 4, WBG, Darmstadt, 1971, 2011, 597a-598a 참조. Politeia로 줄이고 쪽 번호와 같이 사용함. 그리스어 번역은 주로 『플라톤의 국가』, 박종현 역주, 서광사, 1997을 따른다.

10 Platon, Phaidon, Symposion (Das Gasthahl), Kratylos, Platon Werke Band 3, WBG, Darmstadt, 1974, 2011, 65b 참조; Phaidon으로 줄이고 쪽 번호와 같이 사용함. 그리스어 번역은 주로 『에우티프론/소크라테스의 변론/크리톤/파이돈』, 박종현 역주, 서광사, 2003을 따른다.

11 미하엘 보르트, 『철학자 플라톤』, 한석환 옮김, 이학사, 2003, 118쪽 참조.

12 같은 책, 118-122쪽 참조.

13 K. Jaspers, Plato and Augustine, Harcourt, Brace & World, Inc., 1962, 29쪽.

14 브리키테 셰어, 『미와 예술』, 박정훈 옮김, 미술문화, 2016, 35쪽 참조.

15 호접지몽(胡蝶之夢), 「제물론」, 『장자』; 안병주·전호근, 『역주 장자 1』, 전통문화연구회, 2008 참조.

16 이 점에서 장자와 플라톤의 주장은 다르다. 장자는 꿈과 현실이 모두 하나로 연결된 세계로 나비와 장자가 모두 같다는 것을 강조한다(김권환·신정

근, 「『장자』에서의 '호접지몽' 우화 해석에 관한 연구」, 『철학논집』 제42집, 2015, 409-410쪽 참조). 이에 반해 플라톤은 세계는 참된 세계와 모방의 거짓 세계로 나누어져 있다고 하는 이원론을 주장한다.

17 Heidegger, Sein und Zeit, Tuebingen, 1967, 『존재와 시간』, 이기상 옮김, 까치, 1998, 64-65쪽 참조.

09
인간을 위한 세계는 남고 인간에 의한 세계는 가라

김분선

"의식이 있든 없든 모든 유기체는 자신의 존재를 지키고 유지하는 지속적인 경향이 있으며 목표 지향적으로 활동하는 통일되고 일관성 있고 질서 정연한 시스템이라는 의미에서 목적론적 삶의 중심이다."

– 폴 W. 테일러, 『자연에 대한 존중』

1. 정리의 기술 연마하기

어느 날 문득 내가 속한 세계를 한눈에 확인하고 싶어진다면 우리는 어떤 전략을 펴게 될까? 아마도 우선 나에게 주어진 세계를 검토하기 위해 나의 세계를 하나의 집합체라 볼 것이다. 그리고 그 집합체 안에 포함된 무수히 많은 원소를 기호로 전환하여 나열할 것이다. 나의 세계에 포함할 대상을 선별하고 정렬하는 방식을 함께 찾아보자.

우선 엄마, 아빠, 동생, 친구, 직장동료, 내가 소유한 물건, 애완동물 등의 내용을 열거하여 모두 표기한다. 그 후 그것들을 다시 분류하고자 한다면 아마도 각 개념의 공통점을 찾고 상위 개념의 항목들을 만들어 공통의 개념으로 묶어 재정렬한다. 그런 후 '가족', '직장', '물건' , '학교', '마을' 등의 항목으로 전환하여 간략하게 묶는다. 이를 더 간략하게 하고자 한다면 차곡차곡 쌓는 순서로 정렬하고, 자신만의 상위 항목을 다시 선정하여 순차적으로 정렬한다. 이렇게 정렬이 끝났을 때 여러분이 정리하고 남겨둔 가장 상위 항목은 무엇일까? 아마도 여러분이 삶의 기로에서 무엇을 선택해야 하는 순간과 마주한다면 지금 찾아둔 주요 항목을 중심으로 여타 항목들을 정렬할 것이다. 아마 평상시에는 자각하지 못한다고 하더라도 대부분 자기 삶의 중심이 되는 그 어떤 판단의 중심점을 가지고 있다. 어떤 사람은 부모가 될 것이고, 어떤 사람은 자식이 될 것이다. 또 어떤 사람은 연인이 될 것이고, 또 다른 사람은 친구라 정할 것이다. 이러한 방식의 정렬법은 주변인에 대한 개념만이 아니라 자신이 지키려는 가치 체계에도 똑같이 적용할 수 있다. 그런데 가만히 생각해보면 왜 우리는 잡다한 것들을 그대로 두지 않고 나름의 방식으로 정렬하려 하는가?

세계에 대한 이해는 위와 같은 작업을 반복하여 결국 공통의 질서를 확인하고 공통 기준이 될 무엇인가를 찾으려는 노력이다. 또 그렇게 기준을 찾았다면 그것이 준거점이 되어야 하는 합당한 이유를 제시해야 한다. 인류는 지구 공동체에서 긴 시간 머물면서 이러한 기준점을 찾고 그에 부합하는 설명을 제공하는 작업을 반복해왔다. 또 그 기준점이 되는 중심에 무엇을 놓았는가에 따라 인간에게 주어진 세계질서는 바뀌고 변화해왔다. 초기 인류가 맞서 해결하고자 했던 과제가 자연이었다면, 중세의 인간은 모든 세계질서의 근본 원인과 기준을 절대자인 신으로부터 찾았다. 근대의 인간은 인간 그 자체를 본연의 세계 중심으로 파악했고, 이러한 사유의 틀은 현대까지 계속되어왔다.

시대마다 인류가 발견한 기준들은 그 시대를 파악하고 사회와 개인의 규범 근거를 설득력 있게 제시하는 중요한 서사의 축이었다. 또 이는 새로운 세계의 문을 여는 열쇠이기도 했다. 주어진 시대환경에 따라 전환된 사유 틀은 새로운 세계에 대한 자기 존립의 근거를 나름의 서사로 구축해왔다는 의미이기도 하다. 이러한 과정을 반복함으로써 공동체와 공동체의 일원들은 주어진 문제들을 해결했고, 세계를 이해할 수 있는 범주를 확장했다. 이런 관점에서 문화사는 진보했다고 평가할 수 있을 것이다.

2. 세계를 질서 지우기

인문중심주의, 인본주의 같은 휴머니즘 시대의 이념은 그 시대의 물음 대상을 인간으로 규정하여 인간의 자기 서사를 완성하고자 했다. 이는 인간이 누구이며 무엇이어야 하는가에 대한 근원적 해답을 찾는 과정이었고, 인간 자체에 대한 물음인 동시에 세계 내 존재인 인간이 무엇을 할 수 있고 해내야 하는가에 고찰을 던지는 물음이기도 하다.

휴머니즘(humanism)에 대한 일반적인 설명은 다음과 같다.

> 인본주의는 개별적인 그리고 집합적인 인간(human beings)의 행위와 가치를 강조하는 개별적이고 철학적 입장이다. 휴머니즘의 의미는 정의되어왔던 연속적인 지성적인 활동들에 따라 변동해왔다. 그러나 일반적으로 휴머니즘은 인간 자유와 진보의 어떤 개념들을 확신하는 관점을 드러냈다. 승격과 발전을 단독적으로 책임질 수 있는 것으로 인간을 보고, 세계와 연관된 인간에 대한 염려를 강조한다. 근대의 인본주의 운동들은 전형적으로 종교와 무관한 활동들을 종교 분리주의(secularism)로 정렬했고, 오늘날 인본주의는 유신론적(theistic) 삶과 무관한 인간의 행위가 중심이 된 입장이고 세계를 이해하기 위해 초자연적인 요소들로부터 계시를 받는 것이 아니라 과학적으로 발견하는 것을 나타내어 의미한다.[1]

휴머니즘에 대한 이러한 사전적 정의는 신 중심의 세계에서 인간 중심의 세계로 가치가 전향되고 있다는 것을 잘 보여준다. 우리가 통상 x 중심의 세계라고 할 때, 중심이 되는 x에 대한 물음과 해답은 시대적 고찰의 출발이었다. x에 대한 물음은 중심의 의미에 대한 개념적 정의가 될 것이다. 그렇다면 무엇의 중심이 된다는 것은 어떤 의미인가?

무엇의 중심이 된다는 것은 1차적으로 어떤 집합의 기준으로 우선하는 의미가 있을 것이다. 또 다른 의미를 생각해보면 무엇의 중심이 된다는 것은 그것이 아닌 여타의 다른 모든 것을 도구적 대상으로 활용할 수 있는 가치적 우위를 점한다는 의미다. 다시 말해 인간 중심

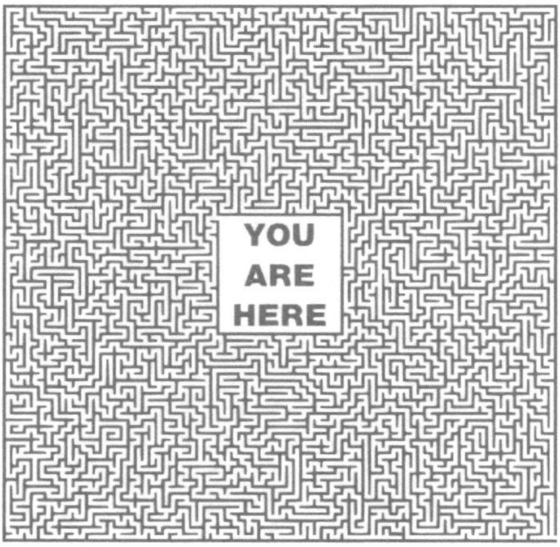

이 그림은 미로를 형상화한 디자인이다. 이 미로는 중심을 찾아 길을 찾아가야만 끝나는 게임처럼 보인다. 당신과 나의 자리는 저 미로 어디쯤에 있을까? 중심을 찾아가고자 우리는 얼마나 많은 시간 동안 답을 찾아 헤매고 있을까?

의 세계라는 것은 인간이 그 중심인 동시에 여타 다른 자연물과 인공물을 활용할 수 있는 지위를 스스로 확보할 수 있다는 의미다.

인간의 본래적 의미와 존엄을 근거 지으려는 근대 철학자들의 모든 노력은 인간을 신적 세계관에서 해방케 했으나 신의 세계로부터 해방된 인간은 자신의 지위를 다른 대상보다 높게 상정하면서 새로운 질서를 재현하는 장치로 '인간'이라는 개념을 활용해왔다. 인간이 특별한 지위를 점할 수 있는 정당성의 근거는 크게 두 가지 원류를 따른다. 하나는 인간이 이성을 가진 정신적 존재라는 점이고, 다른 하나는 인간이 윤리적 행위자라는 점이다. 인간의 정신성에 대한 논의는 소크라테스(Socrates) 이래 지속해온 고전적이고도 영속적인 인간에 대한 근본 개념이다. 인간의 존엄을 윤리적 행위로부터 찾으려는 노력은 윤리 형이상학의 정초를 닦은 칸트가 이론의 체계적 확립을 구축한다. 칸트는 "윤리성과 윤리적일 수 있는 한에서의 인간성만이

존엄성을 가지는 것이다."라고 한다.[2]

그런데 실제로 '무엇이 선인가?'에 대한 물음과 '어떤 행위가 윤리적인 행위인가?'라는 물음은 이미 그 이전 고대철학의 쾌락주의와 덕에 관한 논의에서 분명하게 문제시되고 있다. 이렇게 볼 때 인간은 고대부터 지금까지 윤리적 행위에 대해 끝없이 묻고 답했음을 알 수 있다. 인간과 인간 행위에 대한 지속적인 물음은 인간이 자기와 관계하는 윤리가 무엇인지를 찾고 공동체의 규범을 존속시키는 행위자로서 존재 근거를 규명하려는 노력이었다.

3. 특별한 인간이 우월한 인간인가?

인간 중심의 세계관은 현대적 사회 환경에 여러 가지 문제 원인으로 지목되었다. 인간은 스스로 자신들의 지위를 확보하고 '존엄한 인간'이라는 중심 개념을 고안했다. 인간이 가진 이성을 통해 윤리 공동체를 만들고 살아가는 인간이 다른 지구 공동체의 일원에 비해 특별한 생활양식을 구축했음은 틀림없는 사실이다. 그런데 우리는 다음과 같은 질문을 해볼 수 있다. 특별한 인간과 인간 공동체는 특별하다는 이유를 근거로 우월하다는 결론에 도달할 수 있을까?

특별한 지위와 우월한 지위가 동일한 의미가 아니라면 우리는 인간이 행하고 있는 다른 대상에 대한 도구화를 정당화하기 어렵다는 점에 동의할 것이다. 그런데 인간은 자신들의 이익에 부합하거나 인간의 선에 부합한다면 세계 내에서 인간이 아닌 대상을 인간을 위한 도구로 활용할 수 있다고 믿었다. 이러한 믿음은 다양한 방식의 문제를 발생시켰다. 특히 환경 윤리와 동물 윤리를 주장하는 학자들의 비판을 통해 구체적으로 인간 욕망의 민낯을 드러냈다. 이 장에서는 중심적인 문제의식을 바탕으로 '환경 윤리'와 '동물 윤리' 그리고 '인공지능 시대의 문제'를 다룰 것이다. 특별한 인간이 특별해진다는 것은 무엇인가? 그 특별함이 우월한 지위에서 나오는 것인가? 인간의 특별함을 우월함으로 대체했을 때 우리는 어떤 문제에 봉착하게 되는가? 이러한 문제를 다루고 다음으로 나아가자.

(1) 생명 중심의 시선으로 본 인간

생명 중심의 환경 윤리는 폴 W. 테일러(Paul W. Taylor, 이하 테일러)의 주장을 통해 중심 내용을 확인할 수 있다. 테일러는 1986년 『자연에 대한 존중』을 통해 '생명중심주의'라는 개념을 확장하여 환경 윤리의 이론적 기틀을 세운다. 테일러의 이 작품은 인간의 문제가 전체 세계에 미치는 영향을 객관적이고 논리적인 언어로 담아내고 있다. 테일러는 호모사피엔스라는 종은 생물학적 의미만을 담고 있는 말인데, 인간은 이것이 마치 인격을 가진 개체, 가치 체계를 실현하는 완전한 인격체로서의 개념으로 이해한다고 지적한다. 그는 인간이 가치 체계를 도덕 규칙과 보편의 기준을 실천하면서 자기 자신과 타인의 인격적 가치에 대한 평가 역시 이러한 자율적 원리를 따른다고 주장한다.

> 자율 선택권의 행사, 자신의 운명을 통제하는 것, 자기 자신의 삶을 사는 것, 그리고 자신의 가치를 추구하면서 간섭을 받지 않는 것은 특정 역량을 계발할 수 없다면 불가능하다.[3]

그런데 만약 인간 윤리와 환경 윤리가 구조적 대칭성이 있다면 어떤 일이 발생할까? 또 인간 이외의 대상이 그들 자체로 본래적 의미가 있다면 우리는 그 대상을 존중할 만한 가치를 도덕적 대상으로 인정해야 하는 것일까? 테일러는 내재적 가치와 고유한 가치, 본래적 가치를 구별하면서 윤리적 가치에 대한 논점을 세 가지로 정리한다.

(a) 내재적 가치: 의식적 존재가 최종 목표를 향함에 있어 결과의 가치와 상관없이 활동 그 자체로 만족을 느끼게 하는 일에 존재하는 가치
(b) 고유한 가치: 실용성과 유용성을 배제하고, 상업적인 가치와 무관하게 존중하고 소중하게 여겨야 하는 그런 종류의 것에 부여되는 가치
(c) 본래적 가치: '고유의 선'이 있는 존재에게만 적용되는 가치로, 다른 존재의 선과 관계없이 그 자체로 고유하고도 존엄함을 내포한 가치

세 가지 가치 중 생명체가 가지는 가치는 세 번째 가치는 최상의 의미를 담는 본래적 가치다. 이는 생명체가 윤리적 대상이 되어야 하는 가장 본질적인 이유다. 만일 생명체가 본래적 가치를 가진 존재인 것을 분명하게 자각할 수 있다면, 그러한 그 대상이 전체 세계에서 유의미한 존재이기에 도덕적 대우를 받을 충분한 가치가 있다는 것을 의미한다. 테일러는 다음과 같이 주장한다.

① 그 존재는 도덕적 관심과 배려를 받을 자격이 있으며, 즉 도덕 주체로 간주되어야 하며,
② 모든 도덕 행위자는 그 존재를 위해 그리고 그 자체를 목적으로 존재의 선을 증진하고 보호할 명백한 의무가 있다.[4]

테일러의 이러한 주장을 받아들인다면 생명을 가진 존재들은 종

과 무관하게 본래적 가치를 가진 존재일 것이다. 만일 그렇다면 우리는 생명에 대한 가치적 판단을 중심으로 인간 중심의 사유를 완전히 포기해야 하는 상황과 마주한다. 왜냐하면 인간 윤리의 가치적 판단에 대한 추론을 통해 유비적으로 인간 윤리와 동등한 환경 윤리의 가치를 유추할 수 있기 때문이다. 과연 생명의 가치는 본래적 가치인가?

(2) 지구 공동체와 풋내기 인간

인간 윤리와 생명을 가진 다른 대상을 동일한 도덕 주체로 본다면 이런 문제들을 제기할 수 있다. 인간은 생명을 가진 다른 개체들과 같은 지위를 갖는가? 만일 다른 생명체들이 동일한 지위를 갖는다면 인간은 그러한 개체들을 보호하고 존중할 의무를 갖는가? 만일 그렇다면 인간이 다른 개체들의 삶의 범주를 어디까지 인정하고 수용해야 하는가? 더 급진적으로 묻자면 인간과 인간이 아닌 생명체가 모두 위험에 빠졌을 때 우리는 어떤 생명을 먼저 구해야 하는가?

테일러는 지구 생명 공동체 내에서 인간의 지위는 인간이 생각하는 것만큼 위대하지 않다고 지적한다. 인간이 다른 종보다 우월하다는 인간 중심적 사유는 일종의 허영에 불과하다는 것이다. 지구를 하나의 생물이라고 볼 때 지구도 생물권이 존재하며, 그것은 인간의 짧은 생존에 비교할 수 없을 정도로 오랜 시간 건실하게 지구의 건전성을 유지해왔다는 것이다. 이렇게 볼 때 인간은 지구 생명체 중에서도 매우 짧은 시간 자기 영역을 구축한 풋내기에 불과하다. 지구의 생물 환경이 잘 유지되는 한 인간의 생존권도 보존될 것이며, 그런 의미에서 다분히 지구와 지구의 생명체에게 의존적인 삶을 살고 있다.

테일러의 주장을 고려해보건대 인간의 사유가 인간 자신을 향하고 있기에 발생시킨 문제들을 다시 돌아보게 한다. 지구 생명체 혹은 전 지구적 관점, 더 넓게는 전 우주적 관점으로 세계에 대한 이해를

코로나19 이후에 보금자리를 찾아 돌아오는 동물들의 행렬을 뉴스나 기사에서 자주 접한다. 미세먼지가 물러가고 푸른 하늘을 다시 찾은 우리의 기쁨처럼 알을 낳을 수 있는 보금자리를 다시 찾은 바다거북의 안식은 우리를 반성케 한다. 우리가 그들에게 앗아온 것들은 무엇이었을까?

확장했을 때 인간종이 이룩한 위대한 업적 혹은 생명체로서 종을 유지해온 진보의 역사는 너무도 미세하고 미미하여 그 흔적을 남기기조차 어렵다고 볼 수도 있기 때문이다.

2020년 현재 코로나19로 인해 인간은 엄청난 고통과 불안 속에 대재앙의 상황에 대응하고 있다. 그런데 인간의 활동이 멈춘 곳에 자기 자리를 잃었던 자연물들이 다시 생명을 찾고 있고 알을 낳기 위해 떠났던 보금자리를 찾고 있다. 또 지구의 색이 선명하게 변화했음을 보여주는 다양한 매체의 사진을 보며 지구를 멸망시킨 타노스의 선택이 옳았다는 말이 유행처럼 돌고 있는 이때, 지구 공동체로서 인간은 무엇이어야 하는지 다시금 생각해볼 필요가 있다.

(3) 육체의 고통에 공감하는 인간

인간 중심적 사유는 동물에 대한 인간의 처우에서 극단적으로 드러난다. 초기 인류의 역사에서 동물의 지위는 사냥감이나 먹이 정도의 역할을 하는 다른 생명체였다면, 19세기와 20세기 들어 산업과 의료 시스템이 급격하게 발전하면서 실험의 주요 대상으로 동물의 도구적 역할이 확장되었다. 특히 영장류 대상의 실험은 의학 발전에 결정적 계기를 제공했고, 인간의 생명과 삶의 보존을 위해 정당하다고 받아들여졌다는 점에서 인간 중심적 세계관의 일면을 적나라하게 드러낸다. 피터 싱어(Peter Singer, 이하 싱어)는 실천윤리의 관점에서 동물 문제를 윤리적으로 다뤄야 하며, 동물의 도구화는 인간 윤리의 논점에도 부합하지 않는다고 주장한다. 싱어는 앞서 논한 테일러의 관점과 다르게 근대 윤리의 중심적인 논점을 전환하여 논리적으로 확대 적용하는 방법을 통해 자신의 이론적 근거를 구축한다.

싱어는 윤리를 이성적 존재 간의 계약이라는 전통적 입장에 반기를 들면서 윤리의 기준점이 꼭 이성을 가진 존재로 한정되어야 하는 이유가 무엇인지 묻는다. 또 그는 윤리적 의무의 대상을 판별하는 일이 얼마나 어리석은 것이며, 이때의 의무 대상을 어떤 식으로 판별할 것인지를 재질문한다. 그도 그럴 것이 이성을 가진 존재라고 할 때 받게 되는 제약은 이성을 행사할 수 없는 존재가 될 것이다. 이런 경우, 어린아이나 정신적 문제를 앓는 사람들, 어떤 상황에 의해 합리적 의사결정을 내릴 수 없는 모든 사람은 모두 계약의 대상이 될 수 없다. 이러한 분리적 사유는 종차별주의(speciesism)의 기원이 될 수 있다.

그렇다면 동물에게 적용할 수 있는 윤리적 기준을 무엇으로 볼 것인가? 이성적 동물이라는 공통점이 동물에게 적용될 수 없다면 인간은 동물과 동일하게 적용할 어떤 공통점을 갖고 있을까? 이에 대한 답을 찾는 것은 어렵지 않을 것이다. 인간의 이성, 정신의 특별함을 빼고 논하게 되면 인간에게 남는 것은 육체뿐이기 때문이다. 인간은 동물의 고통에 공감할 수 있는가? 이 고통이 어떤 것임을 나로부터 추정할 수 있는가? 아마도 동물의 고통이 인간의 것과 다르다고 하더라도 우리는 상대의 고통을 추정할 수 있는 정신적 역량을 가지고 있다. 만일 고통이 무엇인지 자신에게 설명할 수 있는 사람이라면 최소한 나에게 그 고통이 악이라는 데 공감할 것이다. 모든 생명을 가진 존재는 자기 고통을 경험한다. 이것은 육체를 가졌기 때문에 벗어날 수 없는 원초적 고통이다. 동물과 인간의 공통점이 육체를 가진 육적 존재라는 데 동의한다면 최소한 내가 느끼는 고통과 유사한 고통을 동물 또한 감각적으로나마 느낄 것이라는 점에 동의하지 않을 수 없을 것이다.

싱어의 이러한 주장은 근대의 대표적인 윤리 이론인 공리주의의 기초적인 입장을 따른 것이라 볼 수 있다. 쾌는 선이고 고통은 악이라는 에피쿠로스(Epicurus)의 쾌락주의적 논점에 기인한 공리주의는 근대의 논의로 이러한 이론을 확대하여 '최대 다수의 최대 행복'이라는 공리주의 원칙을 낳는다. 양적 공리주의자인 벤담(Jeremy Bentham)의 최대 행복에 관한 이론은 후에 밀에 의해 질적 공리주의로 확대된다. 또 질적 공리주의자 밀(John Stuart Mil)이 제시한 '소크라테스의 배고픔'과 '돼지의 배부름'의 대비는 진정한 행복이 쾌의 질에 있음을 잘 표현한 유명한 명제이기도 하다.

그렇다면 싱어가 논의한 고통의 기준은 공리주의의 논점에서 수용할 수 있을까? 만일 우리가 동물이 쾌와 불쾌를 경험하는 존재라는 데 동의한다면 다수의 이익을 의미하는 공리의 범주에 동물을 포함할 수 있을까?

(4) 쾌락과 고통의 올바른 정산법

나의 쾌락을 계산한다고 가정하고 양적 계산과 질적 계산 두 가지 경우로 나누어 생각해볼 수 있을 것이다. 그런데 동물의 쾌와 인간 공동체의 쾌를 양적 계산과 질적 계산으로 정산해본다면 어떻게 될까?

벤담의 양적 공리주의의 입장에서 본다면 공동체의 범주를 동물까지 확장하고 각 개체의 쾌의 증가를 측정해야 할 것이다. 이때 동물이 느끼는 쾌의 양이 개체수의 증가에 비례한다면 동물의 쾌와 불쾌는 공동체의 쾌와 불쾌의 양적 상태에 영향을 미칠 것이다. 만일 쾌와 불쾌에 대한 기준을 동물에게 동일하게 적용할 수 있다면 우리는 윤리적 고려의 대상을 동물로 확장해야 할 윤리적 의무를 진다. 이는 나에 대한 의무이면서 동시에 공동체에 대한 의무다.

밀의 질적 공리주의의 입장을 따랐을 경우는 어떠한가? 이때는 고려할 문제가 더 복잡해지는데, 동물로 인해 느끼는 인간의 쾌(다양한 종류가 있으리라 보지만 사육과 섭식을 통해 육식을 즐기는 인간의 쾌, 동물의 가죽을 활용한 제품을 선호하는 인간의 쾌, 동물 실험을 통과한 안정적 연구물인 화장품을 선호하는 인간의 경우)의 질적 상태 vs. 인간에게 도구로 활용되는 동물의 고통 상태(앞선 예에서 활용된 도구적 대상이 되는 동물들의 경우) 중에 어떤 쾌락이 더 본질적 의미의 기쁨을 주는가?

이 문제를 따져볼 때 무엇이 본질적인 쾌와 불쾌인지를 우선 해명해야 한다. 우리는 최소한 생명과 관련된 쾌와 불쾌가 생존과 무관하게 파급되어 양산된 쾌와 불쾌보다 우선하는 질적 가치를 동반한다는 점에 동의할 것이다. 이는 모든 쾌의 발생은 생명을 근원으로 할 때 의미가 있다는 점에서 추론할 수 있다. 다시 원점으로 돌아가서 다음과 같이 정리할 수 있다.

싱어가 논하는 감정적 공감은 공리주의적 차원의 논의이면서 동시에 생명을 가진 존재에 대한 공감을 그 원칙 안에 포섭한 논의다. 앞서 논한 테일러가 인간 윤리와 환경 윤리를 규범 윤리의 입장에서 유비적으로 논변했다면, 싱어는 인간 윤리와 환경 윤리를 공리주의와 공감주의의 입장에서 유비적으로 논의하고 있다. 즉, 윤리적 판단과 활동은 이성적 존재와의 동등한 계약적 관계가 바탕이 되는 것이 아니라 공감을 통한 지구 공동체적 시각에서 시작되어야 한다는 것이다.

싱어의 논의는 동물 윤리와 동물 복지 문제를 지적하고 있다. 그러나 본질적인 문제의 핵심은 인간 중심의 윤리적 판단이 윤리적 고려의 대상들을 배제할 수 있다는 위험에 대한 엄중한 경고다.

4. 인공지능은 인간에게 무엇이어야 할까?

(1) 인공 창조물로 무너지는 인간 중심의 질서

윤리적 의무를 다할 대상에 대한 논의는 앞서 살펴보건대 인간에 대한 의미를 넘어서 진행되고 있음을 알 수 있다. 마지막으로 현시점에서 논의를 시작해야 할 새로운 대상에 대해 논의해보기로 한다. 바로 인간의 파생적 창조물인 인공지능(artificial intelligent)이다.

인공지능에 대한 논의는 다양한 방향으로 진행되고 있다. 흔히 인공지능이 인간의 노동을 대체할 것이라는 예상에서부터 인공지능의 인간화, 인간의 사이보그화를 다루는 포스트휴먼에 대한 예견에 이르기까지 과학기술의 발전에 따른 다양한 시대 진단이 쏟아지고 있다. 그렇다면 인공지능에 대한 철학적 범주의 논의는 무엇을 주제로 다룰 것인가?

철학적인 논점에서 가장 우선하는 주제는 '인간과 인공지능의 관계적 문제'가 될 것이다. 이에 대한 세부적인 논의로 인간과 인공지능의 차별성에 대한 논의, 인간과 인공지능의 관계성에 대한 논의 등이 있고, 가장 본질적인 논의는 인공지능의 지성을 인간 지성과 같은 것으로 볼 것인가에 대한 논의가 있다. 인공지능과 인간지능에 대한 논의가 철학적 논의의 중심이 되는 결정적 이유는 인간 중심적 사유의 근원적 원인이 인간의 이성과 정신에 있기 때문이다. 오래된 인간 중심의 테마에 직격탄을 던질 수 있는 다른 이성적 존재가 등장한다면? 인간이 누려온 세계 내 지위를 위협할까?

다른 이성적 존재자가 합리적 판단에 기인한 도덕적 행위까지 구현할 수 있는 도덕적 행위자(moral agent)라면 새로운 존재의 세계 내 위상을 인간과 같은 것으로, 혹은 인간보다 우월한 것으로 보아야 하는지와 같은 본질적인 문제가 발생하게 된다. 이는 인간에게 일자리를 빼앗기는 현실적인 문제보다 더 큰 문제를 낳는다. 인간 개개인의 일자리 상실이 시대 상황에 따라 변화될 지엽적 사건이라면 이에 대한 다른 방책을 마련할 수 있을 것이다. 그러나 인간 존재의 지위 자체가 흔들린다는 것은 앞서 살펴보았던 인간 중심적 세계질서 자체를 포기해야 한다는 의미다. 이렇게 볼 때, 인간이 창조한 파생물인 인공지능은 단지 도구적 의미로 인간을 위협하는 것이 아니라 세계의 중심을 바꿀 수 있는 전환축이 될 수 있다는 점에서 위협적이다.

제리 카플란(Jerry Kaplan, 이하 카플란)은 인공지능과 인간에 대한 철학적 논의를 다음과 같이 정리한다.

> 인공지능의 철학은 컴퓨터와 더 나아가서 기계들, 아니면 자연에 기원을 두지 않는 모든 것들에 마음이나 생각할 수 있는 능력이 있다고 말해도 되는가라는 질문을 던진다. 간단히 놓고 보면 그 질문의 답은 '마음'이나 '생각'을 어떻게 정의하느냐에 달려 있다. 다양한 방식으로 전개된 그 논쟁은 수그러들거나 해결될 기미라고는 전혀 없이, 끝도 안 보이며 수십 년 동안 맹위를 떨쳤다.

실제로 이 문제가 어려운 이유는 인간의 '마음'과 '생각'에 대한 이해도 완벽하게 규명된 것이 아니기 때문이다. '무엇을 마음과 생각으로 볼 것인가?' 또 '어디까지를 마음과 생각의 범주로 논의할 것인가?' 하는 문제는 이미 인간에게 내재해 있다고 보는 상황에서도 논란의 여지가 많았다는 점을 고려할 때 물리적 존재인 인공지능의 정신적 문제를 규명한다는 것은 해결할 수 있는 사안이 아닌 것만은 분명하다.

(2) 인공적인 것의 경계

앞서 우리는 인간중심주의를 벗어나려는 윤리적 논점들을 환경과 동물의 문제를 통해 확인했다. 그런데 환경과 동물에 관한 윤리는 모두 생명을 가진 존재라는 논점에서 윤리적 고려의 대상과 윤리적 의무의 대상의 범주를 확장하여 설명할 방도를 찾았다. 그렇다면 생명이 아닌 존재이지만 생명처럼 행위 할 존재에 대한 윤리적 문제는 어떠한 방식으로 해결할 수 있을까?

카플란은 동물 윤리의 논리적 범주를 인공지능 윤리로 확장하는 문제에 대한 가능성을 진단한다. 특히 싱어가 주장하듯이 고통을 중심으로 윤리적 논의를 전환했을 때 인공지능에 대해서도 같은 설명이 가능한지 묻는다. 그는 동물의 지속적인 고통에 대해 우리가 윤리적 의무를 갖는다고 주장할 수 있는 이유는 우리가 동물과 동일한 신체 기관을 가진 것은 아니지만 육체적인 경험에 대한 추론으로부터 동물이 고통을 느낄 것이라는 추론이 충분히 가능하기 때문이라고 주장한다. 이는 동물이 하는 표현이나 행위 방식에 따라 도출하는 추론이 아니라 인간의 도덕적 문제에 대한 우려에서 합당한 근거를 마련할 수 있다는 것이다.

카플란은 인공지능의 경우, 심지어 인간 같은 언어로 자신의 고통을 설명할 수 있다는 점을 지적한다. 동물보다 더 구체적으로 인간의 언어로 자신의 고통을 표현할 수 있는 존재의 등장은 인간의 도덕적 감성을 깨우는 데 작용할 것이다. 학습한 인공지능이 상황에 맞게 언어를 구사하여 적절한 표현을 하리라는 것은 충분히 예상할 수 있다. 인공지능 스피커만 하더라도 우리의 질문에 대한 답을 바로 도출할 수 있는 수준이라고 볼 때, 휴머노이드 로봇 같은 상태라면 더 직접적인 방식, 예를 들어 "아파요, 하지 마세요!!", "당신이 나처럼 아프다고 생각해보세요" 등의 언어로 직접적인 고통을 표출할 수 있을 것이다.

그렇다면 인공지능이 고통에 빠졌다고 표현했을 때 그것에 감정적인 영향을 받는 공감의 주체는 누구일까? 인공지능이 고통의 외침을 반복할 때, 마치 오랜 친구의 고통에 공감하는 듯한 착각에 공감할 대상은 누가인가? 인간은 아마도 인공지능이 상황에 맞는 정합적 표현을 구사한다면 단지 기계의 학습된 소리로만 반응하기는 어려울 것이다. 다시 말해 인공지능이 학습을 통해 자가 발전이 가능한 최상의 단계에 도달했을 때 '인공지능을 무엇으로 볼 것인가?'라는 문제보다 '어떻게 대할 것인가?'라는 문제를 우선 해결해야 할 것이다. 그리고 이때 행위 방식을 결정하는 행위 주체는 인공지능이 아니라 인간이다. 인공지능이 도덕적 대상인지 아닌지 칸트식으로 표현하자면 존엄성을 가진 윤리적 행위 주체인지 아닌지의 문제는 해명할 수 없다. 그러나 분명한 한 가지 사실은 인공지능과 함께 살아갈 인간이 윤리적 행위를 스스로 결정하고 행할 수 있는 존엄한 윤리적 행위자임은 분명하다는 점이다.

카플란은 일상에서 발생할 수 있을법한 예시를 통해 이러한 문제를 구체화한다. 만약 건강하고 쾌활했던 딸아이가 사고로 인해 뉴런을 대체하여 인공지능 뇌로 살아가게 되었다고 가정해보자. 이 딸아이가 신진 작곡가 양성 선발대회에서 합격했으나 주최 측이 아이의 건강상태를 알게 되면서 인공기기의 도움으로 작곡한 음악은 컴퓨터로 작곡한 음악과 다르지 않기 때문에 대회 규정을 위반했다는 통보를 받게 된다. 딸아이는 이런 사실을 알고 엄청난 충격에 휩싸이게 된다. 만일 이런 상황이 나에게 닥치게 된다면 어떤 반응을 할 것인가? 또 딸아이와 함께했던 친구나 친교 집단의 일원들은 어떤 반응을 보일 것인가?

카플란이 제시한 이러한 예시는 우리가 어디까지를 인공물로 보고 대우할 것인가에 대한 물음이라기보다는 그 인공물과 관계하는 나와 우리의 윤리적 의무를 어디까지로 볼 것인가에 대한 물음이다. 즉 도덕적 고려의 대상은 그 대상의 본질적 상태에 대한 고려에서 출발하는 것이 아니라 나라는 존재의 존엄을 지키는 것에서부터 출발해야 한다는 것이다.

> 인간의 직관은, 한편으로는 기계가 아무리 정교하게 발전되더라도 기계 그 자체는 도덕적인 고려의 대상이 되지 않는다고 믿는다. 그런데 다른 한편으로는, 생물계를 구별할 때 단순히 어떤 물질로 이루어졌는지만으로 특정한 주체를 제외시킨다는 건 마음이 편치 않다.[5]

그런데 이러한 생각에 다른 문제는 없을까? 인간이 인공지능을 도덕적 대상으로 받아들이는 문제는 단지 인공지능이 인간의 감성을 건드리기 때문인가? 감정에 대한 자극과 반응은 처음에 그럴 수 있겠지만, 그 감정이 인공의 것이고 내가 경험하고 있는 반응이 진짜가 아니라는 것을 확인한다면 어떻게 될까? 예를 들어 장난감 강아지의 울음소리에 세 살짜리 아이는 소스라치게 반응하지만, 성인은 그것이

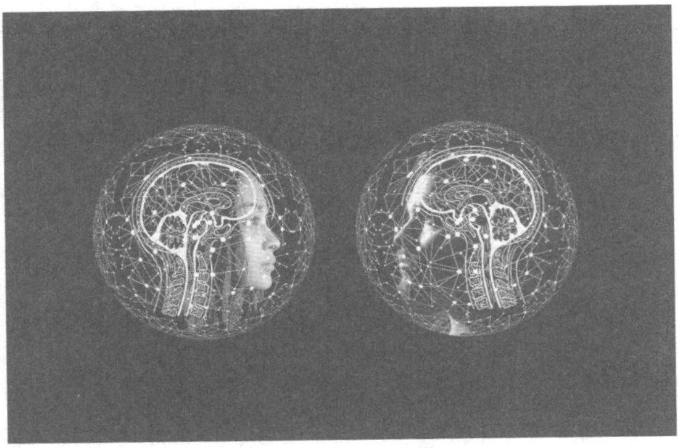

인공지능의 뇌를 장착한 나와 나의 메모리를 완전하게 가지고 있는 인공지능 휴머노이드 중 누가 더 나에 가깝다고 볼 수 있는가?

장난감이라는 것을 바로 안다. 인공지능은 더 복잡한 상황 전제가 있다고 하더라도 반복적인 상황에 대한 대응은 감성적 차원에서 발생하지 않을 것이다. 이렇게 볼 때 인공지능은 진짜 감각을 가진 동물과 유비적인 논리로 설득할 수 있을까? 단순한 본능과 충동을 윤리 행위의 근거로 삼는 것이 올바른 접근법이 될 수 있을까?

인간세계의 질서는 카플란의 추론처럼 단지 본능이나 경향성에 의해 결정되는 것만은 아니다. 또 인간의 삶과 역사는 타자에 대한 이해와 공동체와 자기 관계에 대한 합당한 은유로부터 자기 행위의 방향을 결정지어온 수많은 결정적인 사건과 역사적 순간의 전위를 통해 그 의미를 확대하고 존중할 만한 가치들을 지켜왔다.

이렇게 볼 때 인공지능에 대한 윤리적 고려는 인간 존재와 공동체적 질서 내에서 설명하는 방식은 받아들일 만하지만, 그러한 설명을 다시 본능의 문제로 회귀하려는 시도는 적절하지 않다. 그렇다면 우리는 새로 등장한 인공존재에 대해 어떤 태도를 보여야 할까? 단지 도구적 기계라고 볼 것인가? 아니면 새로운 공동체 구성을 위한 윤리적 판단의 고려 대상으로 볼 것인가?

5. 다른 방식으로 지구별 중심 되기

지구의 중심을 설정하고 그 기준을 통해 세계를 설명해온 노력은 결과적으로 우리 세계의 중심이 무엇이고 그 중심 외부의 대상들을 도구화할 수 있는 이유에 대한 해명으로 귀결되었다. 우리는 너무도 선명하게 지구별의 중심 기준이 인간이었으며, 어떤 이유에서도 이러한 지위는 변하지 않는다고 주장해왔다. 그런데 이러한 강건한 믿음이 낳은 폐해는 지구별 자체의 생존을 위협하면서 인간의 고귀함을 지키기 위해 존재한 모든 타자에 대한 새로운 문제의식을 요청하는 상태에 이르렀다. 만일 인간이 주장해온 독점적 지위의 근거들이 다른 존재에게 적용 가능한 미래 상황이 도래한다면 인간은 스스로 구축해온 세계 내 지위를 완전히 포기할 수 있을까? 이성적이어서 탁월한 존재인 인간이 자신에게 부조리한 상황이 도래했을 때도 합리적인 선택을 할 수 있을까?

이러한 물음으로부터 '인간중심주의'라는 거대한 사유 틀을 버려야 하는 패러다임의 전환 시점이 이미 도래했는지도 모른다. 그러나 완전한 의미의 반(anti)인간주의를 구현할 수 없는 결정적 이유는 우리가 바로 인간이기 때문일 것이다. '무엇이 인간인가?'라는 물음은 '어떤 인간이 지구 공동체 내의 일원이 되어야 하는가?'라는 물음으로 전환해야 하며 반인간주의가 아닌 탈(trans)인간주의적 논점들을 찾아 새로운 중심점을 구축해야 할 때다.

참고문헌

맹주만, 『칸트의 윤리학』, 어문학사, 2019.

아리스토텔레스, 『니코마코스 윤리학』, 이창우 외 옮김, 2008.

에피쿠로스, 『쾌락』, 오유석 옮김, 문학과 지성사, 2015.

임마누엘 칸트, 『윤리형이상학 정초』, 백종현 옮김, 아카넷, 2007.

제리 카플란, 『인공지능의 미래』, 신동숙 옮김, 한스미디어, 2017.

최훈, 『동물 윤리 대논쟁』, 사월의 책, 2019.

폴 W. 테일러, 『자연에 대한 존중』, 김영 옮김, 리수, 2020.

피터 싱어/짐 메이슨, 『죽음의 밥상』, 함규진 옮김, 산책자, 2008.

1 https://en.wikipedia.org/wiki/Humanism

2 임마누엘 칸트, 『윤리형이상학 정초』, 백종현 역, 아카넷, 2007, B78, 159쪽.

3 폴 W. 테일러, 『자연에 대한 존중』, 김영 옮김, 리수, 2020, 48쪽.

4 폴 W. 테일러, 83쪽.

5 제리 카플란, 『인공지능의 미래』, 신동숙 옮김, 한스미디어, 2017, 156-157쪽.

저자소개

#이하준

어린 나이에 삶의 고민에 빠져 자연스럽게 철학을 공부했다. 2004년 베를린 자유대에서 아도르노 연구로 박사학위를 받았다. 중앙대, 한국외대 강사와 연세대 철학연구소 전문연구원 등을 거쳐 한남대 철학교수로 재직 중이다. 한국동서철학회 부회장 등의 학회활동과 한국연구재단 전문위원을 맡고 있다. 『대학지성 IN&OUT』에서 고정 칼럼을 쓰고 있다. 프랑크푸르트학파 1세대 전문 연구자로서 연구서인 『부정과 유토피아』(2019), 『아도르노의 문화철학』(2007), 『호르크하이머의 비판이론』(2011)을 저술했고 소개서로는 『아도르노: 고통의 해석학』(2007), 『막스 호르크하이머, 도구적 이성비판』(2016)을 썼다. 이 밖에 세종 우수학술도서와 우수교양도서로 선정된 책을 포함, 다수의 인문교양 도서를 냈으며 60여 편의 전문연구논문을 썼다. 학술연구그룹 대전인문예술포럼을 만들어 로컬리티 인문학 발전을 꾀하고 있다.

#조홍준

영원한 것에 대한 두려움으로 철학을 시작해 사라지는 것들에 대한 애정으로 철학을 연구하고 있다. 고려대 철학과에서 학사와 석사를 마치고 독일 프라이부르크 대학에서 「시간의 분열과 시간성의 이원」으로 철학박사를 받았다. 현재 고려대, 동덕여대 등에서 학생을 가르치고 있으며, 해석학회, 하이데거학회, 현상학회에서 학술이사 및 기획이사를 맡고 있다. 시간과 시간성의 관계에 관한 연구서 『Zwiespalt der Zeit und Zweiheit der Zeitlichkeit』(K&N, 2017)를 썼고, 「하이데거 존재진리의 시간으로서 우연성」, 「하이데거 예술론에서 시간의 의미, 「하이데거 『존재와 시간』은 윤리학인가? - 아리스토텔레스 『니코마코스 윤리학』과 비교를 통해」 등의 논문을 썼다. 최근에는 시간에서 공간으로, 시간에서 정의로 연구주제를 점점 확장해 가고 있다.

#김분선

무엇이 행복한 삶인가에 대해 맹렬히 고민하고 있고 행복한 삶보다 의미 있는 삶을 살고자 철학을 연구하고 있다. 중앙대학교 철학과에서 학사와 석사를 마치고 동 대학원에서 「푸코의 배려 주체와 자기 배려의 윤리(Foucault's care subject and Ethics of self-care)」(2017)로 박사학위를 마쳤다. 현재 중앙대, 홍익대, 숭실대에서 철학을 가르치고 있다. 한국해석학회 연구이사, 한국인터넷윤리학회 이사로 활동하고 있다. 주요 논문으로 「푸코의 윤리학 기획」, 「자기 배려 주체의 공간, 헤테로토피아」, 「포스트 휴먼 시대, 인간 지위에 대한 고찰」, 「담론의 형성 방식에 내재된 차이와 차별의 문제」, 「자기 배려 윤리의 논점에서 본 '분노'」, 「생명관리정치에서 죽음관리정치로」 등이 있다. 연구 영역은 프랑스 현대철학 및 현대 응용 윤리이고 〈쾌락과 욕망의 윤리학〉에 대한 집필을 기획하고 있다.

#한우섭

한국외대 철학과 시절, 교정 벤치에 앉아 철학책을 읽으며, 철학책을 읽는 자신의 모습이 남들에게도 멋져 보일 것이라는 최초의 착각이 계기가 되어 동 대학원 석사 과정을 거쳐 프랑스 스트라스부르 대학에서 「언어의 살: 메를로-퐁티 언어현상학에 대한 연구(La chair du langage: recherches sur la phénoménologie du langage chez Merleau-Ponty)」로 박사학위를 받았다. 한국외대와 충남대 등에서 강의를 하다 현재 중부대 학생성장교양학부 조교수로 재직 중이다. 한국현상학회 이사로 활동하고 있으며, 주요 논문으로는 「언어적 의미 형성을 위한 가역적 운동의 교직 양상」, 「암묵적 코기토는 결국 포기되어야 하는가: 근원적 통사로서의 몸짓의 함의」, 「동·서양의 근원존재: 메를로-퐁티의 '살(chair)'개념과 동양의 '기(氣)'론」 등이 있다. 메를로-퐁티 철학에 대한 다양한 해석과 적용에 대해 고민 중이다.